争うは本意ならねど

日本サッカーを救った我《が》那《な》覇《は》和樹《かずき》と彼を支えた人々の美《ちゅ》らゴール

木村元彦

集英社文庫

目次

争うは本意ならねど

日本サッカーを救った我《が》那《な》覇《は》和《かず》樹《き》と彼を支えた人々の美《ちゅ》らゴール

序

２００６年11月15日。沖縄県那覇《なは》市、宇栄原《うえばる》のその家は人いきれで埋まっていた。

ウチナー（沖縄）のホスピタリティーは格別で、事あるごとに親しい者を家に招く風習は珍しいことではない。しかし、いつもといささか趣が異なっていたのは、詰めかけていたのがマスコミの人間たちであったことだ。ＮＨＫ、ＲＢＣ（琉球放送）、ＯＴＶ（沖縄テレビ放送）のカメラマンがせわしげにポジションを確認し、琉球新報、沖縄タイムスのローカル２紙の記者もまた、入念にメモを取る。どこかうれし気である。

彼らが参集したのは沖縄から初めて生まれたサッカー日本代表選手の実家であった。

この日、札幌で行なわれているアジアカップ最終予選日本対サウジアラビア戦に当家の次男、我那覇和樹《がなはかずき》は先発出場を果たしている。メディアはその中継に見入る家族ごと沖縄県民に伝えようとしたのであった。

これより３ヶ月前、初代表入りした８月４日の翌日の各地元紙もスポーツ面、１面、社会面まで我那覇の記事で埋め尽くされている。地元の注目度と期待は事程左様に高かった。

熱い思いの人々が注視する中、我那覇は期待にたがわぬ活躍をする。

前半22分、左サイドでボールを受けると、巧みなステップワークで対峙《たいじ》するＤＦ《ディフェンダー》の逆を取った。相手を置き去りにして右足アウトで横に抜け出すと、ペナルティエリアの外から強烈なミドルシュートを放つ。惜しくもポストの脇を抜けてしまったが、元来右45度からのシュートにこそ定評があった男が、課題と言われていた真逆のエリアで見せた美技に、昔から我那覇を知る中継のアナウンサーも思わず驚嘆の声を上げた。

流れにフィットした動きで待望のゴールを決めたのは、日本が1点リードして迎えた前半29分だった。ＤＦの今野泰幸《こんのやすゆき》が加地亮《かじあきら》の脇から大胆なオーバーラップを見せる。加地からパスを受けた今野は安易にサイドに流さず、フェイクをひとつ入れるとそのまま自ら中に切り込んだ。

中央にいた我那覇は今野の意図を瞬時に理解していた。躊躇《ちゅうちょ》なくゴール前に駆け上がると、今野の左足で上げられたクロスボールが後ろから追いかけてきた。ゴールを背にした困難な形だったが、頭でくらいつき、そのまま首を大きく振った。軌道は変わり、重心の逆を突かれたＧＫ《ゴールキーパー》は一歩も動けず日本の2点目が生まれた。

その後、サウジにＰＫ《ペナルティキック》を与え、1点差に詰め寄られるが、次の見せ場が後半5分に訪れる。今野がロングフィードを前線に送る。反応した駒野友一《こまのゆういち》が左サイドの裏に抜け出し、追いつくとダイレクトで速いグラウンダーを中に折り返した。動きを感じていた右サイドの加地が長駆ゴール前まで駆け上がってきた。打つのか。だが加地は潰《つぶ》れ役《やく》だった。身体《からだ》を張って相手ＤＦの前に入り込んでスルーする。

我那覇はこの献身的なアクションを無駄にはしなかった。間にはもう1枚のFW《フォワード》巻誠《まきせい》一郎《いちろう》がいたが、パスが来ると信じてさらにその奥に走り込んでいたのである。来たボールに倒れ込みながら左足を合わせると、勝利を決定づける3点目がネットに突き刺さった。「確変だよ」。記者席にいた古参のサッカーライターは声を上げた。記者だけではない。もしも、この日のサウジアラビアがスカウティング活動を行なっていたら、担当者は怒鳴られていただろう。「聞いていたのと違うじゃないか」と。

かつて苦手と言われていたヘディングと利き足ではない左足での2点。イビツァ・オシム監督（当時）が標榜《ひょうぼう》するポリバレント（多様な価値を持つ＝選手が複数の役割をこなす）なサッカーを体現するチームにおいて調和を崩さず連動し、どこからでも点が取れるマルチなFWとして成長した姿を見せつけたのである。プロ入り直後から続けた居残り練習で、課題をついに克服した瞬間でもあった。

我那覇はゴール裏に向かって両手を上げると、次の瞬間、胸のヤタガラスのエンブレムに唇を合わせた。日本代表への思いは格別だった。母からは家を出て以来、「ナイチャー（本土の人間）に負けないで、沖縄の子でもやれるということを証明しなさい」といつも言われていた。ナイチャーが見入る代表戦。これ以上ない舞台でそれを証明することができた。我那覇家ではいっせいに歓声が上がった。記者たちも家族と抱き合った。沖縄出身Jリーガーの栄誉ある代表での2ゴール。

母ユキ子は感慨ひとしおであった。思えば、息子は幼い頃からサッカーが好きで好きで仕方がなかった。小学1年生で3歳年上の兄のチームに入れてもらうといきなりリフティングを50回こなして周囲を驚かせた。小学6年生のときには「お母さん、僕はサッカーのプロ選手になるよ」と言いだした。当時は遠い夢のように思えた。

「プロの世界は厳しいそうだから甘く見たらいけないよ。ほんの一握りの人しかなれないんだからね」

諫《いさ》めると、「いや、僕はそれしかないんだ。僕はそうなるために生まれてきたんだよ」

子どもながらに強く意志を固めていた。

「そうやって言葉に出すんだったら、あんた頑張りなさい。お母さん応援するから」

息子はその夢を実現するために生活のすべてをサッカーに捧《ささ》げた。

1キロ離れた宇栄原の小学校まで毎日ドリブルをしながら通い、授業中も夕食のときもボールを足元で転がしていた。眠るときもきれいに布で拭いて抱きしめて床に就いた。就寝中に母が引き剝がしても朝になると、「お母さん、ボールは?」と大騒ぎをするほどだった。部活動が終わり帰宅してからも、家の前の公園で必ず最低1時間はボールを蹴っていた。

高校は市外の宜野湾《ぎのわん》高校を選んだ。バスの乗り継ぎで片道1時間半かかったが、苦にならなかった。

高校３年になると、九州大会でＪリーグ各チームの注目を集めるに至った。当時は高校選手権２連覇を果たす福岡の東福岡高校が、ＭＦ《ミッドフィルダー》宮原裕司《みやはらゆうじ》、ＤＦ千代反田充《ちよたんだみつる》などを擁して最強時代を築いていたが、唯一善戦したのが宜野湾で、中でも我那覇は独自の存在感を放っていた。

１９９９年、宜野湾高校卒業後、当時Ｊ２であった川崎フロンターレに入団を果たし、沖縄から出た３人目のＪリーガーになった。最初の夢はかなった。幼少の頃から励まし続けたユキ子は、息子の記事が載ったスポーツ紙を必ず買い求めてはスクラップしていた。最も好きな記事は２００５年11月４日付の沖縄タイムスの読者欄に掲載されたもの、埼玉県在住の女性からの投書であった。

「埼玉スタジアムで行われた、浦和レッズ対川崎フロンターレの試合を見てきた。わが夫婦は大のレッズファン。しかし、この日ばかりは、対戦相手の応援までしてしまう私がいた。なぜなら、あの大スタジアムの輝く芝生の上で、何ともいえぬ絶妙なプレーを見せる沖縄県出身の我那覇選手がいたからだ。―中略―彼と同じ小学校だったというわが妹が、『同級生でサッカー選手になると言っている男の子がいるよ』、とずいぶん前に話していたことがある。その夢を実現した彼の姿を目にし、心が感動で震えた。試合はレッズが勝った。いつもなら、喜んですぐさま飲みに行くのだが、私はその日、我那覇選手の姿が見えなくなるまでスタンドに立っていた」

ユキ子にはこの投書が誇らしく、またありがたかった。沖縄出身者の方であろうが、見ず知らずの人が、息子の子どもの頃からの夢を知っていて、感動し、そして応援してくれている。記事を読み返すたびに感謝の気持ちで胸が熱くなった。

プロになってからもこつこつと地道な努力を重ね、ついには8年目にして選出された日本代表での活躍。ユキ子が代表戦の翌日、格別な思いで新聞にハサミを入れたのは言うまでもない。

この年、我那覇はリーグ戦32試合で52本のシュートを打ち、18得点を挙げている。ゴール数は日本人最多、そしてシュート決定率35％は並居る外国人ストライカーたちも抑えてJリーグ1位であった。

決定力不足と言われる日本人FWの中で、一際《ひときわ》大きな輝きを放っていた。さらにはシーズンを締めくくる代表戦での2ゴールによって、その将来はより大きく嘱望された。我那覇はこのとき、挑戦する道筋をはっきりと見据えていた。代表定着と翌年のアジアカップ出場、そして2年後に迫った南アフリカワールドカップ予選での飛躍。険しい道だが、努力を続ければきっと夢はいつかかなう。

12月26日、我那覇は沖縄に帰省し、母校の宇栄原小学校、小禄《おろく》中学校、宜野湾高校を回って、かつてのチームメイトや後輩の子どもたちとプレイに興じた。合間にも取材が頻繁に入り、周囲の期待の高さをひしと強く感じていた。このときのインタビューで、やがては海外へ挑戦したいことなども口にしている。

年が明けた。元日の沖縄タイムスはまさに我那覇特集だった。

「ガナ伝説　始動」という大見出しが掲げられ、その中でこう答えている。

「やっぱり欧州を肌で感じたい。小さいころから海外でやりたいって夢があったんで、目標に向かってやっていきたい」

沖縄の子どもたちにアドバイスを、と求められると、「沖縄だからダメってことは絶対にない。逆に沖縄の人の能力は高いと思うんで、信じてやっていけば結果はついてくる」「自分の活躍が今まで育ててくれた沖縄の人たちへの恩返しだと思っている。周りの人たちのおかげでここまで来られた。パイオニア的な存在で夢を与えられるよう頑張っていきたい」

ユキ子はことさら丁寧に切り抜いてスクラップに加えた。2007年の希望に満ちた正月であった。

しかし、その輝きに満ちた未来は、怪我《けが》でも不調でもない、予想だにしなかったできごとで暗転していった。

第1章　誤報

嫌疑

年が明けた2007年4月21日。

Jリーグ第7節、川崎フロンターレは埼玉スタジアムで浦和レッズを相手に戦っていた。この年のレッズはワシントン、ポンテ、闘莉王《トゥーリオ》、阿部勇樹《あべゆうき》、長谷部誠《はせべまこと》、鈴木啓太《けいた》らを擁してアジア・チャンピオンズ・リーグ（ACL）を制覇、FIFA（国際サッカー連盟）クラブワールドカップで3位に輝く黄金期にあった。

特にホームでは圧倒的な強さを誇り、前年度から不敗記録を更新し続けている。アウェイチームにとってはこの5万人で真っ赤に染まった敵地で勝つことは至難の業と言われていた。

しかし、一人の選手がその閉塞感に風穴をあけた。後半50分、黒津勝《くろつまさる》からの折り返しに我那覇が身体ごと投げ出して待望の先制点を叩《たた》き込んだのである。気持ちでもぎ取った泥臭いゴールは、劣勢が予想されたチームを奮い立たせる呼び水となり、続く56分のマギヌンの追加点に繋《つな》がっていった。

64分にレッズ・堀之内《ほりのうち》聖《さとし》に1点を返されるも2対1のまま終了。ついに浦和のホーム不敗神話を打ち破った。フロンターレはこの結果、勝ち点も14となり、3位に順位を上げる。序盤戦のヤマ場での意義ある勝利にチーム関係者たちは喜びを隠そうとしなかった。

試合後、歓喜に沸く集団の中で、しかし殊勲者は人知れず苦痛に耐えていた。

我那覇は前日から体調を崩しており、この日のコンディションも最悪であった。それでも誰にも気取られないように練習をこなし先発出場したのは、当時のフロンターレがFWに逸材を多く抱えていたからに他ならない。

ジュニーニョ、黒津、鄭大世《チョンテセ》……。ここで休むことはせっかく手に入れたレギュラーの座をそのまま手放すことになる。プロ意識の高い男はゴールを決めたが、その実、身体の不調は限界に達しつつあった。試合中はアドレナリンが上がり、何とか持ちこたえることができたものの、終了を告げるホイッスルが鳴ると集中力が切れ、倦怠感《けんたいかん》が一気に襲いかかってきた。

浦和から川崎へ帰るバスの中、軽食として弁当が支給されたが、3分の1も食べないうちに吐き気が襲ってきた。周囲に気づかれぬように箸を置き、せめて水分補給をしようとペットボトルを口にするも、気持ちが悪くなりこれも諦めた。チームメイトに話すのは弱みを見せることになると考えた我那覇は、とにかく今はドクターにだけ話して回復するように努めようという思いに至った。

浦和戦から2日が経過した4月23日。症状はまだ回復しなかった。妻が所用で大阪の親戚の家に行っていたが、食事もできず一人で家にじっとしているような状態であった。水分を摂《と》るようには努めたが、喉の痛みと腹痛に襲われた身体はやはり水も受け付けなかった。

この日は麻生《あさお》グラウンドで午後から練習があった。休むわけにはいかない。何度も芝の上に倒れそうになりながら、それでも周囲にさとられないように全体練習をこなしたあと、ようやく我那覇はチームドクターに自分の症状を伝えた。

ドクターの名は後藤秀隆《ごとうひでたか》。関東労災病院から出向してきたこの人物を我那覇は信頼している。朴訥《ぼくとつ》で口数は多くないが、誠実な人柄で選手の人望も厚かった。

後藤自身も医師仲間でチームを作るほどまでにサッカーを愛していた。当然ながら、サッカー選手はサッカーを大切にしてくれる人間を好きになる。また我那覇の妻、温子《あつこ》も関東労災病院の看護師をしていたため、職場の同僚から後藤の評価も聞き及んでいた。

フロンターレのクラブハウスは診療所として認可を受けているので、医療行為ができるようになっている。後藤が診察すると、体温は38度5分、水を口に運ぶもやはり飲めず水分摂取困難、咽頭痛、感冒と下痢と診断した。2日間にわたって十分な食事と水分が摂れないまま練習した結果、脱水症状を起こしていたのである。緊急の水分補給が必要であると感じた後藤は補液を考え、ビタミンB_1を入れた生理食塩水の点滴治療を施すことにした。

我那覇は元来、投薬や身体に針を入れることが大嫌いであった。温子が薬を飲ませようとしてもごまかして飲まなかったり、注射針を腕に刺すことに至っては、一度インフルエンザにかかって40度近い熱を出したとき以来だった。

「僕はとにかく点滴や注射が嫌で、できれば自力で治したかったんですけど、あのときは本当に気分が悪くて、それで先生に相談しました」

気分不良で水分を摂ることができない我那覇の状態を確認した後藤は、500mℓの投与を決めた。同サイズの点滴ボトルを準備しようとしたが、フロンターレは2日後の4月25日にACLで韓国の全南《チョンナム》ドラゴンズと試合をすることになっており、500mℓの点滴ボトルはすでに荷造りされていた。前年、ACLを戦ったジュビロ磐田《いわた》が、アウェイで下痢に悩まされて、点滴ボトルが足りなくなり、あとからスタッフが持っていった話を聞いていたので、点滴はできる限り多めにパッキングされていたのである。

仕方なく診療所にあった100mℓの生理食塩水ボトルを何本か繋げて点滴することで対応することにした。

ビタミンB_1を入れた生理食塩水を200mℓ点滴したところで、気分が良くなってきた我那覇が、回復してきたので様子を見たいと言ってきた。念のために抜針する前に水を飲ませたら今度は喉を通ったので、２００mℓの投与で打ち切った。

気分が改善された我那覇は、後藤に礼を言って診療室を出た。点滴治療に要した時間は30分ほどであった。

すでに他の選手は帰宅していた。駐車場に向かうこの最後の選手を記者たちが囲んだ。我那覇は顔見知りのテレビ局の記者に問われるままにＡＣＬへ向けての抱負、浦和戦のゴールの感想、今まで診療室で点滴治療を受けていたことを語った。愛車に乗り込むときには、もう次の試合に向けて気持ちを引き締めていた。

翌24日は体調も回復しつつあり、練習でも復調の手ごたえを感じていた。

このとき、小さな異変があった。練習の前にクラブのスタッフから「ガナ、昨日、記者に治療を受けたことを話したの？」と聞かれたのである。「話しましたよ」と答えると、厳しい顔をされた。

「記事に出たみたいだ。だめだよ。Ｊリーグで何か話題になっているらしい」

我那覇は自分のコンディションに関わることを口外したことを叱責されたのかと思い、素直に頭を下げた。

衝撃が走ったのは、その晩、大阪に行っていた妻の温子を新横浜駅で迎え、車で自宅に向かっていたときのことであった。運転中に携帯電話が鳴った。相手はチームの強化部長の庄子《しょうじ》春男《はるお》だった。通常の連絡にしては時間が遅過ぎた。

車内スピーカーから発せられた言葉は、予想だにしないものであった。

「明日の試合の出場を自粛してほしい」

「昨日の治療がドーピングに当たるらしい」というのである。本人は電話を受けたときのことをこう述懐する。

「最初は全く何のことか分からなかったです。自粛の理由を説明されたんですが、納得ができなかったというか……。僕は点滴を受ける際に先生に何度もドーピングに引っかからないですか？って聞いていたし、その際も問題ないと言われていましたから」

一緒に車内にいた温子も驚愕《きょうがく》を禁じえなかった。

「電話の内容を聞いて驚きました。というのも夫は普段から飲むのも食べるのもすごい慎重で、初めての薬は私がいくら勧めても『いや、ドクターに聞いてみないと口にできない』っていう人なんです。そもそも夫は沖縄のお母さんの影響もあって、薬は飲まなくても自然治癒で大丈夫っていう育ち方をしているから、治療を受けたのはよほどつらい症状だったからだと思うのです。それでどんなふうにその点滴を受けたのって聞いてみたら、患者としては防ぎようがない状態で、それだったらドクターが知識不足だったのか、と最初そう思ったんですよ」

温子は看護師としてスポーツ整形、腎臓代謝内科、泌尿器外科での医療に従事した経験がある。人一倍、薬の投与には敏感な沖縄出身の夫と、専門知識を持つ妻。針を身体に入れることの重みも十分に理解している。ドーピングに関しては一般的なアスリートのカップル以上に神経を尖《とが》らせてきた夫婦であった。

そこに、突然もたらされた違反疑惑の連絡。試合に向けて準備をしてきた選手にとって、直前の自粛通達は大きなショックであった。それでも無理に出場して勝ち点剝奪などのペナルティを科されればチームに迷惑をかける。我那覇は、分かりましたと自粛に従う回答をした。とはいえ、後ろめたいことをした覚えのない二人は、納得できないまま帰路についた。

事態の経緯と詳細が具体的に分かったのは次の日だった。

治療翌日（24日）、自分が取材を受けなかったサンケイスポーツにこんな見出しの記事が載っていたことが判明したのである。

「我那覇に秘密兵器　にんにく注射でパワー全開」

続いて以下の本文が続く。

「25日のアジアCL1次リーグ第4節を前にした23日、――中略――ホームで全南戦を控える川崎はFW我那覇和樹（26）がにんにく注射を打ってゴールを狙う。

全南戦に向けて、川崎FW我那覇が相手のお株を奪う秘密兵器を投入。練習後、疲労回復に効果があるにんにく注射を打って大一番に備えた。『連戦だし、やって損はない。におうからあんまり近づかない方がいいですよ』」

この記事がＪリーグのドーピングコントロール（ＤＣ委員会）で問題になり、川崎フロンターレに通達がなされ、ＡＣＬ出場自粛という流れになったのである。この記事だけを見れば、確かにドーピング禁止規程に抵触するものであった。

Ｊリーグは禁止規程についてＷＡＤＡ（世界アンチ・ドーピング機構）が定める定義と同一としており、そのＷＡＤＡの２００７年の規程「PROHIBITED METHODS Ｍ２．２（禁止方法2条2項）」には、「Intravenous infusions are prohibited, except as a legitimate medical treatment.（静脈内注入は、正当な医療行為を除いて禁止される）」と明記してある。

疲労回復のために健康体に打つにんにく注射は、正当な医療行為ではない静脈注射ととれるので、報道を見たＪリーグのドーピングコントロール委員会が問題視したのである。

これについてはＪリーグのチームドクターたちも同様の反応であった。サンケイスポーツの記事を福岡で知った大分トリニータのドクター竹田智則《たけだとものり》は、見出しを見て思わず声を出したという。

「あれっ、後藤さんどうしちゃったんだろう？」

竹田は北九州の産業医科大学で後藤の1年後輩にあたる。学生時代はラグビー部に所属しており、サッカー部だった後藤とはグラウンドで何度も顔を合わすうちに親しくなり、その人となりも熟知していた。

普段は無口で喜怒哀楽を感じさせず、何を考えているのか分からないところがあるが、その分、穏やかで患者には優しく信頼も厚い。とにかくサッカーが大好きで、現役時代は一日も練習を休まず、卒業してからもOB戦があるとボールを蹴るためだけに遠路東京からやってきていた。後藤が関東労災に就職したのも同病院が横浜Fマリノス、フロンターレにドクターを派遣しており、サッカーに携わる仕事がしたいというその一念からであった。

フロンターレの前任者が辞めるということになったので、身を投じ、当初は正社員ではなくアルバイトの薄給でチームドクターになった。そんな経緯を知っているからこそ、竹田は後藤がにんにく注射のような大それたことをしたという報道に驚きを禁じえなかったのである。

具体的な内容は後述するが、2007年1月21日に行なわれていたJリーグのチームドクターが集まる連絡協議会で、Jリーグドーピング禁止規程の改正点の説明がなされていた。そのとき、ドーピングコントロール委員長の青木治人《はるひと》は「今年からドーピングの定義を禁止薬物だけでなく禁止方法も含めたWADA規程と同じとする。だから、健康な身体に打つにんにく注射は禁止薬物が含まれていなくても正当な医療行為として認められず、ドーピング禁止規程違反（以下ドーピング違反）になる」と説明をしており、それを受けたチームドクターたちも賛同していたからである。

Ｊリーグがにんにく注射という見出しに過敏に反応したのには伏線があった。前年の11月25日に横浜ＦＣがＪ１昇格をかけた一戦があり、この試合前にベンチ入りメンバー16人中、控えＧＫを除く15人のメンバーがにんにく注射を受けていたことが分かったのである。当然、問題視されたが、当時のＪリーグ規程では禁止薬物についてのみＷＡＤＡ規程を取り入れており、禁止薬物を含まない「禁止方法」についての明文はなかった。それゆえに厳重注意で終わっていたのである。

実際、Ｊのクラブではそれまで、ブラジル人選手やコーチなどが、気合を入れるために疲労回復のビタミンショットを打ってくれとドクターに言ってくることがあった。そういうことをなくすために、２００７年はしっかりとしたコンプライアンスを目指すということで、１月の連絡協議会で説明がなされたわけである。

横浜ＦＣのチームドクターの名誉のために言い添えると、前年11月のこの件の際、チームドクターは選手たちににんにく注射をすることを拒否している。そのため、クラブの外部から注射をする医者が来て行なわれたのである。

横浜ＦＣの事例に限らず、ドクターたちは、健康な選手ににんにく注射などのビタミン剤注射を打つことをチームで強要されることがたびたびあり、嫌な思いをすることが少なからずあったので、この規程改定を皆が歓迎し、了解した。そしてクラブで実行されるようクラブに対して文書でこの内容を通達してほしいと要望したのだった。

「あの説明を受けていたのに後藤さん、どうして……」と竹田は腑《ふ》に落ちない面持ちでスポーツ紙を眺めていた。

一方、後藤は逆にこの記事を見て、自らが1月21日の会議での説明から逸脱する誤った行為をしたわけでないことを改めて確信していた。紙面は明らかに事実と異なることを伝えていたからである。

まず、我那覇が感冒で水も飲めない状態であったことを伝えていない。そして施したのは脱水症状を治療するための正当な点滴治療であり、健康な選手にビタミンB_1などの栄養剤数十mℓをワンショットで打つにんにく注射とは一線を画すものであった。

そもそもこのサンケイスポーツの記者とは面識もなく、点滴を受けた日に直接話をしていないのである。

後に判明するが、記事を書いた記者は、クラブに常駐する番記者がこの日非番だったため、代わりに派遣された人物であった。すなわちフロンターレや我那覇と恒常的にコミュニケーションを取っていたわけではなく、居合わせた囲み取材で聞いた点滴治療の内容を十分理解しないまま出稿してしまったのである。

自粛勧告は、この事実と異なるにんにく注射の記事がまず先行し、前提とされてしまったがゆえの措置と思われた。翌25日には、Jリーグから川崎に書面による事実確認が入ったが、問い合わせを受けた医学知識のないクラブの関係者はせかされるまま同日、後藤に直接聴取をせず、拙速に報道を肯定する報告ファックスを返してしまった。後藤はこの書面への報告として生理食塩水（200mℓ）とビタミンB_1（100mg）を投与、と明確にその内容を記しているが、医学知識のない者は健康体に行なうにんにく注射と病気の患者に行なう点滴治療の違いを理解できなかったのであろう。

例えば、4月26日付の毎日新聞朝刊はこのように伝えている。

「J1川崎は25日、FW我那覇和樹（26）がJリーグ規約で禁じている静脈注射を打ったとして、同日のアジア・チャンピオンズリーグ（ACL）全南戦への出場を自粛させたと発表した。今季から規約のドーピング（禁止薬物使用）規定が改定され、正当な医療行為を除き、静脈への注射は禁止となっている。川崎はJリーグの処分が出るまで、リーグ戦も含め我那覇の出場を自粛させる。川崎によると、我那覇が23日の練習後に体調不良を訴えたため、チームドクターが、疲労回復に効果があるとされる、通称『にんにく注射』を打った。ドクターは規約改定は認識していたが『事後報告でいいと思った』と釈明し、我那覇は改定を知らなかったという」

ここでもにんにく注射と報道されている。

チームドクターの後藤も我那覇もコメントを使われているが、この記者にも二人は取材を受けていない。

後藤が「事後報告でいいと思った」というのには、理由があった。1月の会議で、今後はすべての点滴で使用許可申請（通称TUE）が必要であると説明された際、緊急で点滴したときの提出は事後でよいと説明されていたのである。後藤は使用許可申請を点滴の翌日にJリーグに提出していた。

同26日付のサンケイスポーツはここの部分は「緊急の医療行為の際は静脈注射も許され、事後報告で問題はない」と正しく伝えているが、その後でJリーグの見解をこう紹介している。「しかしJリーグの羽生英之《はにゅうひでゆき》事務局長は今回の件について『事前に申請があったとしても（ドーピングコントロール委員会の）委員長はNOとしたはず』とした」

Jリーグはすでに違反という前提で多くのメディアにコメントを発表してしまっていた。

我那覇は治療について後藤と確認し合った。後藤は、報道は事実と異なり、規約違反は犯していないという強い確信を持っていた。

静脈注射が禁止されるのには理由が二つある。禁止薬物を注入した血液から禁止薬物がドーピング検査で検出されないように大量の点滴で陽性反応を薄める操作、いわゆるマスキング行為を防止するためである（この場合は数百mlではなく数千ml注入される）。もう一つはボクシングなどで無理な減量のあとに大量の点滴で体力を無理に戻そうとすると死亡することがあるためである（出典：ＪＡＤＡ＝日本アンチ・ドーピング機構）。

我那覇が受けた点滴治療はいずれにも該当しない。

5月1日にＪリーグで処分を決めるための事情聴取が行なわれることになった。我那覇は、疑惑を晴らす良い機会と捉えた。ここで真実を明らかにすれば疑いはクリアーになる。「報道は事実と異なります」と語り、ドクターが治療経過を過不足なく誠実に報告すれば、罰する理由は消散する。

マスコミの誤報には迷惑を受けたが、本来、公正に選手の立場を守ってくれる競技団体がしっかりとヒアリングをしてくれることで、この小さなアクシデントは乗り越えられる。あとはサッカー人生の頂に向けて、再び努力するだけである。そう考える我那覇には、Ｊリーグという機構に対する大きな誇りと信頼があった。

ドクターたちもまた同様であった。

事情聴取の前日、福岡の竹田が心配して後藤のもとに電話を入れてきた。どうしてにんにく注射を、と言う竹田に後藤は「そうじゃないんだ」と、実際の治療内容を詳しく説明した。

「ああ、そういうことだったんですか」

竹田は一般に流通している報道内容とは異なる事実を知り、安堵《あんど》した。実際に後藤が打ったのは点滴。そして竹田が1月の会議で聴いた記憶では、チームドクターたちと青木治人ドーピングコントロール委員会委員長との間で「風邪などで脱水の場合は点滴するが、その際にビタミン剤や抗生物質を入れることは問題ないのか？」「風邪や下痢で点滴するのは良いし、ビタミンや抗生物質はオカズみたいなものだから、その際、一緒に入れて構わない」という質疑応答があった。

後藤さんの潔白は明日、晴らされる。真実が明らかになれば、今度はJリーグがマスコミに向かって、事の顛末《てんまつ》と後藤さんと我那覇の名誉回復を発信してくれるだろう。竹田はそう思って受話器を置いた。

事情聴取

2007年5月1日。Jリーグドーピングコントロール委員会（DC委員会）による事情聴取は、JFAハウス9階の会議室で行なわれることになった。

出席者は川崎フロンターレから、社長の武田信平《たけだしんぺい》（肩書は実行委員）、チームドクターの後藤秀隆、そして選手の我那覇和樹。DC委員会から、青木治人委員長、河野照茂《こうのてるしげ》副委員長、植木眞琴《うえきまこと》委員、佐々木一樹《ささきかずき》委員、西尾眞友《にしおまとも》委員、Jリーグからは羽生英之事務局長、窪田慎二、松井志乃。

午後2時、聴取が始まった。この場においては当該担当として最も権威と責任のある日本サッカー協会（JFA）スポーツ医学委員長とJリーグドーピングコントロール委員長を兼任する青木の舵取《かじと》りによって質疑は進行する（以下は音声データより独自に起こした記録より、語尾のみを整えた）。

青木「一番最初の症状はどんなものだったのか」
我那覇「4月20日あたりから喉の痛みがあり、苦しかったです」
青木「練習はしていたようだが」
我那覇「そうですね。まあレギュラー争いも激しいんで簡単にやっぱり休みたくないし弱音も吐きたくないし、そのへんで練習は続けていました」
青木「誰に症状を話しましたか」
我那覇「4月20日、浦和戦の前日に喉の痛みについて後藤ドクターに直接話したところ、PL（風邪薬）を処方されました」
後藤「PLを処方しました」
青木「効果は」

我那覇「少し良くなってまあ試合には臨めたんですけど、4月23日くらい、そのあたりから、また、朝は食欲もなくなって、水分は練習中摂るようにしていたんですけど練習が終わってすごいだるかったんで、ドクターに相談しました」
青木「そのときの体温は」
後藤「38・5度」
青木「風邪のぶり返しのようですが、先生の診断は」
後藤「診断は風邪、また下痢をしていたので、感冒と下痢という診断をしました」
青木「本当に何も食べることができなかったか」
我那覇「当日は全く食べられなかったです。水分は摂るようにしていました」
　冒頭、青木は治療当日の病状についての質疑を繰り返し、やがて治療方法について言及していった。
青木「えーと、そうすると臨床症状から見ればそれは感冒と下痢、喉は赤かった？　感冒と下痢というのは、それで分かりますが、そこにそのー、注射をされていますよね。200ccの生食（生理食塩水）とビタミンB_1を。その必要とした根拠は？」
後藤「一つは練習終了後ですので。大体の選手は車で来ています。我那覇選手も1時間近くかけて車で来ています。まず車で帰れるかということと、あとはその食事や水分が摂れるかということを考えました。我那覇選手は食事も水分も摂れそうにないということとで、ちょっと車を運転させて帰すのは危ないと考え、水分が足りないのは明らかだと判断しましたんで、まず補液が必要と判断しました」
青木「200ccだけの投与でよかったのですか」
後藤「結果的に200ccとなったと理解してほしいです。クラブハウスの設備では、1ボトルが100ccの単位です」
青木「クラブにそのようなものが常備してあり、日常的に行なっている行為なのですか」
後藤「昨年までは常備していましたが、今年は、静脈注射をなくす方向なので、今までは行なっていません」
青木「感冒・下痢に対しビタミンB_1と200ccの静脈注射が必要だったか、有効だったかが問われている。判断は現場のドクターだけで行なうべきものではないです」
後藤「輸液しながら本人さんの具合を確認して判断したわけです。僕自身は大体500ccは必要かなと最初見込んでいたんですけど、200ccで本人さんがだいぶいいということで。抜針する前に水を飲ませてみたんですけど飲めたので、本人さんももう大丈夫ということで抜針しました」

この頃から、青木の口調が事実関係を聞くというスタンスから、詰問調に徐々に変わり始めた。そして発言の中でしばしば、事実や認識の誤認が散見されだす。

「判断は現場のドクターだけで行なうべきものではない」と述べているが、これはWADA規程を読み違えている。後藤にしてみれば、その都度修正と確認をしたいが、対話や会議ではなく事情聴取であるために、聞かれたことに答えるしかない。ドーピングコントロール委員会委員長とJFAスポーツ医学委員会委員長を務める医師にしては知識があまりに浅薄な印象を発散していた青木は、次に医療関係者が聞いたら、腰を抜かすようなことを言った。

「あのー、少なくとも水分は飲めるということはうーん、胃の中が空っぽということではなく、例えば少なくとも内服薬、胃の粘膜を保護するようなものとか、あるいは禁止薬物の入っていない、例えば解熱剤の筋肉注射とかそういったものは普通選択肢として当然あったはずだろうけど」

脱水で熱が上がって衰弱している患者に解熱剤を打てば、さらに血管が拡張して脱水症状は悪化する。抵抗力がますます下がり、筋痙攣《きんけいれん》を起こして死亡してしまう危険性すらある。しかし、青木は正当な医療行為の選択肢としてその解熱剤投与があったはずだろうと言う。後藤はそのような代替案が権威ある同業者の口から出たことに驚きを禁じえなかった。

青木の弁舌はさらに続く。

「あえて点滴注射にというふうに？（後藤先生は）この間の1月のJリーグ連絡協議会、ドクター研修会にいましたよね？」
後藤「はい、参加しています」
次に青木は、我那覇は脱水で発熱している症状ではなかったのではないかと、疑念を呈しだした。
青木「200ccで良くなってしまう脱水症状というのはどういうものか」
後藤「それは僕も、だから治療するときにこんなに少なくて大丈夫なのかと感じました」
我那覇「そのときは、自分が点滴をしてもらったあとに水をもらって飲むことができたので、途中でやめて様子を見たいと申告しました」
青木「点滴はどのくらいの時間を要したか」
後藤「30分程度」
青木「その後食事はできたか」
我那覇「あまり摂れていない」
青木「（点滴治療を）やらなかったらどうかという判断はできなかったか。規程内での方法で行なった場合を考えたか。他の治療、筋肉注射だとか、つまりドーピングのいわゆる規程の中では静脈注射は原則禁止ということになっていますよね。この病気にこれが有効だというふうなことが認められたもの以外は、ドーピングでは静脈注射はだめですよという規程になっているし、今度の規程にも書いてあるし、そういった危険性を最初になぜやらなければならなかったのか？」

後藤「水分が足らないことが一番の理由で、点滴が必要と判断しました」

青木「でも４００、いや２００で良くなっちゃったんですよね」

後藤もこらえきれずキレ気味に反論する。

後藤「結果的にそうですね。だからまあ補液の影響も当然あったと思いますし、30分間安静にしていたことも症状を和らげたのかもしれませんが、そのとき判断したのは補液が必要と判断しました」

衰弱して水が飲めず、下痢も続いていた。治療して2日後の25日にＪリーグに指示されて行なった血液検査では、ＣＲＰが０・５４（正常値は０・３未満）と炎症を起こしていた根拠を示す具体的な数値を記録。緊急な水分補給が必要であったあの時点で、医師として患者に対して最も誠実な判断をしたという自負があった。それとも委員長は本当に筋肉に解熱剤を注入しろというのか。

青木「このような注射に対して、疑問に思わなかったか。選手は自分の身を守らなければいけないが、点滴に関して質問をしたか。ドクターが提案したのか」

後藤「はい、そうです。治療の場合点滴することと、ビタミンB_1を使用することは必要であれば可能だと」

青木「感冒にはビタミンは効かないが」

後藤「感冒に関してはこの治療は効かないが、水分補給になる」

青木「脱水だけだったら生理食塩水を出してもいいけど、ビタミンB_1は効かないですよね。要するにそこに解熱剤は入っていないですよね」

ここで青木はまた解熱剤の効能を説くようなことを発言した。

事情聴取でありながら、青木の進め方はすでに正当な医療行為ではないという結論が出ているかのような流れであった。

青木は武田社長に、静脈注射が良くないという通達がきちんとクラブに届いているか、と問うたあとに、このようなことを言った。

「Ｊリーグのチームドクター連絡協議会で話しましたけど、いわゆるにんにく注射はどうですかというときに、それはノーだと」

にんにく注射など打っていないことは明白に主張されているが、打ったと決めつけている。直接取材をしていないスポーツ紙の報道に立脚したその聴取のやり方はあまりにずさんであった。

武田との一通りのやりとりが終わると、青木はＴＵＥについて後藤に質《ただ》した。

「ＴＵＥの事後申請については、どのような認識でいるか」

ここでTUEについて説明したい。

TUE（Therapeutic Use Exemptions）とは「治療目的使用に係る除外措置」のことである。WADAが禁止している禁止物質、禁止方法であっても、このTUEを提出して許可申請を行ない認められれば、例外的に使用が認められるのである。

承認の条件は以下の四つである。

（1）治療上使わざるをえない。
（2）他に代替治療がない。
（3）使用した結果、競技力を向上させない。
（4）それ（禁止薬物、禁止方法）を使用する理由が以前に禁止されていた薬物を使用したことの結果として生じたものではない。

後藤は答える。

「原則としては事前に申請が必要」

後藤はTUEの申請を治療後にしていた。ここは後藤も引きずられている。実際には1月の連絡協議会で、緊急に点滴した際のTUEの申請は事後で構わないと青木は述べていたのである。
　青木の主張では、すべての静脈注射にTUEは必要とするものであり、後藤は過ちを犯したという論調なのだが、実は（Jリーグがドーピングの定義を同一としている）WADAもFIFAもその規程では、「禁止している禁止物質、禁止方法に対して必要であって、正当な治療行為としての静脈注射にはTUEの提出は不要」としている。したがって、後にJADA（日本アンチ・ドーピング機構）、WADA常任理事、FIFAの回答によって明確になるのだが、正当な医療行為として行なわれた我那覇の点滴治療には、TUEの提出は不要だった。
　青木は畳みかけるように「もしマスコミの報道が事実だとしたら、これは先生、勘違いもはなはだしい」
後藤「マスコミに僕の方から言った覚えはありません」
青木「あ、そうですか」
後藤「全然マスコミと接触したことはない」
青木「そうなんですか。じゃあ、マスコミが勝手に書いたと？」
後藤「そうです。誤解です。今回は、現場で必要であると判断したので、正当な医療行為と判断して対応した」
青木「その正当な医療行為ということだけでは通らないからこそ、TUEというものがあるのですよね」

我那覇は戸惑っていた。全く抗弁の機会を与えられないのである。

「僕らが何か話してももう全部、上から押さえつけるように全部否定されてしまう。そんな空気の中では、僕が新聞報道が事実と違うということを何度も重ねて主張することは、とてもじゃないけどできなかったです」

青木は続けていく。

「今言われたトリノ（五輪）のオーストリアのスキー選手が、永久追放になっている。要するに点滴の器具、器具を持っていただけで、それだけでアウトですよ。基本的に使用禁止薬物の云々《うんぬん》ではなくて、それだけでアウトという形になってしまいますから、普通の医療行為であれば静脈注射は全然問題ないのですが、日本を代表する選手をケアする場合はやっぱり、否《いや》が応でも注意しなくてはいけないし、一番困るのは選手ですし……」

我那覇の事件が起きる前に、静脈内注射でクロと認定された事例があった。青木がここで例に挙げたのは2006年のトリノ五輪に参加したクロスカントリーの選手が、同年2月18日に禁止薬物の家宅捜査に入ったイタリア警察に、宿舎で生理食塩水の瓶と注射器を発見された事件のことである。

このオーストリア選手は「激しい下痢に襲われたためにチーム医師に相談したが、医師は来てくれず、そこで前担当医師に相談してこの治療方法を教えてもらい、自分で治療した」と弁明したが、ドーピングテストを行なった結果、オーストリアスキー連盟の規律委員会は有罪と判定、1年間の出場停止処分となったのである。処分を受けた選手は不服としてCAS（スポーツ仲裁裁判所）に上訴、一方WADAもオーストリアスキー連盟規律委員会の処分が軽いとして、こちらもオーストリアスキー連盟をCASに上訴した。

2006年WADA規程における争点はこの静脈注射が「正当かつ緊急性のある医療行為」であったかどうかという点であった。審議の末にCASの下した判断は、「生理食塩水の静脈内注入が下痢によって失われた水分を補給するのに効果的な方法であり、また、生理食塩水が選手の競技能力を向上させるものではない」と認定した。

しかし、他方でCASは、「その治療が選手の寝室において選手自身によって行なわれたこと、事前に医師の診察を受けていないこと、医療資格を有する者が立ち会っていなかったこと、いかなる記録もなされていないことから、正当な医療行為の判断基準を満たしていない」として「ドーピング違反」と判断したのであった。

医療器具を持っていただけでアウトだったのではなく、治療を医療施設でない所で、医療資格のない選手本人が勝手に行なったことでアウトになったのである。

これは我那覇の場合とは背景が大きく異なっている。しかし、医療についての素人にすれば、警察によるその医療器具の発見の事実のみを抽出して聞かされれば、十分な脅威として響く。

ちなみに日本の各年代のすべての代表チームは、遠征時に必ず点滴セットを持参している。青木がＪＦＡスポーツ医学委員会委員長として代表のメディカル部門を指揮していた時期も例外ではない。

青木の話が終わると、さらに我那覇をショックが襲った。それまで一緒に抗弁してくれていた社長の武田が突然、ドーピング違反があったかのように認めてしまったのである。

「今回の件については、クラブとしての認識が甘かった。その点については反省をし、今後このようなことのないよう対応していきたい。選手も最善の注意をしていかなければならないと考えるが、今回はクラブからの教育がされていなかったため、クラブとしての責任が果たせていない。クラブとしての責は認めるが、選手に対しては情状酌量との判断をお願いしたい」

納得していない我那覇は頭の中で反芻《はんすう》した。

「情状酌量」って何だ。事実と違うのだから、どうして一緒に反論してくれないのか。

しかし、武田社長のこの発言で我那覇側は非を認めてしまったこととなった。

後藤は落胆していた。事情聴取の最後に後藤は青木に聞いた。皮肉という小さな毒が混じっている。

後藤「その件で、例えば解熱剤の筋肉注射をしてみて、改善しない場合に補液ですか？」

青木「だから、要するに脱水症状で補液というのは我々は認めないわけではない。感冒や下痢に対して200ccで本当に意味がある治療ですか？　正当な治療行為ですか？しかもそれが静注（静脈注射）でないとダメですかという判断になるんですよ。要するにこれは個々の事例であって、別の場合はどうかというと、それはそのとき議論しなければならない。例えば脱水がひどくて、経口摂取もできない、それが200ccでB_1で有効な治療ですか？　ということになる」

後藤「結果論ですが、それで良くなった」

青木「だからつまり、それで良くなっちゃったんですよね」

後藤「完全に良くなったわけではありませんけどね」

青木「それはつまり、一番最初に言われたように、このまま車を運転して帰されないぐらいの状況が200で良くなるのか？　ということです」

後藤「実際にはそれで改善しましたので、そのへんは最初から200と決めていたわけではないのはご理解いただきたいと思います」

青木「それはやっぱり、そのTUEに関する知識はきちっと持っていただきたい」

後藤「それはもちろん」

最後の質疑は、医療行為とは患者の症状を見て治療方法を決める（帰納法）のか、あるいはその逆に最初に治療方法ありき（演繹法《えんえきほう》）なのかという興味深い議論に自然に繋がっていた。ひとつ言えるのは、ここの言を見る限り、TUEに関する正しい知識を持っていなかったのは明らかに青木の方である。

これで事情聴取は終わった。時間にして50分弱であった。後藤は、ハナから有罪にする流れだったのではないか、と悔しさを滲《にじ》ませた。

翌日、メディアはいっせいに、我那覇が聴取の結果、規程違反と認定されたと報道。ほとんどの新聞が「疲労回復に効果があるにんにく注射を受けたところ……」との文脈で書かれており、事情聴取で後藤が訴えた脱水症状に対する点滴治療であったことは一行も記されなかった。

5月3日、日産スタジアムでの横浜FC対川崎フロンターレを視察したオシムが、「選手が被害を被らない形で、きちんと解決した方がいい。選手はプレーで勝負するものですから」と唯一、我那覇を思いやるコメントを出した（日刊スポーツ5月4日付）以外は、意図的ではなくともにんにく注射を違反と知らなかった我那覇に落ち度があった、という論調がマスコミ全体を支配した。

JリーグDC委員会の要綱では、ドーピング疑惑についてはJリーグアンチ・ドーピング特別委員会（本林徹《もとばやしとおる》委員長・元日弁連会長）が最終的に処分を決めることになっていた。

調査したDC委員会が行政なら、裁くアンチ・ドーピング特別委員会は司法といえるが、アンチ・ドーピング特別委員会の医学メンバーは、青木らDC委員会と同一人物が兼務していた。したがって、DC委員会がドーピングであると判断した事例がアンチ・ドーピング特別委員会で覆るチャンスは限りなくゼロに等しかったのである。

この構成については、後に来日したWADAの事務局長も「行政と司法が分離していない」と指摘することになるのだが、人を裁く上でのチェック・アンド・バランスが機能しない大きな権力を一箇所に集中させていた。ここにまず制度上の不備があった。

同委員会は5月7日に開かれることになった。その前日の5月6日、川淵三郎日本サッカー協会会長は、「私見」としながらもこう発言した。

「悪意がないからといって許されることはない。我那覇の件はけん責処分とか6試合以下の出場停止処分か、それより重い資格停止（12ヶ月以下）、その程度が常識的なところだろう」（5月7日付スポーツニッポン他、複数紙）

影響力の強い協会トップが、クロかシロか選手の処分の決まる前にマスコミに対して量刑についてまで言及したこのコメントは報道され、関係者たちに大きな不安を与えた。

川淵という人物はサッカー界の最高権力者でありながら幾たびも舌禍事件を起こしてい

るが、これはとりわけ常識を逸脱した行為であった。

理不尽に物事はどんどん進んでいく。WADA規程では、処分の対象者には処分を決める独立委員会で弁明の機会が与えられることが決められていたが、川崎フロンターレは5月2日の段階で、この機会を行使しないことをすでにJリーグに伝えてしまい、対象者本人の我那覇には、その機会があることさえも知らされなかった。

その結果、7日の委員会にはフロンターレの人間も我那覇も姿を見せず、違反行為と認定され、処分が決定してしまったのである。いわば欠席裁判で、システムの欠陥はここにもあった。Jリーグ規程では「ドーピングの定義」をWADA、FIFAと同一の定義とすると記載されていたが、その他の規程、特に各組織の独立性については極めてずさんで、当時はおよそ人を裁くシステムとして整備されているとは言えない組織であった。

日本政府は、WADA規程を遵守するユネスコ（国連教育科学文化機関）憲章を批准しており、そのため文科省はこの事件が起こる前から幾度もJFAに対してWADAの規程に準拠し、国が認めた唯一のアンチ・ドーピング機関JADA（日本アンチ・ドーピング機構）に加盟するように行政指導をしていた。しかしJFAはその指導に従っていなかったのである。

翌8日、Jリーグ臨時理事会で我那覇に6試合の公式戦出場停止、川崎フロンターレに1000万円の制裁金が科せられることが決定した。

ニュースリリースが各マスコミと実行委員（各クラブの社長）に向けて流され、そこには「事実は上記報道された内容どおりであることが確認され」「静脈注射が緊急かつ合理的な医療行為とは認められない」との文言が記されていた。

あろうことか、Ｊリーグの実行委員宛てには、サンケイスポーツの件《くだん》の記事と、禁止リストが規程変更される前の年である２００６年のＷＡＤＡ規程の条文（「緊急かつ正当な医療行為を除く静脈注射」が禁止方法とされていたもの。２００７年は〝緊急〟が取れて、「正当な医療行為を除く」となっていた）が添付されていた。この一事から見ても、いかにいいかげんに我那覇が裁かれたかが理解できよう。

５月９日、新聞はいっせいに「我那覇ドーピング違反で６戦出場停止」と報じた。

Ｊリーグから川崎フロンターレに処分を知らせる「制通第４号」とする書面がようやくファックスで届いたのは、マスコミ発表後の５月10日。我那覇は自分に対する処分を、新聞を通じて知ることになったのであった。ＷＡＤＡ規程では真っ先に本人に直接通達しなければならない。

かつて詩人石原吉郎が記した言葉がある。

「しかし、裁く側は本来〈非人間〉である。それは、人間以上の地位をあえて占めることによって、人間以下となる。裁きの場においては、つねに裁かれるもののみが、人間の名に値する位置をたもつ」（「１９６３年以後のノートから」『望郷と海』ちくま学芸

文庫、1997年）

通達

5月11日、青木はドーピングコントロール委員会委員長名でJリーグの各チームドクター宛てに「静脈注射に関する当委員会の見解について」という文書をファックスで送っている。

裁定結果の裏付けを主張する意図で、そのタイトルどおりドーピング規程における静脈注射についての見解が記されているのだが、これに書かれてある内容が、後に選手に向き合う医療現場で大きな混乱を巻き起こすことになるのである。専門用語が頻出するが、重要なのでポイントを抜粋する。

「さて、問題になるのは、ここで言うところの『適正な医学的治療』という判断はだれがするか、という事になると思います。多くの先生方は、それこそ現場の医師の裁量であるとお考えだと思いますが、担当医師の判断だけで事がすむのであれば、そもそもドーピング禁止規程の中に、静脈注射の禁止とその例外事例をわざわざ入れることはない筈《はず》です。したがいまして、この際の判断は、各担当医師の判断だけではなく、第三者、この場合はドーピングコントロール委員会がそれに該当しますが、そこが規程に基づき、行なわれた医療行為が医学的に適正か否かを判断する、といわざるをえません」

すなわち、適正な治療かどうかの判断は、最終的には担当医師ではなくJリーグのドーピングコントロール委員会が決めるという見解である。

しかし2007年WADA規程では、先述した2006年条文M2．b（禁止方法2条b項）の変更、「静脈内注入は、緊急かつ正当な医学的治療を除いて禁止」から「正当な医学的治療を除いて禁止」に変更になった理由について、

「The word “acute” has been removed from the paragraph on intravenous infusions, since the legitimate use of this method for medical purposes should be left to the judgment of the acting physician.」（静脈内注入の文章から「緊急の」という文言は削除された。その理由は、医学的目的で行なわれる静脈内注入の正当性は、実際に治療を行う医師の判断に委ねられるべきであるから）

となっており、正当性をDC委員会が判断するというのは解釈の誤用であった。また、「疑義が生じた場合はDC委員会とは別の独立した委員会が調査して判断する」のがWADA規程における世界標準のドーピングコントロールであるが、そのことを十分認識していない。

その上でドーピングコントロール委員会が我那覇に対する治療をどう解釈したかについては以下のように述べている。

「静脈注射が必要な場合とは、例えば高熱の際の解熱剤、抗生剤の点滴注射、手術、あるいはあまりないとは思いますが、極度の脱水症に対する点滴などです。このような事例は、今まですべて事後であっても承認されています。しかし、ビタミンB_1生理食塩水の静脈注射が有効で他に治療手段として方法がない、という病態は考えられません」

ここにおいても、（静脈注射が必要なのは）「高熱の際の解熱剤」という非常に危険な発言を繰り返している。

ＴＵＥについては以下、こう述べている。

「もちろん、（治療を）緊急に行なうからにはそれなりのデータや詳細な所見があるはずですから、それをお示しいただければ良い訳です。しかし、夜中に栄養補給のためや、疲労回復のために注射をされることはないと思います。そもそも標準ＴＵＥは、承認されることが前提ではありません。不承認もありうる事を十分認識しておいていただきたいと思います」

この見解を整理すると、「静脈注射は原則禁止であり、内容の適切性を判断できないので、点滴を打つ場合においてはすべてＴＵＥの提出は必要。そしてＴＵＥは、提出したからといって承認されることが前提ではなく不承認もありうる」ということになる。

本来ならば、青木自身がＷＡＤＡあるいはＪＡＤＡに問い合わせをするべきであった。もしもこの段階でそうしたならば、ＪＡＤＡが後に表明したように「正当な医療行為としての点滴でＴＵＥ提出は不要。正当性は現場の医師が判断する」という見解が返ってきたのである。しかし、青木はこのような、にわかには信じがたい推量の解釈で断を下している。そしてその解釈がもたらした見解は、大きく現場と乖離《かいり》したものであった。

遡ること、年度始まりの２００７年1月21日の会議の説明以降、誤ったＷＡＤＡ規程解釈によって、日本サッカー界におけるすべての点滴治療にはＴＵＥを提出する義務が生じ、提出されたＴＵＥに基づいてドーピングコントロール委員会が違反かどうかを判断するということになったのである。発信された青木の文書は最後に「世界的な規程に沿ったアンチドーピング活動を国内においても実行して行かなければなりません」と結んでいる。しかし問題は、この見解自体が世界的な規程に沿っていないことであった。これはまさに、世界的にも稀《まれ》な医療行為の中央集権化とでも言うべき事態であった。

忌まわしい事件はまるでこの我那覇の裁定を待っていたかのようにすぐに起こり、後藤に襲いかかった。

それはドーピング違反の裁定が出された直後、そして青木の見解の出る1日前の5月10日のことであった。フロンターレ入団1年目のＭＦ杉浦恭平《すぎうらきょうへい》がＵ－18代表として参加していたドイツ遠征の試合で上顎骨《じょうがくこつ》骨折、三叉神経麻痺《さんさしんけいまひ》の大怪我を負ったのである。

現地の病院では手術が必要と診断され、緊急帰国してきた。5月15日に耳鼻科を受診したところ、16日に手術となり、後藤は杉浦を自宅待機させた。青木は「手術でのTUE は不要」と1月の会議で発言していたが、後藤はすでに一度違反という裁定を受けているため、慎重を期してTUEの提出の要否を尋ねた。するとJリーグから「静脈注射の内容は手術も含めて全部提出するように」という回答が来た。TUEを申請して許可を待つ間にも選手は苦しむし、手遅れになる可能性もある。

一刻を争うと考えた後藤が「とにかく早く手術をしたい」と告げると、「そちらが正当と判断したら先に手術してあとでTUEを出して下さい。そのあとで審議します」と言われた。

後藤は恐れた。本来必要ではないとされた手術時のTUEを求められている。あとで審議された場合、我那覇のときと同様にまた違反とされる可能性がある。やむなく後藤は安静にしていた杉浦を呼んでTUEに署名をもらってJリーグに提出し、許可が出るまで耳鼻科医師、麻酔医師、そして患者の杉浦と病院で待機した。

その後、なかなか許可は下りず、何度も電話で督促して、ようやく許可が下りた。手術ができたのは深夜だった。杉浦は、ずっと痛みをこらえて耐えるしかなかった。下手をすれば本当に手遅れになっていた。選手のことを考えれば、ありうべからざる事態が起こっていた。

第2章　異議

解雇通告

違反という裁定を受けた当事者である後藤は異議申し立てをしたかった。しかし、フロンターレ社長の武田にその旨を話すと、けんもほろろであった。後藤は言う。

「問題だと思ったのはスポーツ医学委員会委員長をはじめとしたJリーグのドーピングに関する知識のなさなんです。彼らは本当に医学的知識が乏しいんです。それで、僕は絶対に間違っていないという確信があったので、やっぱりその件の主張を行使したいと言ったんですけど、社長から却下されてしまったんです」

後藤は一個人として、人を介して第二東京弁護士会東京フィールド法律事務所の境田《さかいだ》正樹《まさき》弁護士に相談をする。境田はドーピング問題については門外漢であったが、法律的なところからならば調べて協力しますと請け負った。

５月17日にその境田のもとに、面識のない人物から一本の電話が入った。サンフレッチェ広島のチームドクターである寛田司《かんだつかさ》であった。

「後藤ドクターの件で今日か明日、そちらの事務所に伺っていいですか?」

寛田の動きは速かった。Jリーグの臨時理事会で我那覇に対する処分が決まってから10日後の5月18日、寛田は広島から上京し、新橋にある境田の事務所を訪ねてきた。

これから後藤についての意見を聞いてどうすべきか相談したいのだろうと構えていた境田は、寛田が持参してきたものを見て驚愕した。

「よくこれだけのモノを作られた」

寛田は、当事者の後藤を除くJリーグ全30チームのチームドクターの意見をまとめあげた二つの文書を持ってきたのである。

後藤は裁定が出た直後に、チームドクター連絡協議会の中で、主に研修会を担当するワーキンググループのチーフとなっているアビスパ福岡の吉本隆昌《よしもとたかあき》に事情聴取の議事録をメール添付して送っていた。

内情を知った吉本は問題を重く見てチームドクターたちに転送、議事録を読んだドクターたちは全員、「これはおかしい」と義憤にかられた。我那覇とフロンターレ側に全面的に非があるとされた処分には、到底、納得ができなかったのである。

先述したように、Jリーグが「にんにく注射」という見出しに反応し、即座に問題視したのは、前年の横浜FCの事件があったからである。しかし、事情聴取でのやりとりを見れば、後藤の治療内容は横浜FCの事件(健康な選手たちに試合前の元気づけとしてワンショットのにんにく注射を行なう）とは大きく異なり、病気の選手に医師の判断で治療としての点滴を施したことが明らかである。

それにもかかわらず、なぜ、Jリーグは「事実は報道された内容どおりであることが確認され」とリリースを出し、実行委員（各Jクラブの社長）に誤報以外の何物でもないそのサンケイスポーツの記事を添付して送りつけたのか。これはただ、にんにく注射憎しで、その見せしめのために最初から処罰ありき、後藤と我那覇をスケープゴートにしてマスコミに告知したかったのではないのか。

大分トリニータの竹田は後藤と電話で話した。

後藤はこれまでにないというほど精神的に落ち込んでいた。5月10日、川崎フロンターレがACL予選アレママラン戦で勝利した試合後、つかの間の歓喜に浸る後藤に対して、社長とフロントは「辞表を提出してくれ」と告げたのである。チームの都合で5月23日のACL予選のタイ遠征には帯同してほしいということであったが、事実上の解雇通告であった。

Jリーグ規程にはドーピングに関与したドクターの処分はないが、上部組織の日本サッカー協会から処分要請があったのである。後藤は川崎フロンターレの常勤医なので、収入の9割以上をフロンターレから得ており、それは実質無職になること、そしてまた大好きなサッカー界で仕事ができなくなることを意味した。後藤は納得できずにいた。

今回のJリーグの裁定処分には論拠となるものがなかった。

リリースでは、Jリーグが重い処分を科したのは、後藤ドクターが施した点滴治療が「緊急かつ合理的な医療とは認められない」からと主張している。

しかし、それは2006年のJリーグドーピング規程すなわち2006年WADA規程に基づくものであった。

「PROHIBITED METHODS M2. b（禁止方法2条b項）」「Intravenous infusions are prohibited, except as a legitimate acute medical treatment.（静脈内注入は、緊急かつ正当な医学的治療を除いて禁止される）」

2007年のWADA規程ではここから、「acute＝緊急」の文言は除かれている。そして「acute＝緊急」の文言を削除した「理由」として、「医学的目的で行なわれる静脈内注入の正当性は、実際に治療を行う医師の判断に委ねられるべきであるから」という但《ただ》し書きが添えられていた。

したがって、Jリーグが採用していたWADA規程に照らすと（WADA規程が変更されればJリーグ規程も自動的に変更されるとJリーグ規程に明文化されている）処分を受ける根拠がない。

本来ドーピング違反とは刑事事件に準ずる手続きの規程をしており、認定されれば、過去に取得したすべてのメダルと記録を剝奪された陸上競技選手マリオン・ジョーンズのように、極めて厳重に処分されるものである。それゆえに、ジャッジは無罪か有罪かが徹底的に検証される。WADA規程で、有罪ならば多くは2年間の出場停止である。そこまで重い（だからこそ、先述したようにドーピングコントロールを立案・施行する機関とドーピング違反の認定・処分決定をする機関が分離していなくてはいけないのである）。

今回の件は、JリーグDC委員会が厳正な事実の検証をせずに最初から違反と決めつけ、同じ医学メンバーで構成されているアンチ・ドーピング特別委員会が独立パネルとして機能せずに、ドーピングコントロール委員会での認定を追認して罰を科したと言えよう。

基準となるWADAのガイドラインに沿わない、かようなやり方では、無罪の人間を罰するだけではなく、本当に違反を犯した者を罰することもできない。

またドクターたちには決定的な記憶があった。処分を下した青木委員長自身が1月21日のJリーグチームドクター連絡協議会で「風邪や下痢などに対する点滴治療はかまわない。この際、ビタミン剤や抗生剤を入れるのも良い」という見解を示していたのである。

だからこそ、後藤も躊躇なく点滴治療を施した。後藤はあくまでも青木の説明と通達に沿った治療を行なったにすぎない。

立ち上がるチームドクターたち

現場を預かるチームドクターたちからすれば、他人事ではなかった。選手に不測の事態が起きた場合、治療が遅れれば取り返しのつかないことになる。医療に従事する者として、今回の処分を放置することはできなかった。

通常、医師たちは治療方法については個々それぞれの考え方があり、見解が分かれやすく、ひとつにまとまることは困難だと言われている。しかし、この短期間でJリーグ31チームのすべてのドクターが異議に立ち上がることに同調していた。大分トリニータの竹田は言う。

「一人くらいやめましょうよ、と言う人が出てくるのじゃないかと思っていたんです。ところが、一人として反対する人が出なかったんです」

見方を変えれば、ドクターたちはそれだけ疑念を挟む余地のない、大きな問題だと認識していたのである。

一方で急を要した。違反を犯した者として後藤の名前が発表され、我那覇の処分がもはや確定されてしまった以上、即座にアクションを起こさなければ裁定に問題はなかったかのように流れていってしまう。

マスコミに後藤の名前が出て糾弾された以上は、「Jリーグはおかしい」とJリーグ内部で個別に声を上げるだけでは意味を成さない。この裁定はおかしいと発信して報道に乗せない限り、名誉回復にはならない。そのためには全員の意見を調整してまとめあげ、どこが問題であるのかを論理的に指摘したものをリリース文書として作成することが急務であった。

怪我人のいないプロサッカークラブなど存在せず、選手を診ながら外来をこなすチームドクターの日常は普段から忙殺されている。それでも、その役目を完遂しまとめあげるために二人の人物が立ち上がった。

広島で寛田クリニックを経営し、スポーツ選手全般を診てきたサンフレッチェ広島のチームドクター寛田司、そしてサッカー外傷、障害については日本屈指の専門家である浦和レッズの仁賀定雄《にがさだお》の二人であった。

仁賀は浦和レッズの選手のみならず、他のJリーグチームからも多くの選手が診断、治療に来ることでも知られる。セリエA時代にグロインペインで苦しんだ中田英寿を治癒させたのも仁賀である。寛田と仁賀は現場で多くの選手の苦悩を見てきた者として、この問題を到底看過できないと強く感じていた。これがまかり通れば悪《あ》しき前例となって真っ当な治療ができなくなってしまうのは明らかであった。二人は、寸暇を惜しんで30人のドクターと携帯やメールで連絡を取り合い、意見をまとめていった。

すべてのチームのドクター一人ひとりに意思の確認を取らなければならなかったため、結局全員に連絡が取れたのが5月12日。そこから論点と争点を明らかにし、ドクターたちそれぞれの考えを汲《く》み上げ調整しながら具体的な要求を詰めていくという膨大な仕事だった。

本来の業務も抱えているため、寛田も仁賀も時間を捻出するには眠る時間を削るしかなかった。結果的に、我那覇の裁定が出た5月8日からわずか10日後にJリーグへの質問状とマスコミに向けてのリリースが作成されてそれぞれ送付されるのだが、仁賀はこの10日間で7時間しか睡眠を取ることができなかった。仁賀と同じ川口工業総合病院に所属する大宮アルディージャのチームドクター池田浩夫《いけだひろお》は、決行を2日後に控えた5月16日、ついに仁賀が外来中に診察室で倒れてしまうのを目の当たりにする。

いきなり仁賀の身体を震えが襲い、身体の自由が利かなくなり、倒れ込んだ。

池田は治療のこととなると、一切妥協せずに患者のために無私の精神で限界まで働き続ける仁賀に以前から尊敬の念を持っていた。一方で、このドーピング問題に取り組み始めたことで、ほとんど不眠不休で動き回っている仁賀の身体を憂いていた。そうでなくともいつも激務の中で外来を23時まで診ている男が、全ドクターの意見調整と文案の作成で朝まで作業を続けているのだ。身体を壊さない方がおかしい。

「ドクターが倒れた」

病院は一時騒然となった。別室に運んで池田が診察すると、一時的な不整脈を起こしていた。過労とストレスが原因だった。顔はどす黒く、歩くこともできなかった。点滴治療を施し、安静にさせていると、深夜に少しずつ容態が安定してきた。仁賀はこのことは絶対に他言無用と周囲に告げ、明け方後輩に自宅に送り届けてもらい、そのまま机に向かった。

自分の身体が持つかどうか恐怖に似た不安があったが、作業をやめるわけにはいかなかった。

寛田は仁賀と二人で骨身を削る思いで作成した二つの文書の説明を境田弁護士にした。

1枚はまず報道関係者に対してのリリースであった。

「報道関係各位　川崎フロンターレ　ドーピング違反に関する件」とクレジットされた文面を以下引用する。

「―前略―我々チームドクターはJリーグのフェアプレー精神、またドーピングを許さないという姿勢・活動に心から賛同し協力する所存です。―中略―しかし、今回体調不良の選手に対する治療を行った後藤医師の行為がドーピング違反と認定され、マスコミ等を通じて社会的にも断罪されていることはJリーグの指示の基に活動している我々チームドクターにとって全く不可解と言わざるを得ません。またJリーグからマスコミへの発表には誤解を招く点があり、後藤医師がいわゆる『にんにく注射』を行ったと誤解されるような発表になっていることを指摘しなければなりません。

　2007年5月8日付けJリーグからの報道関係各位へのリリース：2．違反行為の内容の中で、……事情聴取の結果、事実は上記報道されたとおりであることが確認され……とありますが、4月24日の新聞報道とは『にんにく注射を打った』という内容の文章であり、これはJリーグの事情聴取で認定された事実と異なります。後藤医師は感冒と下痢で経口摂取困難な状態で無理をして練習した我那覇選手が練習後に38・5度の発熱と体調不良を訴えたために、健康状態を回復させる治療として、水分補給としての点滴を行う中でビタミンB_1の投与を行ったのであり、単にビタミンB_1投与目的の静脈注射を行ったものではありません。この事実はJリーグドーピングコントロール委員会の事情聴取で認定されています。いわゆる『にんにく注射』を行う場合は通常20ccの注射器でビタミンB_1の静脈注射を数十秒で行うものですが、後藤医師は30分かけて200ccの水分補給の点滴を行った中でビタミンB_1を点滴に入れたのであり、上記報道はその内容を正しく伝えたものではありませんでした。したがって後藤医師の治療が単なる『にんにく注射』と同列に扱われるようなリリースがJリーグから行われたのは非常に残念でなりません」

まず、Jリーグのリリースが事実に基づいたものではないことを指摘している。続いてJリーグが行なったドーピングに対する説明の不備について言及している。

「2007年1月21日にJFAハウスで行われた我々全Jリーグチームドクターが参加した連絡協議会において、Jリーグからドーピング基準改定の説明が行われました。昨年まではドーピング禁止薬物を含まなければ点滴等の静脈注射を行ってドーピング違反に問われることはありませんでした。しかし、今年からは禁止薬物を含まなくても正当な医療行為とは認められない静脈注射は『ドーピング禁止方法』として違反に問われることになったのです。この時の質疑を通じて我々は、健康な選手に対するビタミン投与のみを目的とした静脈注射（いわゆる『にんにく注射』）がドーピング禁止行為であるという認識を持つことができました。また一方で、病気の選手に対する点滴治療を行う中でビタミン剤が同時に投与されることは適正な治療でありドーピング違反にはならないと認識しました。

Jリーグによるドーピング違反の説明に従い、適正な治療として行ったつもりだった後藤医師の治療が後でドーピング違反としてJリーグから処罰されることになったのは極めて残念であり、適切に行われてきたと思っていたJリーグからの説明が実際には不十分だったことが今回の問題の一因であることは明らかです」

Jリーグの説明のとおりの治療をした医師が、そのJリーグに処罰を受けるというのは不条理ではないかと指摘している。リリースの最後は「今後同様の悲しい事例が生まれないようにするために、ドーピング違反の規準の明確化をJリーグに求める活動をさらに続けていく所存ですが、後藤医師の名誉回復のために報道関係者のご理解とご協力をお願いするしだいです」と結んでいる。

この事実を記事にしてほしいという狙いである。Jリーグのチームに所属するドクターたちが、その所属団体に対する真っ向からの異議と批判をメディアに対して流したという意味で、日本のスポーツ史上前代未聞のことであった。

もう一つの文書はJリーグに対する質問状であった。宛てた相手は4名。日本サッカー協会キャプテン川淵三郎、日本プロサッカーリーグチェアマン鬼武健二《おにたけけんじ》、ドーピングコントロール委員会委員長青木治人、日本プロサッカーリーグ事務局長羽生英之であった。いわばサッカー協会、Jリーグ、そして医事委員会、現場実務のそれぞれの長である。

書き出しは「先般の川崎フロンターレの静脈注射に関する裁定や通達に対して、我々チームドクターはその内容に、事実誤認や偏った判断に基づいた点があると考えております」で始まる。文章はほぼリリースと同じ内容で後藤の治療の正当性とJリーグの説明不足を主張している。

文末をこのように結んでいる。

「現状のままでは、今後我々が治療を行う上の指針が明確でないと考えられ、選手をどのように治療していけば良いのか不安になります。世間一般の人々あるいは事情をよく知らない医師にすら、今回の騒動によって後藤医師はドーピング違反を主導した医者というレッテルが貼られてしまいました。病気の選手を早期に回復させるべき努力をした後藤医師の行為が、巷《ちまた》に横行している医学的根拠のない健康な選手に対して行う疲労回復のための〝にんにく注射〟とは本質的に違っていた事を再考していただきたいと考えます」

そして、裁定を下した当該団体であるJリーグに、以下の質問と提案を掲げている。

記

1．今回の問題の発端は禁止方法の除外項目である〝正当な医療行為〟に対する認識のズレによるものだと考えます。このズレが生じた原因は我々チームドクターとドーピングコントロール委員会がその理解の共有を十分にしていなかったことに起因し、その責任は両者にあると考えます。この我々の見解に同意もしくはご意見いただけるでしょうか？

2. 1の見解から、今ドーピング問題は後藤医師ならびに当該選手、チームのみに責任があるとは言い難いと考えます。今回の裁定は再考の余地が有ると考えますが如何でしょうか。

3. 報道されている〝疲労回復のためニンニク注射を打った〟というものは事実誤認があると考えます。今回の行為が、疲労回復のための〝にんにく注射〟や意図的に能力の向上を目的として禁止薬物を使用する類のドーピング違反と同列な報道がなされたことは大変遺憾です。後藤医師の名誉回復のためにも報道機関に対し何らかの手段を講じ、訂正していただくことを要望します。

4. 我々チームドクターは、今後二度とこのような由々しき事態に陥らないため、ドーピング違反に対する明確な基準の構築を皆様と共同で行ないたいと考えますが如何でしょうか。

1と2はお伺いをたてる体裁を取りながら、非はどこにあるのかを主張している。3は後藤の名誉回復の要望、4は提起である。

さらに添付資料として、後藤ドクターを除くJリーグの全30チームのチームドクターより回答を得たアンケートの結果を添えている。これはドクターたちの共通認識と意思を示すと同時に、Jリーグ側の説明のずさんさを暗に批判している。

例えば質問2はこう設問されている。

「(2007年1月21日の)連絡協議会でドーピング禁止規程に関する今年の改正点を聞きましたか?」

答えは4択になっており、
1．青木委員長から口頭で説明を聞いた(30名)　2．青木委員長から文書で説明を受けた(0名)　3．聞かなかった(0名)　4．記憶にない(0名)
質問3は、改正点の説明の中でドーピング違反の基準は明確だったか?

答え1．明確だった(0名)　2．不明確だった(28名)　3．どちらとも言えない(2名)　4．棄権(0名)

すなわち、青木は口頭でのみ改正点を説明したことをすべての医師が証言し、その基準は不明確であったと28名が答えている。ドクターたちは不明確な点をそのままにせず、そこでドクターたちと青木との質疑応答が始まったわけである。

以下、要点に触れるものの質問と答えを抜粋する。

質問5　質疑応答の結果、健康な選手に対するビタミン剤の静脈注射はドーピング違反と認識したか？　緊急かつ合理的な医療行為と認識したか？

答え1．ドーピング違反と認識した（29名）　2．緊急かつ合理的な医療行為と認識した（0名）　3．どちらなのかあいまいな認識を持った（1名）　4．棄権（0名）

質問6　質疑応答の結果、風邪や感染性胃腸炎などで体調不良（発熱・摂食障害・水分摂取障害・下痢など）の場合に行う点滴治療および点滴内にビタミン剤を入れることはドーピング違反と認識したか？　緊急かつ合理的な医療行為と認識したか？

答え1．ドーピング違反と認識した（0名）　2．緊急かつ合理的な医療行為と認識した（28名）　3．どちらなのかあいまいな認識を持った（2名）　4．棄権（0名）

質問7　質問6で答え2を選択した先生に問います。風邪や感染性胃腸炎などで体調不良（発熱・摂食障害・水分摂取障害・下痢など）の場合に行う点滴治療が緊急かつ合理的な医療行為だとしても、施行する点滴の量によってドーピング違反に問われるという説明があったか？

答え1．説明があった（0名）　2．説明はなかった（28名）　3．覚えていない（0

名）　4．棄権（0名）

質問9　後藤医師が我那覇選手に行なった治療は、1月21日の連絡協議会で青木委員長が緊急かつ合理的な医療行為として説明した内容の範囲内だったと思うか？

答え1．思う（28名）　2．思わない（0名）　3．分からない（1名）　4．棄権（1名）

この添付資料の全医師のアンケートを要約すれば、「青木委員長の説明では我々は健康な人間に打つワンショットのにんにく注射はドーピングであると認識したが、病気の選手に対する点滴治療がドーピング違反になるとは誰も認識できなかった。同じケースなら自分たちも同様の治療をしたであろう。責任をすべて後藤に被《かぶ》せることには大いに異議がある」。

アンケートの体裁を取りつつ、この意見は全ドクターのほぼ総意であるということを物語っている。質問状の最後には、全チームのクラブ名と全チームドクターの氏名が記載されていた。

寛田は質問状をJリーグへの宛先を記した上で羽田空港のポストから5月18日午前必着で投函した。マスコミへのリリースは時間をずらして5月18日午後に決行された。差出人をチームドクター連絡協議会として差出人住所はJリーグとした。
5月18日午後、仁賀はレッズの社長と強化部長に了承をもらい、クラブハウスに詰める番記者に直接手渡した。各クラブのチームドクターたちの中にも、仁賀のようにチームの担当マスコミに直接リリースを渡した者が何人もいた。
メディアは即座に反応した。5月18、19日の両日にわたり、読売、毎日、東京、産経、日刊スポーツ、スポーツニッポン、デイリースポーツ、サンケイスポーツ各紙と共同通信が「全31チームドクターが、川崎Fドーピング処分を不可解としてJに抗議書」の記事を掲載。特に読売は、一般紙で最もこのリリースに反応し紙面を割《さ》き、独自に後藤を取材してそのインタビューを「風邪で食事も取れず」「明確なガイドラインを」というタイトルで5月19日付朝刊に載せている（以下抜粋）。
――違反となる静脈注射についての認識は
後藤「静脈注射は原則禁止。いわゆるニンニク注射と呼ばれる、元気づけやコンディションを整えるために打つワンショットの20cc程度の注射は違反だ」
――今回が違反でないという根拠は
後藤「1月21日のチームドクター連絡協議会で、『点滴に風邪のためいろいろ（ビタミンなどを）入れるならわかるが、ビタミン剤だけの注射は問題』との説明があった。

今回は、まさにその状況。医療行為の範囲と認識していた」
――ドクターたちがJリーグへ質問状を出した
後藤「非常にありがたいこと。また、今後のことを考えれば絶対に必要。どこまでが正当な医療行為なのかがあいまいなままでは、選手の健康を守れないから」
と後藤の主張を展開する。その一方で、青木委員長の反論も併記している。こちらの見出しは、「直前まで練習『緊急性なし』委員長は反論」。

一方、Jリーグのドーピングコントロール委員会の青木治人委員長も読売新聞の取材に答え、後藤医師の行為について、「緊急性がない」として、正当な医療行為との見方を否定。「どこからどこまでが緊急かというのは、医師であれば普通は分かるはず」としており、チームドクター側との見解の相違は大きい。

青木委員長は、我那覇が点滴を受ける前まで練習に参加していたことなどから、「チーム事情としては、緊急かもしれないが、医学的な緊急性とは違う」と指摘。ドーピング違反の明確な基準を求める意見については、「具体的な例をいちいち挙げて明確にしろ、というのはなかなかできない。難しいと思う」と話した。

青木がこの段階でまだ違反の根拠に2007年WADA規程で削除されていた「緊急性」を挙げている点に注目したい。

読売はさらに鬼武チェアマンと川淵会長のコメントも丁寧に取っている。

鬼武チェアマン「我々は、ドーピングコントロール委員長の見解を尊重すると、最初から言っている。質問状は届いたが、差出人が明確になっておらず、答えようがない。よく調べて、冷静に対応しないと」

差出人が明確でないという鬼武の指摘は一面では当たっていた。書面の中に全チームのクラブ名とチームドクター名が記載されていたが、封筒の発信元には代表者の名前がなかった。しかし、これには理由があった。2002年までJリーグのチームドクターたちはJFAスポーツ医学委員会とは別個に、チェアマン直轄の委員会であるJリーグスポーツ医学委員会という組織を形成し、その中ではチームドクターの中から選任された代表者が存在していた。

ところが2003年1月に組織改変があり、この委員会がなくなって、代わりに青木が委員長を務めるJFAスポーツ医学委員会の下部組織としてチームドクター連絡協議会が作られ、チームドクターたちはそこの所属となったのである。組織改変の理由は、

ＪＦＡとＪリーグの医事運営をスムーズにするためというものであったが、これが組織制度上の欠陥を生んでしまった。

委員会から格下げされた連絡協議会はその名のとおり、会の座長である青木からの連絡事項を聞くのみの会とされ、Ｊリーグの医事運営についてドクターたちがチェアマンに直接発言する機会がなくなってしまっていたのである。ドクターたちの代表は青木となり、この改変で結果的に青木一人に権力が集中した。

今回の事件に照らして言えば、本来連絡協議会の代表は青木なので、後藤を弁護するのは青木であり、川崎フロンターレ同様に監督責任を問われるのも青木のはずなのだが、その人間が同時にドーピングコントロール委員会の委員長を兼務していて後藤を取り調べて処分を下している。いわば立法、行政、司法が一人の人間の手に握られているのである。

意見書を発送した封筒の差出人に代表名がなく、文書の中でドクターたちが連名として出さざるをえなかったのは、そのような制度上の問題が横たわっていたからである。

川淵のコメントは、「医療行為か、疲労回復（のための措置）かの解釈の問題で、専門家が事情聴取をして決定したことなので、それで一件落着だと思っている。ドクター同士の理解度が低いなら、コミュニケーションをとって高めることだ」。

選手や関係者を守るべき競技団体の会長でありながら、冤罪《えんざい》や制度上の欠陥を指摘する声に耳を傾けようとしなかった。極めてずさんであった事情聴取の中身も調査しないで、事件はすでに終わったものと決めつけてしまっている。

質問状についてはほとんどが「見て見ぬふり」という雰囲気に支配されていたJリーグの理事会の中で、唯一最古参理事の三ツ谷洋子《みつやようこ》だけがこれについて真剣に議論すべきではないかと発言していた。

「差出人の住所がないとか、代表者がいないとか、消印がどうとか（羽田空港の消印であった）という理由で黙殺された記憶があります。私はそんなお役所的な対応よりも、実際に彼らドクターが声を上げているという、そこに耳を傾けるべきだと考えていました。選手のベストパフォーマンスをつくるのがJリーグの仕事なのに、その選手と対立している。おかしな現象が起きていましたね」

新聞記者出身でスポーツコンサルタントをしていた三ツ谷はJリーグ発足時から理事を務めており、このとき15年目の在任期間を迎えていた。その意味でJリーグ発足以来の理念を強固に堅持していたと言えよう。

しかし、三ツ谷に賛同する者、サポートする者は現れず、理事会の議題には上らなかった。

処分撤回の申し入れ

　ドクターたちが送付した質問状とマスコミへのリリースは波紋を呼んだが、世論を喚起し、Ｊリーグを動かすというところまでには発展しなかった。

　後藤はここに至って、境田弁護士とともに独自に行動を起こした。

　我那覇には一切迷惑をかけたくないという理由から、４月からあえて本人との連絡を絶っていた。たったひとりで5月24日付で、Ｊリーグに対して処分撤回の申し入れ書を提出したのである。

　主な内容は、以下のようなものであった。

　２００７年Ｊリーグドーピング禁止規程では、ドーピングの定義は「ＷＡＤＡ、ＦＩＦＡと同一とし、ＷＡＤＡが世界アンチ・ドーピング規程を変更した場合には、自動的に変更される」とある。しかし、Ｊリーグは、今回の件をドーピング違反と認定する際に、誤って前年２００６年の規程（緊急かつ正当な治療以外の静脈注射の禁止）に基づいて裁定を下した可能性が強い。２００７年のＷＡＤＡ規程では「緊急」という文言が削られており、「医療行為の正当性は現場医師の判断に委ねられる」と明記されている。よってＪリーグは再度審議をやり直すべきである。

これに対し、Jリーグ側も反応する。5月31日に我那覇らに事情聴取を行なったドーピングコントロール委員会と制裁を検討したアンチ・ドーピング特別委員会が緊急合同委員会を開催して審議を行なった。しかし、結論は変わらなかった。両委員会を構成している医学メンバーが同一の人物たちなのであるから、それもまた当然の結果であった。

青木はマスコミの取材に対し、「FIFA医事委員会から本件処分について、Jリーグの判断は特に問題はない旨の回答を得た」とアナウンスしている。スポーツ報知、サンケイスポーツなどはそのとおり「国際サッカー連盟(FIFA)医事委員会が、Jリーグの判断を正当とする文書を送付してきたことが31日、分かった」と報じている。

しかしこれは青木のスタンドプレーであり、この内容でマスコミにリリースすることを実はJFAは承認していなかった。なぜならこれはFIFAの公式な回答ではなかったからである。後に判明するが、これは青木が旧知のFIFAの医事委員ジリ・ドブシャクに、我那覇が病気であったことを十分伝えずに質問した私的なメールに対する私的な回答にすぎなかったのである。質問のメールに青木は、「医師は患者にガーリック(にんにく)を注射した」としている。病気であったという前提条件を十分に伝えずに、治療内容を事実と異なる和製英語とも言えない変な単語を使ったので、FIFAの医事委員は困惑したことがメールでうかがい知れる。

いくつかのメールのやりとりのあと、ジリ・ドブシャクから来た私的なメールでの回答は「軽微な違反と考える」というものだった。

後日、この事件の詳細な事実を知ったＦＩＦＡの関係者は、「あれは一般論に一般論で返した個人的なメールで、ＦＩＦＡの公式記録にはいっさい残っていない」と一蹴している。つまりは青木が、「ＦＩＦＡがＪリーグの判断を正当とした文書」とはその程度の電子メールであった。

６月14日、ＤＣ委員会青木委員長名で後藤と境田弁護士宛てに、制裁措置は変わらないという回答書が改めて送達された。

記載されている主な理由は以下の三つであった。

（１）緊急という文言は川崎チームドクターの抗弁に含まれていたものを援用してしまった。あくまでも２００７年のＷＡＤＡ規程で裁定を行い正当な治療行為ではないと認定した。
（２）５月１日の事情聴取で明らかになったが、治療の直前までトレーニングをしていたことと、内服薬の服用も可能であったのならば、２００ccの静脈注射を敢《あ》えて行うという合理的説明は得られなかった。
（３）後藤ドクターが４月24日付でＦＡＸした診断書と、４月25日付でＦＡＸした診断書の記載内容が異なっているが、これは診療録の誤記、改ざんとも言いうる行為である。

（1）は、認めてしまえばすべてがひっくり返ってしまう論点であるから、当然の主張であるが、偽りがある。事情聴取では後藤は一度たりとも「緊急」という文言を使っていないのである。

（2）は、ドクターたちにしてみればあまりに現場を知らない論法と言えた。Jリーグのドクターたちは、練習を休めば即座にポジションが取って代わられる熾烈《しれつ》なプロスポーツの世界を日常として目の当たりにしている。

その意味では、練習を休んでいなくても体調を見て点滴を打つことが必要と判断することはある。また、内服薬が飲めても水分や食事が摂れていても、下痢をしていれば腸管での吸収が不良なので点滴を行なうことはある。後にチームドクターたちが、2007年1月から5月までに承認されたTUEをすべて個人情報を伏せて調査した事実として、それまでも、練習ができている選手でも風邪や下痢と診断されて点滴した場合、TUEは普通に承認されており、中には200㎖の点滴で承認されている例もあった。これらのTUE申請書に承認の署名をして返送してきたのは誰でもない。青木である。（2）の理屈どおりならこの選手たちにTUEは承認されなかったはずである。

後藤の弁護士である境田はこう反論する。

「事情聴取でも後藤ドクターは、薬の添付文書などを用意してビタミン剤入り生理食塩水の点滴注射が正しい医学療法であったことを主張している。正当であることの反証活動を行なっているのに対して、青木委員長は、この反証を覆すための立証を何も行なわないまま『合理的説明は得られなかった』とドーピング違反認定をしている」

通常、不利益を証明する挙証責任は刑事訴訟では検察官が、民事訴訟では原告側が負うものであり、無罪の立証責任は被告人にはない。WADAの規程も同様で、挙証責任は競技者ではなく、アンチ・ドーピング委員会が負うとされている（第3条3・1）。

これに基づいて境田が主張するのは、我那覇が直前まで練習していたことは「静脈注射の点滴投与が不当である」という証明にはならず、青木は挙証責任を果たしていないということである。

（3）について境田は怒りを隠そうとしなかった。

「あれは後藤ドクターがJリーグからまず診断書を出してくれと言われたので、4月24日に風邪感冒と書いて出したんです。診断書というのは細かい内容までは書かないもので、詳しいことはTUEに書いてあるわけです。ところが、提出後にもっと詳しく書いて出せと言われたんですね。そこでTUEと同じ詳細のものを翌日に出したら、これが、『異なった診断書が二つ出されている。これは改ざんだ』と言ってきたんです」

後藤の代理人として到底納得のできる回答書ではなかった。そして納得のできない回答が発信されたという事実は大きかった。つまり現場と乖離したこの見解が、Jリーグのオフィシャルな答えとなってドーピング違反の線引きが改めてなされ、それが流通することでサッカー界の医療現場が大混乱に陥ったのである。

大混乱

5月31日以降、影響はすぐに出た。以下のような実害が起こってきた。選手とチームの名前はあえて伏せる。

某Jリーガーが腸炎で下痢をしていた。先発ポジションをライバルと激しく争っている中であり、それでも37・5度の熱をおして試合に出場した。

本来ならば補液で点滴を行なうレベルの症状であったが、チームのドクターはJリーグの見解に照らし合わせた。食事ができて内服薬が飲める選手に点滴治療を行なうと、選手がドーピング違反になるかもしれない。違反者にしてはいけないと思い、結局、治療を躊躇した。

その後、選手はめまいを生じたので耳鼻科を受診すると、脱水による内耳性めまいという診断であった。点滴を躊躇したことにこのチームドクターは大きな責任を感ぜずにはいられなかった。

日本代表合宿でも同様のことは起こった。

某代表選手が合宿中に風邪の症状を訴えたが、我那覇の症状よりも軽かったために、代表の医師はあえて点滴をしなかった。この選手が体調を崩しチームに戻って血液検査を受けると、白血球が1万以上（通常は4000から9000）に増加しており、CT検査をしたところ肺炎を起こしていた。当然ながらその後の病状の改善には長い時間を要すことになった。これも、軽症時に速やかに抗生物質を含む点滴治療を行なっていれば、事なきを得た可能性があった。

代表合宿後、リーグ戦の中でも緊張は走った。

中2日の公式戦が続いていた頃、あるチームに下痢で食事ができない選手が出たが、ドクターは点滴ができないのでひたすら我慢をしてくれと頼むしかなかった。その結果、実際に何人もの選手が脱水症状を起こした。

多くの問題が、Jリーグ見解が発信されてからたった2ヶ月の間に各地で起こっていた。

5月18日の質問状に対する青木からの回答書を見た仁賀は愕然とする。

紙一重の差で勝負が決まるサッカーの現場で働く医師とすれば「練習ができていたから点滴は必要なかった」という結論づけは全く理解ができなかった。生活を懸けて練習や試合に臨んでいるプロの選手は体調が悪くても練習を休まない。

仁賀にはレッズでこんな経験があった。

ある選手をインフルエンザ診断キットで陽性と診断して3日間練習を休ませたことがあった。するとその間に彼は、ほぼ同等の力を持つ他の選手にレギュラーポジションを奪われてしまった。2007年のレッズはひとつの黄金時代を迎えており、めったに負けなかったため、試合に出続けている選手から再びポジションを奪うことは至難の業と言えた。

休ませた選手はあとになって「先生、あのとき僕が『診断結果は陰性だったと言ってください、練習ができると言ってください』と頼んだらそうしてくれましたか?」と聞いてきた。自宅を訪ねた際、乳飲み子を抱えた妻とともに食い入るように検査結果を見ていた彼のことを仁賀は忘れることができない。

たった1日練習を休むだけで自分の運命は変わってしまう。選手はそれが分かっているからギリギリのところまで無理をして練習を休まない。だからこそ、練習ができなくなってからの治療では手遅れなのだ。それをなぜ、青木委員長は分からないのか。机上と現場、論文と臨床のギャップと割り切ってしまうには、あまりに切実な問題が横たわっていた。

激務の中、ドクター間の意思統一を図り、短期間で意見をまとめあげ、質問状提出を実現させた仁賀の努力は水泡に帰した。

それでも立ち上がることを再び決意した。Ｊリーグの見解が出て以降、浦和レッズの選手もまた大きな危機に瀕《ひん》していたのである。

２００７年ＡＣＬとＡ３に出場したレッズは年間を通じて7回もの海外遠征を行なうことになり、6月7日にはＡ３チャンピオンズカップを中国の山東魯能《さんとうろのう》とアウェイで戦っていた。その過酷な日程から山東で体調を崩し、食事が摂れなくなった選手が二人出た。

体温は一人が37度5分、もう一人は平熱だった。下痢はしておらず、我那覇よりもその点では軽症と言えたが、強い吐き気を催しており、仁賀は無理に食事をさせずに点滴をすべきだと考えて、帯同しているフロント幹部に相談した。

しかし、幹部は苦渋の表情で「チームドクターたちが反旗を翻したことでＪリーグＤＣ委員会に睨《にら》まれていることもある。ドーピング違反にされる可能性がゼロではないのならば、選手に我慢させてほしい」と言ったのである。

治療が必要と考える患者を前にしながら、何もできずに手をこまねいているしかない。医師にとってこれほどの屈辱はない。何よりこのままでは被害を受け続けるのは選手である。Ｊリーグとの争いを長引かせたくはないが、我那覇に下された裁定と見解を覆さなくては、点滴ができずに病状が悪化して取り返しのつかない事態が起こる。

しかし、どう闘うのか。

決定的とも思えた2007年WADA規程M2．2の条文を境田弁護士が提示しても、青木は非を認めようとしなかった。前述したように、処分の手続きにも問題があり、WADA規程では処罰をする側（この場合はDC委員会）に挙証責任が負わされるが、事情聴取では罰せられる我那覇側にそれを負わせて違反の認定をしている。確認すれば分かるこの過ちも是正しようとしない。

自浄作用が機能せず、回答が公式に発表された以上、Jリーグ内部にはもうやり直しを求める機関は存在しない。万策は尽きたのか。

それでも仁賀には信念があった。ドーピングの世界標準に照らし合わせれば、我那覇と後藤の件は明らかにシロである。ならば権威ある第三者機関に真実を問い、正しい回答と見解を引き出して、再度Jリーグに見直しを迫るというやり方がある。

日本でドーピングの最高権威は、言うまでもなくJADA（財団法人日本アンチ・ドーピング機構）である。日本におけるドーピング防止活動を推進しているJADAから正しい見解を引き出せれば、我那覇と後藤が明らかな濡《ぬ》れ衣《ぎぬ》を着せられて罰せられたことが白日の下に晒《さら》される。Jリーグも考えを改めざるをえないのではないか。

そもそも世界のアンチ・ドーピングの歴史の流れから見れば、日本は優等生であった。1999年にIOC（国際オリンピック委員会）によってドーピングに関する世界会議が開かれ、そこで採択されたローザンヌ宣言に基づいてＷＡＤＡ（世界アンチ・ドーピング機構）が設立されると、即座に日本は常任理事国になっている。文部科学省の副大臣が自動的にＷＡＤＡの常任理事に就任することになり、それゆえに日本国内でもアンチ・ドーピング活動を啓発・育成する公的機関の設置は急がれた。世界各国に先駆けて２００１年に日本に誕生したアンチ・ドーピング機構。それがＪＡＤＡである。その公式発言は極めて重い。

一方で懸念もあった。先述したように、この段階ではＪＦＡは文科省の指導に従っておらず、ＪＡＤＡに加盟していない。

言うなれば、ＪＡＤＡは治外法権の領域に踏み込むことにもなる。果たしてすでに競技団体が下している裁定に対して具体的な見解を出してくれるかどうかは全く未知であった。あるいは見解が出たとしても、あくまでもお役所的な対応を取り、直接関わっていない案件ということで、差しさわりのない一般論に終始するものであればその効果は望めない。

しかし、一縷《いちる》のこの可能性に懸けるしかなかった。

７月22日に、ＪＦＡハウスでチームドクターたちの研修会が催されることになっていた。この会には青木もＤＣ委員も出席する。チームドクターたちの合意を得てこれを再びドーピングに関する会議にするようにＪリーグに働きかけた。

勝負をするならば、全ドクターが集まるこの日しかなかった。直接異議を唱える以上、確実に勝つ要素を持たなければならない。寛田と仁賀は気持ちを引き締めた。あと1ヶ月、7月22日までに何としてもJADAからの見解を引き出さなくてはならない。その上で、チームドクターの総意をまとめあげ、提言を含んだ意見書の形でJリーグに提出する。特にTUEの問題はサッカー界全体に及ぼす影響を考えて、DC委員会のみならず、チェアマンやJFAキャプテンに向けて異議として発信する必要性を強く感じていた。

アクション

大きな覚悟が必要とされるアクションだった。

ドクターたちにすれば一銭にもならない煩雑な仕事が増え、さらにはJリーグに問題視されて、サッカー界での仕事がしづらくなることも考えられる。

仁賀はメーリングリストに意見を流した。回答は再び圧倒的だった。北はコンサドーレから南はアビスパ、サガンに至るまで、各チームドクターたち全員が同様に闘いの継続を望んだのである。それこそが選手の健康を預かる者としての矜持《きようじ》であった。

寛田と仁賀は意見書の草案作りに取り掛かった。

当初、JADAに対しては、境田弁護士が後藤の代理人という立場でアプローチをしていた。ドーピング違反との裁定を受けた後藤が、医師として自分は本当に罪を犯していたのかという問い合わせをしていたのである。境田とJADAとのやりとりの中、やがてJADAが6月28日には後藤宛てに見解を出すという報が流れてきた。

まさに朗報であった。これが発表されてマスコミに乗れば、すでに終わったものとして片付けられようとしている我那覇の事件が、実は冤罪だったのではないかと、広く問題を訴えることができる。もちろん、意見書をまとめる上での権威ある大きな裏付け資料となる。

意見書をまとめる作業は、困難で過酷なものであった。意思統一はされていたとはいえ、31人のドクター全員の意見を聞きながら、修正、確認、了承を得て文書化を進めていくのは並大抵の仕事量ではない。またも作業は睡眠時間を削るしかなかった。ときに意識が朦朧《もうろう》となる激務の中で仁賀はJADAの見解が出ることを唯一の心の励みとしていた。

ところが、28日を過ぎてもなかなかJADAからの回答は出てこなかった。7月になり、明日こそ出る、今日こそ出ると希望を繋いだ末、ようやく7日に境田のもとにメールが入った。

境田から転送されてきたものを一読して、仁賀は落胆にとらわれた。それは我那覇の事件には直接触れられておらず、アンチ・ドーピング一般に関する見解にすぎなかった。JADAはやはり、範疇《はんちゅう》外のエリアへの踏み込んだ回答をすることを避けたのであった。

このままでは最後の決め手が欠けてしまう。仁賀はサンフレッチェの寛田、アビスパの吉本、そしてジェフ千葉の池田浩と相談し、JADAからのより踏み込んだ回答をもらうことを目的として質問状を作り始めた。この時点で連絡協議会が開かれる22日まで2週間を切っている。まさに時間との闘いであった。仁賀は、ひたすら徹夜で作業に没頭し、ついに完成させた。

まとめあげた質問状の発信元にはワーキンググループチーフドクターの吉本隆昌の了解を得てその名前を記し、吉本の勤務先の福岡整形外科病院と自宅の住所、連絡先まで入れた。吉本もまた、矢面に立つ覚悟を決めていた。

送り先は二箇所、JADAと、そしてWADAの常任理事である文科省の遠藤利明《えんどうとしあき》副大臣であった。冒頭で突然のアプローチを詫《わ》び、自分たちはJリーグ31チームのドクターであるが、現在選手たちの治療上で困難に直面しており、どうしても所轄である文部科学省の副大臣と同省より唯一の統括組織として認定された日本アンチ・ドーピング機構（JADA）の見解を伺いたい旨を記した。質問事項は寛田らと議論の末、4点に絞り込んだ。

（ア）　FIFAとWADAは「世界アンチ・ドーピング規程の完全遵守」について合意しているか否か。もし合意しているなら何時《いつ》からか。
（イ）「正当な医療行為」としての点滴治療に対してTUEの提出は必要か否か。
（ウ）　上記の「正当な治療行為」とは、現場で担当医師の判断にゆだねられるか否か。
（エ）　今年5月にJリーグで裁定された我那覇選手の事例は国際基準に照らして「ドーピング違反」とみなされるか否か。

（ア）は大前提の確認である。FIFAがWADAに合意していれば、その傘下であるJFA、ひいてはJリーグも、ドーピングを裁くのは独自のローカルルールではなくWADAの規程であるということが確認される。
（イ）（ウ）は青木が後藤と境田の申し入れに対して回答し、そしてJリーグの見解として発信したことが世界基準で正しいのかの確認である。このTUEの提出の義務付けと医療行為判断の中央集権化こそが、まさに治療の現場で起こっている問題の源であった。
（エ）については、判断を仰ぐ材料としてJリーグが我那覇を違反とした根拠を付加した。すなわち2点。
1．静脈注射は原則禁止であり、TUEの提出により認められた場合にのみ使用が可能である。
2．正当な医療行為は、Jリーグのドーピングコントロール委員会が決定すべきものである。
以上の根拠で我那覇はクロと裁定されたわけである。

質問書を完成し、あとは吉本が代表として捺印《なついん》し、投函《とうかん》をするだけであった。

しかし7月10日、JADAの弁護士から境田に電話が入った。

「我那覇選手の件についてはもうJADAは動かないと決めました」

JADAはこの問題について不介入という宣言であった。

仁賀は目の前が真っ暗になった。やはり無理なのか。これでおしまいなのか。機構の顧問弁護士が下した発言である以上、それは最終決定の公的な通達であり、もはや覆すことは不可能であった。

仁賀はそれでも諦めなかった。ここで膝を折って倒れてしまえばそこで終わってしまう。そうなれば、苦しむ選手を前に治療を施せない状態がこれからもずっと続く。これはJリーグだけの問題ではない。日本代表チームもJFAの直接の管轄であるから、そこに派遣されているドクターたちも青木に抗《あらが》うことはできず、この治療方法の縛りとも言える制約によって、国際大会で日本代表だけが適切な点滴を受けられなくなる可能性すらある。

懸念ではなく具体例があった。２００６年のＷ杯ドイツ大会で代表の10番だった中村《なかむら》俊輔《しゅんすけ》は全試合に出場したが、風邪で体調を崩しており、その際には代表のドクターが点滴治療を行なっていた。仁賀はＪリーグＤＣ委員会委員を務めるドイツ大会時の代表チームドクターに「Ｗ杯で中村選手に点滴をしたはずだが、そのときにＴＵＥを出しましたか」という質問をしている。禁止薬物を含まない点滴がドーピングであるはずがなく、国際的にＴＵＥは出すはずがない。事実、代表チームドクターは「点滴はしたが、ＴＵＥは出さなかった」と答えた。しかしその上で「でもＦＩＦＡのレギュレーションでは出すべきだった」と付け加えている。

明らかに青木に対する配慮である。たとえ提出されてもＦＩＦＡも困るだけである。そもそも本当に提出すべきＴＵＥを出していなかったのなら、このドクターも中村俊輔もドーピング違反として我那覇以上の厳しい処分が下されていたはずである。少し考えれば理解できる矛盾であるが、勝手な解釈によるローカルルールが基準になってしまったために、このような方便が生まれてしまう。もはや、治療の現場は混乱し大きく歪《ゆが》んでいた。

他にできることはないか。仁賀はＪＡＤＡに手紙をしたためた。

質問書

それは、四角い言葉で正義を真ん中に置き誰かを非難する、あるいは自らの存在を際立たせる、そういうものではなかった。医師として虚心坦懐《きょしんたんかい》に今の混乱した状況を憂い、それを改善するための希望を記した長文であった。

我那覇と後藤ドクターに対する裁定が下ってから今に至るまで、Jリーグの治療現場がどのような事態に陥っているのか。すなわち正当な治療行為かどうかの判断はすべてJリーグDC委員会に諮られて、適切な点滴や緊急の手術でさえTUEの提出を義務付けられているということ。日本以外の国ではWADA規程に従って現場の医師の判断によって即座に点滴治療ができる。ところが、今の日本のサッカー界ではそれが許されないということ。そしてTUEを申請して返ってくるまでは何もできず、現在は選手たちに大きな負担を強いており、様々な弊害が起きているということ。

青木に対する告発という性格の文書ではなく、ただただ患者である選手にどのような治療ならば可能であるのか、仁賀が医師として悩む姿がそこにあった。

Jリーグ内部にも、我那覇がドーピング違反をしていないとはっきり見解が出れば、より正しい方向に改革しようと考えている人々がいた。医学については門外漢である彼ら、彼女たちにしても、今回の一方的な処分には大きな疑念を感ぜずにはいられなかったのである。そのためにもJADAからの公正な見解は必要であった。仁賀は最後に書き加えた。

「難しい問題が色々あるとは思いますが、どうかご検討くださるようお願い申し上げます。もしも許されるならばJADAの踏み込んだ見解を出していただけると本当に助かります。もしもどうしても法的な制約があって一般論しかお答えできないのであれば、それでも我々だけで言うよりも重みがあります」

手紙はA4用紙4枚に及んだ。書き上げると7月12日付の質問書とともにJADAに向けて投函した。しかし、これが果たして有効な手段かと言えば疑問符が付く。すでに組織として顧問弁護士がNOと公言したものをたった一通の手紙でひっくり返せると考える方が不自然であった。原則論から言えば、直接関与をしていないこの案件にJADAが回答をすることはありえず、それでもあえて見解を出すことのメリットも存在しなかった。案の定、22日の連絡協議会まで1週間を切っても音沙汰はなかった。

しかし、奇跡は起こった。7月19日、ギリギリ3日前にJADAから公式文書で正式な見解が発信されてきたのである。文書は以下のように記されていた。

「照会に対する回答について」　財団法人日本アンチ・ドーピング機構

平成19年7月12日付のお問い合わせにつき、以下のとおり回答いたします。
（ア）回答「2006年6月に開催された第56回FIFA congressにおいて合意したと報道されています」
（イ）回答「（TUE提出は）不要」
（ウ）回答「現場の医師（の判断）にゆだねられる」
（エ）回答「当該事例の詳細を知る立場にないが、Jリーグが本事例に対してドーピング違反とした主な根拠が記載の2事項であるとすれば、ドーピング違反とはみなされない。」
以上回答いたします。ただし、財団法人日本サッカー協会／Jリーグが本会に未加盟であること、またJADAとしてサプリメントの乱用を奨励するものではないことを付記いたします。

そこにはチームドクターたちの期待した答えがシンプルに、そして明確に記されていた。

FIFAとWADAはアンチ・ドーピングの完全遵守に合意しており、正当な医療行為においてTUEの提出は不要であり、その正当な医療行為も現場の医師にゆだねられる。そしてWADA規程によれば、我那覇はドーピング違反をしていなかった。

通常では考えられないＪＡＤＡからの正式回答が出たのは、アンチ・ドーピングを担うこの組織が、それだけ看過できない大きな問題であると、この我那覇の処分を認識したからに他ならない。

喜びに浸る間もなく、寛田、仁賀はアビスパの吉本、ジェフの池田と協力して４人で次の作業に入った。連絡協議会でＪリーグに提出する意見書の草案作りである。連絡協議会は22日の午後からＪＦＡハウスで行なわれることになっていた。そのために全ドクターは当日の午前中に自発的にホテルに集合して会議を持ち、最終的な話し合いをして合意を得ることにしていた。

寛田らは、多忙な日常業務をこなしながら文案を作成し、21日にホテルに４人で前泊してすり合わせ、夜を徹して文書化作業に入った。

宛先はＪＦＡキャプテン川淵三郎、Ｊリーグチェアマン鬼武健二、ドーピングコントロール委員会委員長青木治人、事務局長羽生英之、各実行委員。

このうち、各実行委員、つまり各クラブの社長は、試合や練習の現場などでドクターたちとのコミュニケーションが取れており、事の顛末が詳細に報告されていたので、川崎を除くほとんどの社長はドクター側に理解があった。

冒頭は、これから我那覇をドーピング違反と裁定した事件についての提言を述べるという「はじめに」から始まる。

以下、小見出しを列挙するが、それを見れば、この意見書の論理構築と流れは理解できよう。「異議を申し立てた理由」「私達の代表と組織形態」「ＷＡＤＡ禁止方法Ｍ２．２の条文について」「正当な医療行為かどうかについて」「Ｊリーグの見解のために、現場で現在私達が直面している困難」「ＪＡＤＡ回答」「国際試合におけるＴＵＥ提出の現状」「私達の今後の方針」「提言」「1月21日に開催されたＪリーグチームドクター連絡協議会について」「私達の要望」。

この中では「ＪＡＤＡ回答」が大きなポイントであった。ＪＡＤＡが出した見解の重さを伝えるためにも噛《か》んでふくめるような説明が入れられた。

「Ｊリーグは現在ＪＡＤＡに加盟していませんが、わが国政府は２００６年12月27日に国際アンチ・ドーピング条約を締結し、２００７年2月1日から条約が国際的に発効しています。ＪＡＤＡは文部科学省よりわが国唯一のドーピング統括組織として認定されたＷＡＤＡ直轄の組織です。ＪリーグがＷＡＤＡで規定されている内容と同一の定義で、ドーピング禁止規程を運用するとＪリーグ規約・規程で謳《うた》っている以上、ＪＡＤＡからのＷＡＤＡ規程の適用と我那覇選手のドーピング違反認定への意見は重く受け止めなければなりません」

そして添付資料として、JADAからの回答書とUEFAのドーピングコントロールのレギュレーション説明書が付加された。

考えてみればおかしな話である。本来ならばJリーグのDC委員会が、十分認識して啓発活動を行なうべきWADAとJADAの重みを、チームドクターの側から諭されているのである。いかにこの時期のDC委員会がずさんな運営をしていたかが分かる。

「私達の今後の方針」では、3点が述べられている。

- WADAの規程に従い、禁止薬物を含まない正当な点滴治療については今後TUEは提出しない。
- 正当な医療行為の判断はWADA規程に基づいて現場の医師が行なう。
- 我那覇選手の治療がドーピング違反に相当しないことは、WADA規程に照らし合わせても明らかなので処分を取り消してWADA規程に沿って裁定をやり直すべきである。

無理に自分たちの要求を押し付けているわけではなく、WADA規程に準じようというコンプライアンス（法令遵守）の宣言である。

この我那覇のドーピング問題についてのチームドクターたちの一連の闘いを「あれは、

ドクターたちの青木に対する権力闘争だ」と矮小化《わいしょうか》し、中傷した声がJリーグ側関係者の中に存在したが、意見書を見れば、権力奪取が目的ではなく、ただDC委員会の暴走を止めて、人を裁くのは世界標準に戻すべきだと言っているだけなのである。「提言」には、今後のために中立的な第三者機関をつくっておくことの重要性が説かれていた。

今回も、もしもそのような機関があれば、身内の恥を晒すようにマスコミに疑義を公表することはなかったのである。

意見書作りで最も議論に及んだのが、最後の「私達の要望」であった。この項目で、DC委員会委員長の青木に対する責任追及を盛り込むかどうかが問題となった。意見書の草案に携わった寛田ら4人は終始穏健派であったが、青木の解任を求める強い意見が多く届いていた。4人は、意見書で青木の進退に言及すると、それこそこの闘いが「ドクター間の権力闘争」という矮小化の口実にされると考えていた。最大の目的である我那覇の処分見直しのために、できる限り青木の解任を意見書に盛り込むのは避けたい。

仁賀は意見書の作成前に「太陽と風」というタイトルのメールを全ドクターに送り、そこに「人は北風では動かない、太陽作戦でいきましょう。青木委員長も自分たちサッカーを愛するドクターの仲間です」と書いていた。

しかし、7月22日の会議を迎える数日前に後藤から看過できない報告が入った。海外で顎の骨折という重傷を負って帰国してきた川崎の杉浦に緊急手術を施そうとしたが、青木が後藤に手術時のＴＵＥ提出を求めたというのだ（そのためにＪリーグからのＴＵＥ承認が下りる深夜まで手術ができず、選手を散々苦しめてしまったことは先述した）。青木は1月21日の会議では確かに手術時のＴＵＥは必要がないと言っていた。しかし、我那覇の裁定後、自論を正当化するためか、静脈注射の際はすべて出すようにと言質《げんち》を変えたのである。現場を預かる身から、「手術を受ける患者のことを全く考えておらず、あまりに不誠実な言動で信頼できない」（意見書の文面より）という思いに至った。

意見書には「青木委員長には、私達を指導する立場の全ての役職からの辞任を求めます」の一文が加えられ、最後は「今後はＪリーグがこの問題を正しい方向へ向かわせ、日本のサッカーがさらに発展していくことを願ってやみません。私たちはそのために最大限の協力と努力を惜しみません」と締められた。

添付資料も含めると全部で19枚にも及ぶ文書作成が終わった時には、すでに夏の太陽が高く昇っていた。

4人が仮眠する間もなく、午後のＪリーグでの会議に先立ちドクターたちだけの会議が行なわれた。

会場はＪリーグの会議が行なわれるＪＦＡハウスにほど近い湯島ガーデンパレスの宴会場。Ｊリーグが予算を出すはずもなく、ここをドクターたちは費用を出し合って借りていた。意見書の内容については問題なく承認されていき、最後の「私達の要望」になった。

川崎の杉浦選手の事件が報告され、避けたかった解任を求める文章を入れざるをえないと説明された。全員一致で承認され、全員が署名を行ない、意見書が完成した。

その場で本ドーピング問題に対応する対応委員会という名称を作り、代表、副代表を皆で選任した。Jリーグやマスコミなどの矢面に立つ役を引き受けて寛田（サンフレッチェ広島）が代表となり、副代表に吉本（アビスパ福岡）と仁賀（浦和レッズ）、そして池田浩（ジェフ千葉）が任命された。さらに代表、副代表を補佐して支える対応委員としてチームドクター歴が長いガンバ大阪の田中寿一《じゅいち》、名古屋グランパスの髙松浩一、清水エスパルスの福岡重雄が選ばれた。午後の会議では、多くのドクターが思い思いに発言をすると統制がとれないので、どうしても伝えたいという意見以外は、基本的に代表、副代表が対応して発言することが申し合わされた。

昼が過ぎ、ドクターたちはJFAハウスに向かった。普段はドクターたちだけの会議だったが、寛田らの提案で今回は各チームの強化責任者にも立ち会ってもらう形式をとった。

2007年7月22日、午後2時。長い長い連絡協議会が始まった。

第3章　論争

連絡協議会

ドーピングコントロール（DC委員会）委員長である青木が口火を切った。

「5月に頂きました質問状について。まず、1月21日に連絡協議会で話し合いをしたこと、今回の先生方の理解が合致していないと理解しておりますが、それでよろしいでしょうか？　どなたかにお答えいただかないと。質問状自体がどなたが責任を持って作成しているのか不明なので。当然、先生方はこの内容に目を通されていると思いますが、どなたかに回答してほしいので確認したい」

仁賀が答えた。

「僕が答えて良いか分からないのですが、誰かが回答しないと会議が進まないので回答させていただきます」

青木「チームドクターの中にはワーキンググループ（以下WG）というまとめ役の先生がいらっしゃいますよね？」

仁賀「その点について回答しますと、僕たちの代表、連絡協議会の代表は青木先生です」
青木「いえ、先生方ドクターの代表です。WGがありますよね」
仁賀「WGを作ったときに青木先生が言われたと認識していますが、WGというのは単なるまとめ役で、意見を言ってはいけないと言われました。つまり、残念ながら、本件に関しては、代表者がいないため、全員の連名で提出しました」
この異議申し立てはいったい誰が主体であるのか。最初はその確認から入ったが、そもそもが、DC委員会と連絡協議会の代表を青木が兼ねている。図式からして権力装置が一箇所に集中していたために、チームドクターの意見を汲み上げる会、ドーピング対応委員会を自発的に作り、代表を新たに決めざるをえなかった。ドーピング問題対応のために新たに選んだ代表が誰かということで、WGチーフの吉本が寛田を紹介した。寛田は副代表としてレッズの仁賀、アビスパの吉本、ジェフの池田を紹介した。青木は続ける。
青木「公開質問状と称するものの中で、1月21日に話した内容と、今回の判定が著しく異なっている、要するに説明が不足しているということを前提として話をしてよろしいでしょうか?」
寛田「その会議があったときには、説明をそのとおりだと思ってそれを承諾するつもりで、その認識でいたつもりでしたが、勉強していくうちにいろいろなことが分かり、今は見解の相違があるという認識でいます」

これに青木が切り返した。青木は、そのときどきの論理構築に長《た》けている。ある種のディベートの天才である。

青木「そうすると話がぜんぜん違ってきませんか？　途中で新しい情報が入ってきたからと言って……」

確かに1月の段階で説明不足であったという主張と、1月の段階で納得、承諾しておきながら、あとになって違うのではないかというのでは、大きく異なる。あらかじめ青木がこのように切り込んでくると考えていた仁賀がすぐにフォローに入った。議論が入り組んだ場合は、中心となって意見書をまとめた仁賀が対応することが、事前に決められてあった。

仁賀「寛田先生が言いたいのは、そのときは意見の相違がない、お互いの相互理解が大体できたと思っていた。ところが、実はそうではなかったという意味です」

青木「そうするとどちらの理解が妥当か、ということになりますね」

仁賀「そうですね」

まず前年2006年のドーピング禁止規程についてのおさらいがなされた。

2006年にJリーグはWADAの禁止規程を受け入れるということになっていた。

しかし、この年のJリーグ規程におけるドーピングの定義とは、「所定の手続きに従い選手から採取した尿を分析した結果、国際サッカー連盟が定める禁止薬物が検出され、陽性を認定されたことを言う」とだけ書かれており、すなわちドーピングテストを行なって陽性反応が出た場合のことしか明文化されていなかった。

健康時の静脈注射などの禁止方法の明記もなく、WADA規程を受け入れるとしておきながら、実際は受け入れていたのは禁止薬物の規程のみで、さらには懲罰規程にも入っていなかった。それゆえに横浜FCの選手がにんにく注射を打ったときには、ペナルティはなく厳重注意処分ということになったのである。

青木は「もちろんFIFAにもWADAにも（Jリーグは）入っていましたが、その点でJリーグは遅れていました」と説明。そこで2007年シーズン前に連絡協議会が開かれ、禁止方法も含めてWADAの規程を準用するとなったわけである。仁賀がここで口を開いた。

「分かります。ちょっと大事なことを確認してもいいですか？　2007年の（Jリーグのドーピング）規約規程集は発効日が書いてない。（以上の経緯で）2006年（の規約）とは変わったじゃないですか。僕は2007年1月1日にWADAの規程が変わったら、自動的に変わると思っていたんです」

青木「そうですよ。ただ、Jリーグにはシーズンがありますから、2007年のシーズンから適用されます」

仁賀「じゃあ、この本（規約規定集）は2007年1月1日から適用ですか」

　Jリーグ事務局員が答える。

「違います。規程を改定するには、手続き上、まず、実行委員会で審議をして、理事会で審議をして、最終的に総会で決定します」

仁賀「いつ、これは発効したんですか」

「ええとですね」と事務局員が口ごもる。

仁賀「書いてないんですよ、ここに。普通は書いてあるでしょう。禁止規程って、何月何日発効かと。で、いつですか？　2月1日ですか？　WADAだったら普通書いてあるでしょう。僕は2006年からずっと引き継いでいると思っていたのに、違うとおっしゃるから確認させて下さい。人を処分したり、裁いたりする法律ですからすごく重要です。何月何日か確認させて下さい」

　別の事務局員が答えた。

「2月20日の総会で承認が下りています」

青木「つまり、1月の連絡協議会の時点で、方向性が決まっていたので、お話をさせていただきました」

仁賀「そうすると、あの話し合いの日は、この規約が発効されていなかった。その時点では2006年の規約が有効だったということですか」

青木「Jリーグの手続き上、前後の会議をパスして初めて発効されますから、その前の段階に、新しいシーズンには、このようにやりますよと事前にお話ししていたわけです」

仁賀「了解しました」

どの段階で年度の規程が切り替わったのか。我那覇の事件が発生した時点（4月23日）では2007年規程が適用されるという極めて重要なことを仁賀は確認していた。

議論は、TUEの本質についてに移行していった。

誰もが禁止物質の使用についてはTUEを提出することを理解していた。しかし今回のポイントは、禁止物質を含まなくても静脈内投与すべてにおいてTUE提出を義務化することが国際標準であったのかということである。チームドクター側としては、1月の会議のときに本当の解釈が分からないまま青木の説明を信用したが、我那覇の事件が起きて学習した結果、TUEとはそういうものではないと理解したのである。1月の会議ではまさか青木が自分たちに誤った説明をしていたとは思わなかった。

仁賀「僕たちはTUEの本質をこの事件が起きるまで理解していなかったんです。言われるがままに出していた」

青木「でもね、それはもし認識されていなかったのが、DC委員会の説明不足なのか、先生方の認識不足なのか、あるいは両方なのかは分かりません」
仁賀「TUEの本質について、それを僕たちの理解不足、勉強不足だったかのような発言が今ありましたし、そのとおりです。ただ、もっと勉強して本質を理解していなければいけないのはDC委員会の人たちですよね」
青木「それはどういう意味ですか」
仁賀「人を処分・裁く段階では最低でも十分理解していなくてはならないし、できれば1月21日の時点でも理解していてほしかった。今、振り返ってみて、そのときのTUEに関する説明は正しくなかったんじゃないですか。1月21日の時点において、2月20日から発行するはずだった2007年のドーピング規程についてドクターに分かるように説明する義務があったと思います」
青木「TUEを出さなくていいんだと……」
仁賀「そうです。その、モディフィケーション（WADA規程の但し書き）を含めてアナウンスが全くなかった」
　青木はあくまでもTUEを出せという主張を曲げない。
青木「なぜか。それはTUEを出さないからといって、すべてが認められるとは限らない、というのが文科省、WADA、FIFAの考え方だからです。何かがあったときにその行為がTUEを仮に出さなくても、妥当かどうかのジャッジはまた別になされるということが書いてありますから。そうでなければ先生方はやりたい放題ということになります」

文科省、WADAの名前を出して正当化されたので仁賀も黙ってはいられない。寛田と協力してすでにその方面からの裏付けは取ってある。

仁賀「その点に関しては、意見をまとめてあるので、あとで出させてもらってもいいですか」

青木「今、お願いします」

仁賀「じゃあ、僕たちから文書を出して意見を言わせていただいてもいいですか？」

青木「どうぞ」

寛田らが幾晩も徹夜で作成し、先ほどまでドクター全員で議論し練り上げた文書を配布する。

寛田がチームドクターを代表し、声を出して読んだ。それはかつてない光景でもあった。Jリーグのチームドクターたちが、異議申し立てをJFAハウスの中で行なっているのである。後半部分は青木に対する弾劾とも言えた。

寛田はついに文書の最後、青木委員長の辞任を求める、という結論を読み上げた。

青木は最後まで口を挟むことなく聞いていたが、すべての音読が終わると即座に反論に転じた。

青木「私の方から逆に質問と一部ご説明をさせていただきます」

事実関係の否定から入った。

「まず、マスコミに対し（我那覇と後藤ドクターが）永久追放になるなんてことは、一言も言っておりません。つまり、静脈注射をやるということで、そのような事例もあったという話をしているだけで、我那覇選手がそうなる可能性があるということは一切話しておりません。要するに提示された資料および事情聴取から分かった病態および症状に対しては必要な静脈注射とは思えなかったと、したがってドーピング行為に当たると話しただけです」

そして正当な医療行為の判断は誰がするのかという点について言及する。

青木「『誰が正当な医療行為を判断するのか』『TUEは出す必要がない』『現場の医師の判断でできる』とした場合、最終的に誰が妥当であるかを判断するのかという問いに対し、先生たちは何も答えていない。先生たちはどのようにお考えでしょうか。自分たちが判断するのであれば、なぜ、規程で静脈注射が禁止されているのかということです。私が聞きたいのは」

ここの主張、すなわち現場の医師ではなくDC委員会が判断するという点は一歩も譲らない。

言うなれば青木のこの意見は究極の性悪説であり、先の発言、「そうでなければ先生方はやりたい放題ということになります」からも見て取れるように、チームドクターは隙あらば常にドーピングをしようとしている、という前提に成り立っている。

現場の判断で良いのなら、禁止事項を書いてあっても現場の医師が嘘《うそ》をついてそれを破るのではないかという主張である。同様の主張を青木は後に朝日新聞の「私の視点」という欄に寄稿する（2007年9月5日付）。しかし、ドクターのモラル破綻は、論理のすりかえである。それを前提に言い出せば、医療行為、医療法の全否定に繫がってしまう。嘘をついてドーピングをするようなドクターであるならば、TUEに関しても使用物質の虚偽の申請をするであろう。

そもそもドクターは何のために存在するのか。身体を痛めた選手の治療のためである。その都度機構にお伺いを立てなくてはならないという現在の状況は、緊急の手術ですらTUEを提出しなくてはならず、現実に、そのしわ寄せが患者である選手にいくという尋常ならざる事態を引き起こしている。

アンチ・ドーピングという観点から禁止物質や禁止方法は存在する。しかし、それは一般の人よりもサッカー選手に対して医師の裁量そのものが狭まれてしまうことではない。より良い治療を受けるためにどうしても禁止物質を含むものを入れることもあるから、その場合にTUEが必要なのである。青木の論理ではより良い治療法があるにもかかわらず、サッカー選手はそれを受ける機会を奪われてしまうことになる。

病気の選手を前にしたドクターにしか分からない現場の判断が確かに存在する。だからこそWADAも現場の判断と規程しているのである。

これにはドクターの中から荒い声が飛んだ。

「そんなのWADAに聞いてくれ」

青木「WADAに聞いてくれということではなく、先生方が納得されている根拠を示して下さいと言っているんです。私は納得できないから、自分なりに判断しているんです。つまり、WADAがそう言っているけれども、もう一つ別の意見もあるんです」

青木は文科省の担当官が違う主張をしていると言い出した。

「文科省の担当官が、TUEは出さなくていい、現場のドクターが判断してもいい、ただし第三者として何かがあった場合は検証する権利を持っていると。つまりフリーパスではない。先生方もJADAや文科省もお聞きになっているかと思いますが、我々も聞いています。妥当かどうかの判断をする権利は第三者が保有するとはっきり言っている」

後に文部科学省副大臣に取材して判明するが、これもまた青木のブラフであった。

仁賀「僕たちは、口頭で言った言わないについて議論をしたくありません。僕たちはJADAから、我那覇選手はドーピングではないと、この書面でもらいました」

青木「分かりました」

仁賀「そもそも1月21日に、書面もなしで言った、言わないの議論になる方がおかしい」

1月21日の会議で青木が2007年WADA規程とモディフィケーションを文書でチームドクターたちに提示していれば、本当にWADA規程では禁止薬物を含まない点滴についてTUE提出が義務付けられているのかどうかが明確になったはずである。

青木「それは、書面を出さなかったことに関しては私どもの落ち度かもしれません。ただ、話せば分かるものという認識でおりましたから。（次にJADAへの）照会に関する回答についてお答えします」

JADAから返ってきた回答についての議論に入った。

青木「（エ）の部分、5月のJリーグ事例（我那覇の裁定）が国際基準に照らして、『ドーピング違反』と見なされるか、否か、の回答が『当該事例の詳細を知る立場にないが、Jリーグが本事例に対して、ドーピング違反とした主な根拠が記載の2事項……』これは？」

仁賀「（エ）の中の1と2のことです。Jリーグがこの事例をドーピング違反とした主な根拠がこの二つであればということです」

青木「（記載の2事項）ということをもってアウトとするのはおかしいという意味ですよね」

仁賀「そうです。（正当な医療行為は）DC委員会が判断した。それから（静脈注射は原則禁止で）TUE提出により認められた場合のみ使用可能、という二つをもって判断したのなら、我那覇選手はドーピング違反ではないということです」

裁定を覆す一つのクサビを打ち込んだかに思えた。しかし、青木は全く別の角度から切り返してきた。

青木「では、この（エ）の『冒頭に述べたJリーグの川崎フロンターレ我那覇選手の事例』というのは先生方はJADAへ提出されたんですか？　この医療情報をどのように出されたかと伺っているのです」

仁賀「それはノーコメントです」

青木「それは困ります」

仁賀「JADAとかに迷惑をかけたくないので、答え方を考えさせて下さい」

青木「逆に言うと、なぜ先生方がそのような詳しいことをご存じなのかということです」

仁賀「その議論を今ここでするのですか」

青木「最終的にはそういう話になる可能性がありますよ」

仁賀「最終的に、の意味が分かりませんが、今ここで、どうして我那覇選手の事情を知っているのか話すべきではないと思います」

青木は、JADAの回答を論点にせず、それ以前の医療情報の扱い方について言及していく。巧《うま》い切り返しである。
青木「先生方は、ある事例をもって照会しているんですよね？　それなりの機関に。それは当然、その選手に関する医療情報を詳しく提出しているわけですよね？　こういう事例はどうですか？　と。それをDC委員会の判定はどうですか？　と聞いているわけですよね？」
仁賀「では分かりました。JADAの了解を得て後日返答させていただきます。どのようにしてこの事例を提出したのかを」
いつの間にか、質疑の立場が逆になり、青木が主導権を握り質問を重ねる。
青木「先生方がWADAの規程を当然と思うには、それなりの納得の仕方があるはずでしょう、ということです」
仁賀「それはここ（意見書）に書かせてもらいました」
青木「それはWADAに書いてあるというだけじゃないですか。2005年のWADAの『緊急』が入ったときのQ&Aの文章をご存じですか」
仁賀「よく知らないです」
青木「あのときは追加事項なんです。静脈注射に関しては、医師が管理し、なおかつ緊急で合理的な治療の場合にはTUEはいらないと書いてある。つまりアディショナルな条件なんです。これはネイティブに聞けば誰でもいいます。これは統一の条件ではないんです。医師がやることはすべて正当だということではないんです。医者がやることは当然、それはなおかつ、正当で妥当かが求められているんです」

仁賀「では、その文章を示して下さい。後日」

青木は、２００５年からの流れを見れば、ＷＡＤＡが言いたいのは、すべての医療行為は医師に任せるということではなくて、緊急の場合は医師に任せるということなのだと主張する。

仁賀は、では一体それはＷＡＤＡ規程のどこに書いてあるのだと応戦する。

青木はそれには答えず、得意な英語の解釈の方に論点をすり替えていった。

「あの This method は何に該当するかは二通りの意見がありました」

仁賀「僕は文書を見ないと、言った言わないの議論はしたくありませんから。ただ、(重要なのは) ２００７の (文書) ですよ。２００５とか２００６を見せてもらってもだめです」

それでも青木が２００６年を理解することから始まると言うと仁賀は「分かりました。２００６を教えて下さい」と引き下がった。

青木は英文を読み、解説を施す。続いて２００７年に移行する。

青木「This word “acute” has been removed from the paragraph on intravenous infusions, since the legitimate use of this method for medical purpose should be left to the judgement of the acting physician. これはですね、二つの考え方があるというのがネイティブの考え方です」

「ネイティブって誰ですか？」という声がドクターの中から上がった。

仁賀「書面で示して下さい」

青木「分かりました。出します」

仁賀「僕が聞いているのは、条文とか規程とか見解です。個人的な見解は聞いていません」

青木「英文の解釈の問題でしょう」

仁賀「僕らは解釈でアスリートがドーピングかどうかを判断されても……。ＷＡＤＡの条文、見解を出して下さい」

青木「それは英語で解釈するということですよね」

仁賀「英語の原本が一番正しいです」

しばらく、英文についてのやりとりが続き、この後、ＴＵＥについての論争になった。

仁賀は、「禁止物質・禁止方法についてはＴＵＥの提出が必要であると書いてある。逆に言えば、禁止方法でなければＴＵＥ提出は必要ない。禁止方法には除外項目があって、それは正当な医療行為のこと。その正当な医療行為は医師が判断する」と規程を解説する。
　これに対し、青木は「いや、それは条文ではなく、解説文です」と主張しだした。
仁賀「えっ、それは、WADAが出しているモディフィケーションを軽視するんですか?」
青木「いえ、解説文は解説文です。最終的に問題なのは条文です」
とあくまでも正当な医療を判断するのは現場医師という規程は解説文であると言い募った。DC委員会の植木が、この状況を見て間に入った。「議論が少し水掛け論になってきたので一言」
植木「静脈内投与に関しては、基本的には禁止される。ただし、医師の判断によって適切である場合には認められる。認められるということではありますが、疑義がもたれる場合には、TUEを提出して第三者の意見を求めるのは妥当な方法ではないかと私は理解します」
　仁賀がこれに対して、現状を踏まえて反問する。
仁賀「もしかしたら先生はご存じないかと思いますが……。疑義が持たれた場合にTUEの提出を要請される、それは分かります。ただ、僕たちが1月21日以降求められたのは、すべての、あらゆる静脈内投与のTUE提出を求められました。これはどうお考えですか?」

植木「それは、Jリーグの中で決めたルールです」
青木「つまり、疑義が起きたときのために、念のために出してほしいということです」
仁賀「念のためですか？」
青木「あとになってあれはだめだったじゃないかと言われたら先生たちも困りますよね」
仁賀「先生はTUEが義務規程か協力規程かご存じですか？」
青木「義務規程です」
仁賀「つまり、僕たちは義務化されていたんです。それはWADAの条文に関してはおかしくないいんですか？　と聞いたら『それはローカルルールじゃないんですか？』と言ったんですよね？　植木先生？」
植木「昨年の問題を踏まえて……」
仁賀「ローカルルールを作ったとお認めになるんですね？　では、青木先生自身が書いた見解で、『ドーピングというのはDC委員会の見解とかで簡単に変えられる性質のものではない』（筆者注・5月11日付青木DC委員長発文書）と言っていますが、その点についてはどうお考えですか？　ローカルルールだったと認めるんですね？」
青木「いや、違います」
仁賀「青木先生！　認めるんですね？」

植木「私が申し上げたのは、疑義がもたれるようなときは、ＴＵＥを出さないとあとで問題になります。第三者があとでも医学的に妥当か検証できますよね。そういう状況でなければ、やりたい放題になってしまいます。そういうことがないように、提出して下さいというのも一つの方法と思います」

仁賀「あらゆる静脈注射に関するＴＵＥを出して下さいというのは一つの方法ですか？　それが世界標準で通用すると思いますか？」

植木「妥当かどうかの検証をするためには必要でしょうということです」

仁賀「そういう議論でした、そのときは。それが世界標準でも出しているというから。でも僕たちが検証した結果、（意見書に添付したＵＥＦＡのドーピングコントロールに関する説明書によれば）ＵＥＦＡ（ヨーロッパサッカー連盟）の見解では、正当な医療行為であれば必要ないと書いてあるじゃないですか。世界標準じゃないですね」

青木「ＦＩＦＡに話を戻しましょうか」

青木は、これに対し、ＦＩＦＡは静脈注射の定義は医師の判断に任せるという書き方はしていないという言い方で反論した。

仁賀「だから（ＦＩＦＡは）ＷＡＤＡの条文をそのまま使うと書いてあるじゃないですか」

青木「だからＷＡＤＡの条文に書いてないことも書いてあるんです」

仁賀「じゃあ、WADAの規程は無視されているんですか」
青木「もっと厳しく書いてあるんです」
仁賀「じゃあ、FIFAの国際試合であらゆる国がすべての静脈注射のTUEを出しているんですか？」
青木「それは分かりません」
仁賀「分からないんですか。分からないで僕たちにどうして説明できるんですか」
青木の言うとおりに本当にFIFAはすべての静脈注射にTUEを出せと言っているのか。仁賀は確認するように言った。
「では、日本代表のドクターが今まで提出していないのはすべてドーピング違反ですか？」
青木「出すか出さないかは大きな問題ですけれども……」
仁賀「大きな問題です。問題の本質です」
さらに仁賀は最も重要な点の確認を求めた。
仁賀「どっちかが間違っているんです。WADAの条文に従ってTUEを出せと言った方が間違っているか、出さないと言った僕らが間違っているか、どちらかが間違っているんです。それをはっきりさせないと」
青木「基本的には提出すべきと思っています」

仁賀「では、FIFAのすべての国際大会で、あらゆる国が、すべての静脈注射のTUEを出しているんですか？」
青木「それは知りません。それを調べる立場にありませんから」
仁賀「WADAが管轄しているオリンピックやアジア大会で、あらゆる国があらゆる静脈注射のTUEを出していますか？」
青木「それは分かりません」
仁賀「ではそこがポイントでよろしいですね。僕も、先生も知らない。それによって、FIFAとWADAが主催している国際試合で、あらゆる国があらゆる静脈注射に関するTUEを出しているか出していないかで僕たちと先生の考え方のどちらが正しいか分かりますね」
青木「そうですね。FIFAはリクエストするでしょうけど、実際に出ているかはキャッチしようがないですよね」
仁賀「それはいろいろな事情があるでしょうね。でも僕が言わんとしていることは、ここにいるみんなは分かっていると思います。そういうことを言っているわけではなくて、WADAとFIFAが運営している大会であらゆる静脈注射の申請を義務づけているか」
青木「リクエストしているかということですよね」

仁賀「それはさっき言いました。これはリクエスト規程ではなく、義務規程です」
青木「提出せよということですね。提出せよと言った時点で、それはＦＩＦＡが決めているということですよね。それは出しているか、出していないかの実態は分かりません」
仁賀「あらゆる、手術も含めて、すべての静脈注射のＴＵＥ提出をＦＩＦＡとＷＡＤＡが他の国で求めているかどうか」
青木「要するにレギュレーションとして通知されているかどうかということですよね」
仁賀「そうです。もしそれがされていたら、僕たちもそのようにしなくてはなりません。先生は正しかったんだということになります」
この問答を通して、争点は一つ明確になった。はたしてＷＡＤＡ、ＦＩＦＡは青木の主張したとおり、すべての静脈注射のＴＵＥ提出をレギュレーションとして通知しているのか、いないのか。それが分かれば、この闘いに決着をつけることができるのである。
ＤＣ委員の植木が発言した。
植木「こういう質問の仕方がどうか分かりませんが……。ＴＵＥではなく、結果としてマスコミ（サンケイスポーツ）を通じて、にんにく注射をしたという情報が伝わってきた。それは疑義を持たれて調査対象になるとは、考えられないですか？」
仁賀「それは簡単に答えられないです。個人的な見解を言わせてもらうと、僕はこうするべきだったと思います。マスコミは絶対に信じてはいけない。それは常識です。だから新聞報道が出たときに、信用せずに、事情聴取をして事実関係を確かめたら、『にんにく注射』ではなかった。それで終わりです。または、『にんにく注射』と疑われる発言をしたのであれば……」

植木「マスコミに関する発言は謙めています」

仁賀「それは、ちゃんと調べたら、にんにく注射じゃなかったと報道すれば……。それなのに、上記の報道どおりだったと言ったら、みんなにんにく注射だったと思うじゃないですか。それは非常に困った話です。マスコミを信用しないで事実認定をして注意しなさいって」

植木「新聞記事で認定したわけではないですから……」

仁賀「上記報道のとおりであったって」

青木「それは、川崎からの回答書でしょう」

仁賀「違いますよ。Jリーグのリリースです。上記の報道のとおりであったって……」

青木「川崎フロンターレからの公式回答文書を受けてです。にんにく注射を受けたと公式回答書が言っているんです」

では、5月1日は何のための事情聴取であったのか。聴取中、後藤は明確に否定したにもかかわらず、リリースには「事情聴取の結果、事実は上記報道されたとおりと確認された」と記されているのである。

たしかに川崎のフロントは事情聴取の前の4月25日にJリーグからサンケイスポーツの記事に関する照会を受け、後藤に直接聴取せず、そのような事実があったと同じ日に文書で回答してしまっていた。青木の発言はそれを指していた。その回答書について後藤は次のように説明した。

後藤「これに関しては、我那覇選手やチームスタッフはにんにく注射とはなんぞやというものを知りません。点滴をしてももちろんにんにくの臭いがします。臭いがするものはすべてにんにく注射であると取られていたので、この回答書はチームの人が書いたと思うんですけど」

この川崎の回答書には《囲み取材の中で、「にんにく注射」を受けた旨を我那覇選手が話しております》という件《くだり》がある。しかし、これは素人の選手が述べた言葉であり、同じ書面には後藤の報告として生理食塩水（200㎖）とビタミンB_1（100㎎）を投与、と明確にその内容が書いてある。ビタミンB_1を注射するために点滴を200ccもする必要はなく、ワンショットでできるから、この報告内容を見れば医師なら誰でも「にんにく注射」ではないと分かるはずである。後藤の説明に青木は返した。

青木「先生、（5月1日の）事情聴取のときは一言もおっしゃいませんでしたね」

後藤「問われませんでしたから」

このあと、再びTUEの提出について二転三転した説明不足に議論が及んだ。

青木「1月の連絡協議会のときに事前でも事後でもTUEは出してほしいと明確に言ったので、ご理解いただけていると……」

仁賀「そのときの発言を重要視するのであれば、手術のときにTUEは必要ないとはっきり言ったのに、そのあと、なぜ後藤先生に……（杉浦選手の手術時にTUEの提出を求めたのか）」

青木「あのときはシーズンオフにやっても必要なのかという話じゃないですか」

仁賀「それは別の話です。言った言わないの議論に」

青木「先生が言った言わないの議論を始めたんじゃないですか。実際にシーズン中で、手術を行なって提出されたケースもありますよ」

仁賀「シーズン中であるかないかは関係なく、手術は必要ないって先生おっしゃったんです。それなのに」

青木「（TUEを）出されたのを拒絶する必要はないでしょう」

仁賀「（勝手に）出された？　確認したんですよね、後藤先生、出す必要があるかJリーグに」

水戸ホーリーホックのチームドクター、園部が確認する。

園部「誰に聞いたんですか」

後藤「運営担当者から、松井さんの方へ」
青木「一応、出してほしいと言いましたよ」
仁賀「それは、会議で言っていることと違うじゃないですか。それなのに、会議でこういったから我那覇をこう裁いたんだと、それは理屈に合っていないですよ」
チームドクター側は、青木DC委員長はWADAの基準にはない間違った情報を1月の連絡協議会で自分たちに説明してしまったのだと指摘する。それは順を追って事象を検証すれば明白なのだが、青木はそれでも正当な医療行為の判断は、DC委員会であるとの自論を曲げない。いくつかの論争のあと、その論拠は文科省の方から口頭でそういう説明を受けたからだと主張した。その文書はあるのか？という問いには、今はないと言う。
青木「だけども、口頭で保証してもらってますとしか言えないですね」
仁賀「口頭でドーピングを裁けるんですか」
青木「先生方も文書を出すのは今回が初めてでしょう」
仁賀「僕たちとドーピングを一緒にしてもらっても困ります」
青木「文書でもらってきて、このとおりですというのであれば、我々もきちんと文書でもらってきて反論します」
仁賀「ただ、我那覇選手のときはそれがなかったんですよね」

青木「先生たちが受けたときも、反論する文書を持っていなかったのも事実ですよね」
仁賀「僕たちが反論する以前に、人を裁くための基準・条文を理解しておくべきだったんです」
青木「そうです。ただし、その時点でその文書がなかったからといって判断が間違っているということにはならないでしょう」
仁賀「その文書がない場合は、ある文書、ある規程に従って判断して下さい。で、その規程ではTUEは出す必要がなかったし、医者の判断に任せるべきだった」
青木「でも、その際に第三者が評価することが可能であることは、口頭でしかないけれどもそう思っていた。文書ではなくて口頭による保証での判断はおかしいということであれば、物事がすべてひっくり返らなければならないが、それはおかしい」
仁賀「おかしいのはどっちですか。選手のドーピング違反の認定ですよ。それを口頭で聞いたことによって裁定したなんて通用しないです。それはアスリートは誰も受け入れないです」
青木「そんなことはないです。文書ではないと言われればそうですが、先生方がOKしたこと、例えば連絡協議会で説明したのに、事実と違うじゃないかとあとになって言ってきているのが今回のことです」
仁賀「そうです。信頼関係がなければいけなかったのに、（青木委員長は）手術（にT

ＵＥ）は必要ないって言ったのに、手術に出させた。もうそれで、そのときの言葉を信用しろって言われても、信用できないじゃないですか。先生だったら信用できますか」

青木「シーズンオフのは（手術にＴＵＥは不要）という話ですよ」

　そうではないですよ、という声が上がり、青木は、そうだと言い返す。では議事録になぜ載っていないのか？　では録音があるので起こしましょう、と応酬する。またも言った言わないの水掛け論が続いた。

　と、それまで黙っていたガンバ大阪のチームドクターである田中寿一が口を開いた。ＷＡＤＡ規程のドーピングの原則に立ち返って我那覇に対する裁定の問題性を話し出した。

田中「もともとこの件は事件じゃないんです。（たとえ）にんにく注射をしたとしても（ＷＡＤＡ規程では）ドーピングじゃないんです。これはあくまでも（Ｊリーグ独自の）倫理規程なんです。これはすごく大きな責任です。田嶋さん（ＪＦＡ専務理事）にも羽生さん（Ｊリーグ事務局長）にも聞いていただきたいんですけど、これはドーピングではないんです。禁止物質を入れたわけでもない、日常の医療行為を行なっただけなのに、どうしてこれをドーピングにしたんですか。しかも、将来性のある後藤ドクターをスポーツ界から追放しようとしている。我那覇選手の試合をあれだけ停止している。チームには１０００万円も科している。これがそんな違反ですか？　誰が考えてもドーピングじゃないでしょう。ひどすぎです、これは。こういう判断をする資格が残念ながらＤＣ委員の方にはないと思う。非常に残念ですが」

医師としての静かな憤怒《ふんぬ》が満ちていた。

青木は耳を疑うような言葉を返した。

青木「あのー、じゃ、申し上げます。はい、にんにく注射が（ＷＡＤＡ規程では）ドーピングじゃないと言われれば確かにそうかもしれません。（Ｊリーグ独自の）倫理規程と言われればそうかもしれない。（それでは）先生方はなぜ、チームにＤＣ委員会から通知を出してほしいと言ってきたんですか」

１月21日の会議で、健康な選手に対するにんにく注射の類いの注射は禁止薬物が含まれていなくてもドーピング違反になると説明を受けた際、その内容を正式にクラブに文書で通達してほしいと伝えたドクターたちの要望のことである。

仁賀「ドーピング規程で処分できるとＤＣ委員会から説明があったからです。（ＤＣ委員会の）先生たちを信じたからです」

ガンバの田中は誇りを含んだ口調で続けた。

「Ｊリーグが始まって15年、一人の違反者も出していない。我々は必死になって守ってきて、誰もそんな人はいません。もし何かあったらどうするんだ、と皆さんおっしゃっていますが、ここにいるドクターは誰もそんなことしていない。してくれと言う選手もいません。それは理解して下さい。自分たちの（勝手な）仕事がしたいから、と言われているふうにしか思えません」
青木「そんなふうには思っていません」
田中「これをドーピングに認定した罪は大きいですよ。サッカー協会は責任は大きいですよ」
仁賀「なぜにんにく注射をドーピングにしたんですか」
青木「そもそも静脈注射は原則として禁止であるということの具体的な例として言っているんです」
仁賀「でもにんにく注射はドーピングに相当しなかったとおっしゃいましたよね」
青木「いや、それはもしそういうふうに言われるのであれば、DC委員会に持ってくる必要もなければ、我々も話題にする必要はなかったということです」
仁賀「それは、話題にしなきゃだめだし、処分はしなきゃだめですよ。僕たちがちょっと言ったくらいで変わるものではいけないんです」
青木「つまり、にんにく注射は一つの事例でしかありません。にんにく注射にターゲットを絞った規程なんてありえません」
仁賀が声を強めて言った。
「ひとつだけ言わせて下さい。我那覇選手は誰がどう見ても真っ白です。無罪の我那覇選手をこのまま有罪で残すことは、僕たちは絶対承服できません」

青木「先生方はそう思われているかもしれませんが、現実に我々はそう思っているわけですから、それ以上の問題にはなりません」

この青木の発言にガンバの田中はこらえきれなかった。

「フェアプレイは選手だけじゃないんですよ。我々はあの旗を見ながら試合に臨んでいるんです。だから間違ったことであれば、改めるべきだと思います」

青木は折れない。

「我々の判断、少なくとも今回の事例に関する判断は妥当だと思います」

ドクター側からたまらず声が出た。

「我々の判断と先生の判断が違ったら、今後この（連絡協議会）会議は成り立ちません。こういう事例が繰り返し起こることは……」

青木「要するに我々はあまりにもこれはおかしいだろうという医学的な判断で判断を下したんです」

仁賀「WADAの条文に従わなきゃだめですよ。現場のドクターに委ねるべきと書いてあるんです」

青木「第三者の我々の判断も加わりますよということも」

仁賀「それは条文のどこにも入ってないですよ」

青木「それは適切な機関からもらえばいいんですよね」

　青木は非を認めず、またも同じところで議論は空転しだした。見かねるように田嶋幸三が割って入った。

田嶋「僕は医者でも弁護士でもなくて、（ＪＦＡ）専務理事としてまた選手・コーチの経験者として、この問題に関わらせていただきました。また文科省、ＦＩＦＡ、ＪＡＤＡ等の窓口として関わらせていただきました」

　田嶋はまずその報告をさせてほしいと切り出した。

「ＪＡＤＡがどう考えているか問い合わせたが、加盟していないこと、途中から関わることに対して適切ではないということで我々としての見解は出せないというふうに言われました」

　これは寛田たちが公式文書をＪＡＤＡから受け取る前のやりとりであったが、ＪＦＡとしてもＪＡＤＡの判断を仰ごうとしていたことは自浄作用として評価できよう。また換言すればＪＦＡもＪＡＤＡの権威を十二分に認めていた証左である。チームドクターたちが取ったＪＡＤＡからの回答の重みをＪＦＡも理解しているということである。田嶋は続ける。

「その後、ＷＡＤＡからＦＩＦＡに問い合わせがありました。それを受けて我々はすべての書類を英語に訳し、ＦＩＦＡへ提出し、同じものを文科省にも提出しました。その上で口答でしか返事は来ませんでしたが、ＦＩＦＡ・ＷＡＤＡとも、本件に関してはＣＡＳには申し立てをしない。次回からは（試合数ではなく）期間で罰してくれという見解が来た。これについての見解はいろいろ見方があると思うので、事実だけを申し上げます」

この連絡協議会における田嶋の立場上、ＤＣ委員会、チームドクターのどちらにも中立的な発言に終始せざるをえないので、事実だけを述べるにとどまっているのは仕方がない。

しかし、このＦＩＦＡ・ＷＡＤＡの見解はすでに雄弁に我那覇はドーピングではないと物語っていた。何となればＷＡＤＡは本当にドーピング違反と判定したならば、それを看過するような甘い機関ではないのである。ＷＡＤＡ規程の罰則では2年間の資格停止処分、たった6試合の出場試合停止では済まされない。

事実、２００６年にスケルトンの世界王者であったアメリカのザック・ランドが育毛剤でドーピング違反となった際、米国内で下された「警告」という処分に対してＷＡＤＡはそれを容認せず、ＣＡＳへ2年間の出場停止を訴えている（ＣＡＳは1年間出場停止処分の裁定）。ＷＡＤＡは裁定が軽いと思えば決して見逃さず必ずＣＡＳに申し立てる。換言すればドーピングとはそれほどまでに重い罪なのである。

ＷＡＤＡは各国のアンチ・ドーピング機関が下したドーピング違反に対する処分が軽いと判断した場合、機構の経費でＣＡＳに訴えるわけだが、逆に処分が重過ぎる、あるいはこれは無罪であると判断したら、自らの経費を使ってまで訴えることはない。それは不当な処分を受けたと考える選手自身が自分の経費でＣＡＳに訴えるものだからである。田嶋は続けた。

「ただ、今日はっきりしたのは、争点は二点ですね。ＴＵＥの提出義務の有無と適切な医療行為を誰が判断するのかという二点が明確になれば、逆に言えば、この二点が明確にならなければ同じ議論をずっと繰り返し続けなければいけないと思ったので、横から口を挟ませてもらいました」

田嶋はこの二つの争点をＦＩＦＡとＷＡＤＡからしっかりと回答を得るので、ここはもうＪＦＡに預からせてほしいという提案をした。また、青木に対する解任動議は組織的な運営上、理事会で話をすることであると答え、「今日はこれ以上話をするのはそれほど意味があるとは思えなくなったので、あえて言わせていただきました」と結んだ。

ドクター側からは裁定の再考についても念押しの声が上がり、仁賀は照合する際のポイントを強調した。

「ＦＩＦＡ、ＷＡＤＡのことについてひとつだけ言わせて下さい。海外から見ると、どうしてこんなことが起こったか理解できないと思います。なぜなら、ＴＵＥを出している段階でその現場の医師は自分のやっていることが正当な医療行為と判断していないのです。ＴＵＥを出したというところから始まったら、これは真実が見えません。この真実を見るとしたら、その前に『あらゆる静脈注射に関するＴＵＥの提出を求めた』。これを必ずＦＩＦＡとＷＡＤＡに伝えてください。もうひとつ、『正当な医療行為かどうかをＤＣ委員会が判断する』。この二つを向こうに伝えない限り、この事件がなぜ起きたか、真実は見えないです。これだけお願いします」

ローカルルールが前提になっていることでジャッジの目を曇らせてはいけない。ＴＵＥを出しているなら、医師は正当ではないことをすでに認めているのではないか、と思われてしまう。また現場の医師ではない者が正当かどうかを判断するという極めて歪んだ事態になっていることをＦＩＦＡ、ＷＡＤＡに伝えなければならない。

田嶋「ＦＩＦＡもその国で起こっていることに対して『こうだ』とは言わないんです。今までの事例を調べても、それは自分たちで判断しろというのが流れです。だからこそＣＡＳのようなものが必要なのかもしれないですが、今の二点については理解します」

ＦＩＦＡのメール

ここで青木が声を出した。

「FIFAとのやりとりも少し説明した方がいいですか？　いいですか？」

　田嶋は制止しようとした。

「もういいでしょう」

　青木は構わず続ける。FIFAからの結論をもうもらっているというのである。

「裁定をひっくり返すかどうかという話に関しては、FIFAはもう決着がついたという判断なんです」

仁賀「それは、今の二点が伝わっているかどうかなんです。今のあらゆる静脈注射のTUEを義務にしているということを伝えたんですか？」

青木「そういうことではなくて……」

仁賀「田嶋さん、伝えたんですか？」

田嶋「いいえ、伝えてないですけれども、この二点については我那覇選手のことと関係ないとは言いませんが、別に聞く必要があるんでしょうか」

仁賀「もちろん、聞く必要があるんです。結局、それがあったから我那覇事件が起きたんです」

　青木は委細構わず語りだした。この我那覇の事例をFIFAがキャッチして確認のために「6試合出場停止とはどういうことだ？」と、自分のところにメールで連絡が来たというのである。

仁賀「どなたに聞いたんですか？」
青木「ＦＩＦＡの……」
仁賀「個人に聞いたんですか？」
青木「コミッティー」
仁賀「コミッティー、個人ですか？」
青木「要するにコミッティーを代表して個人から来ました」
仁賀「個人に聞いたんですか？　質問状は誰に？」
青木「私に、です」

　青木は、こういう症状で、こういう注射をしたのでこういう判断をしたとＦＩＦＡに伝えたら、しばらくしてＰＤＦの文書で返事が来て、そこにはビタミンB_1と生食２００ccの適用に関しては legitimate な treatment じゃないと判断したと書かれてあった。我那覇、後藤ドクターに対するその裁定は妥当だと伝えられたという。仁賀は反問した。

「最初に妥当だろうと言われたときの先生のメールと、ＦＩＦＡからのメールを、それを根拠に何かをおっしゃりたいのなら、僕たちに見せてほしい」

青木「まあ、個人のやりとりのメールですから、全部を見せられるか分かりませんけども、メールだから、手を加えられるぞ、と言われればそれまでなんですが、どうしましょうか」

青木は最終の回答はコミッティーから正式な文書として来たと強弁した。これに対してドクターたちは、あれでFIFAがドーピングと認定するはずがないから、どう伝えているのか、事実関係を確認すべきだと主張し、メールの信憑性《しんぴょうせい》について疑義が呈せられた。

ドクター側から「日本のスポーツ仲裁機構での仲裁ではだめなのですか?」との声が上がった。

田嶋「はい。我々はJADAに加盟していないので基本的には日本のスポーツ仲裁機構では諮れません」

再び水掛け論が始まりつつあった。埒《らち》のあかない空気にドクターの一人が憤怒を含んだ声で言った。

「われわれは忙しいのにわざわざ来ているんだ。ドクター全員がおかしいと思っているんだから、Jリーグはみんなにおかしいと言われたと理事会に報告して、もう一度見直さなければならないとすることはできるんですか」

田嶋「先ほども申し上げたとおり、今まで問題点が明確ではなかったのですが、今日、二点だと申し上げましたから、そこを明確にしなければこの議論は解決しないんです」

同じドクターが語気を強めた。

「それはやってくれるんですか?」

田嶋は即答した。

「やります」

当事者である後藤が腹に据えかねて青木に挑むように言った。

「判定自体を覆したいと思っている。ビタミンB_1の適用をご存じでしたら教えていただけますか？」

青木「普通の処方ガイドラインによれば、ビタミンB_1欠乏症、及び経口摂取……、私の知っている範囲では」

後藤「先生の知っている範囲ではなく、厚生労働省の認可した添付文書に書いてあるのは、ビタミンB_1の欠乏、食事摂取不十分の場合の補給、肉体労働時など」

青木「それは知ってますよ。先生のおっしゃる肉体労働で食事摂取不良というのはビタミンB_1欠乏でしたか？」

後藤「症状って先生知っていますか？」

青木「それは症状ではなくて検査データだということです」

後藤「検査データ……」

田嶋「すみません。気持ちは分かりますが、今ここで問答する場ではないと思いますが。この場ではもうやめましょう」

田嶋が制したあとに仁賀が医療行為について言及した。譲れないところであった。

「一方的かもしれませんが、明日からでも自分たちの判断でTUEを出さずに点滴をしたいと考えるのですが」

青木はこれに対し、「JADAが静脈注射の適用基準を今回出したのなら、それを重視するのはやぶさかではないのでオーケーです」と答え、その上で「ただし、適用外ではないかという場合には一応事情を聞かせていただきます」と続けた。

仁賀「それは任意ですか？」

青木「はい、任意です」

仁賀「分かりました」

青木「それから、選手の治療状況の管理については、ぜひ守っていただきたい。選手がぺらぺらマスコミに話すのは、きちんと管理していただきたい。こんなことを申し上げるのは、怪我については、選手自身も黙っているのに、病気になるとわりとぺらぺらしゃべってしまう。正直申し上げると、これが一番のスタートポイントなんです。選手は風邪の注射と思わずににんにく注射を受けたと思ってぺらぺらしゃべってしまった」

青木のこの発言には確信犯的な事実誤認が前提にある。我那覇はにんにく注射を受けたなどとは一言もマスコミに話していない。5月1日の事情聴取において、後藤も問題となったサンケイスポーツの記事を書いた記者とは会話もしていないし、勝手に書かれたと説明している。事情聴取では当の青木が質し、そのことは議事録にも載っている。

名古屋グランパスの髙松浩一チーフドクターが言った。

「一点確認なんですが、後藤先生の名誉回復を期待して今回の会議を行なっているんですが、後藤先生がJリーグからフロントを通して退職勧告を受けていると聞いていますが、どのようにお考えですか？　整形外科の後輩に対して、これほどまでに厳しい裁定をした先生の気持ちが、あまりに冷たいのではないかと。先生はどのようにお考えですか」

青木「我々は後藤先生に対し、チームに対し、どうにかしてほしいなんて言ったことはありません」

「川崎フロンターレはどうなんですか？」

　フロンターレ強化部長の庄子春男が答えた。

「Jリーグと相談しクラブに一任されました。今後どうするかについては、まだ決断を下していないが、流れの中でできる限りいい方向でと考えています」

　庄子は後藤への退職勧告でJリーグからの圧力はなく、あくまでもクラブの判断だと言う。

　ドクターから異議が出た。

「では契約者担当者会議でさっさと（後藤を）クビにしろと言ったJリーグ関係者は誰ですか！」

これより2ヶ月前、5月に行なわれたJリーグ契約者会議の席上で、小竹仲幸《こたけのぶゆき》理事が庄子に向かってかようなパワーハラスメントをしたとされている。
庄子「それは、各クラブで確認してもらえればいいのではないでしょうか。言い方としては私見という言い方でしたので」
仁賀「Jリーグのしかるべき立場のある人が、公式な会議で『さっさとクビにしろ』と言ったんですよ。知らないのであれば、きちんと事情を調べて、しかるべき対応をするべきです」
寛田「法的にすごい問題ありますよ」
羽生があとで調べてみますと答え、会議は田嶋が引き取る形で終了した。

会議が終わった後、青木がFIFAの医事委員から送られてきたというメールを見てほしいと言って仁賀を自分のテーブルに呼んだ。以前青木は浦和レッズのドクターを務めていたので、仁賀とは旧知の間柄であり、二人とも議論は議論として割り切って付き合える仲だった。

青木が見せたメールの英文を読んだ仁賀は驚いた。そこには軽微な違反と考えると書いてあり、続けて厳重注意処分でいいのではないかと書いてあったからである。

仁賀は青木に言った。

「先生、厳重注意処分でいいのではと書いてあるじゃないですか。どうしてドーピング違反にしたんですか？」

青木「いやあ、マスコミが騒いじゃったからさ〜」

耳を疑うとはこのことであった。

事情聴取の前にマスコミにドーピング違反の疑いがあると騒いだのはJリーグ自身ではないか。そして、一度マスコミが騒いだら無実の選手がドーピング違反になるのか？

後藤は帰り際、それまで自分に辞職を迫っていたフロンターレの立場のある関係者から「ドクターたちの全面勝利ですね」と声をかけられた。手の平を返すとはこのことだった。

第4章　遠い道

Jリーグ実行委員会

7月22日の会議は大きな成果があった。

今後は正当な医療行為として行なう禁止薬物を含まない静脈注射はTUEを提出しない、正当な医療行為かどうかは現場の医師が行なう。Jリーグのチームドクター連絡協議会が宣言したこの二点を青木は了承したのである。Jリーグのドクターたちは、これで医療行為を速やかに行なうことができる。

さらに青木は、上記二点がFIFA、WADAで認められていれば、裁定の過ちを認めると言った。この二点についてJADAから回答をもらい確固たる自信のある連絡協議会のドクターたちは、これで我那覇と後藤の名誉回復はなされると確信していた。

しばらく経《た》つと仁賀は、遠い広島にいる代表の寛田の代わりに、羽生からJFAハウスに呼ばれた。羽生は「今後、このようなことが起こらないように組織改変を期待しているので、これからもよろしくお願いします」と告げ、組織改変のたたき台を出して下さいと要望を言ってきた。

当時、ドクターたちに聞こえてきたのは、今回の処分として「８月７日の次回Ｊリーグ実行委員会までに鬼武チェアマンは減俸、青木ドーピングコントロール委員会委員長は解任されて我那覇の処分は取り消される」というものであった。

しかし、寛田はある日、Ｊリーグ関係者から忠告を受ける。

「私たちにもなぜか分からないけれど、川淵会長と青木さんの関係はとにかく堅固だから気をつけたほうがいいですよ」

この頃になると我那覇の冤罪を知り、意気に感じたＪＦＡおよびＪリーグの職員たちが、チームドクターたちに随時、情報を提供してくれるようになっていた。

Ｊリーグ関係者からのアドバイスは、やがて現実のものとなった。寛田と仁賀がＪリーグと交渉を進めるも、８月７日のＪリーグ実行委員会を前にＪリーグ内部からもたらされた情報は「外遊から帰ってきた川淵三郎ＪＦＡ会長と鬼武チェアマン、そして青木委員長が三者で会談を持った。その結果、青木委員長は守られるという結論になった。例の二点は改正されるが、我那覇の名誉回復も含めて何も現状は変わらない」というものであった。

川淵が、Ｊリーグの内部の人間のみならず誰がどう見ても非がある青木をなぜこうまでして守ろうとしたのか。この事件がなぜ、ここまでこじれたのか、事実を辿《たど》り、内部の者の証言と合わせると見えてくる。

もとはと言えば、川淵会長がアンチ・ドーピング特別委員会による処分の決定前に「悪意がないからと言って許されることはない。我那覇は12ヶ月以下の出場停止が妥当」（5月7日付スポーツニッポン紙他）とのコメントをマスコミに出してしまったために、事情聴取の議事録を見れば、にんにく注射など打ってもおらず、精査すれば冤罪であることは明確であるのに、裁定はクロの方向で突っ走ってしまった。その後、今さら、後戻りができずに詭弁《きべん》を弄しながら、処分を取り消さずにきてしまったことに一因がある。いわば組織のメンツのためであった。

川淵はドクターたちが5月18日付でJリーグに質問状を提出し、マスコミにも疑義を表明したあとで、自らがＦＩＦＡに推薦して青木をＦＩＦＡスポーツ医学委員に就任させている。これは、川淵が絶対に青木を守るというJリーグ内外に発信した強固な意思表示ではないか。青木の任命責任を追及されれば、次期会長選挙に大きな影響を及ぼす。川淵にすれば自分に累が及ぶ青木の非を絶対に認めるわけにはいかなかったのかもしれない。

川淵はさらに動く。このドーピング事件がまだ収束していない２００７年末に、青木が学長を務める聖マリアンナ医大をアジアで初のＦＩＦＡの公式メディカルセンターに指定させたのである。Ｊリーグにおいて川淵ＪＦＡ会長という最大権力者の後ろ盾があれば、横紙は破られる。

当初、Jリーグ関係者は青木に辞任を求めたが、青木はこれを拒否。青木の説明は以下のようなものであった。

——JADAが7月に新たにJADA規程を改正し、静脈内注入について「正当な治療行為はTUEを提出せずに行なってよい」「正当な医療行為の判断は現場の医師が行なう」としたので、今後はJリーグでもこの二点を認める。しかし、DC委員会には疑義があれば調査できる権限があり、我那覇の場合には問題があると調査した結果、正当な医療行為ではないとDC委員会が判断したので、ドーピングとした。それゆえに我那覇の裁定はまた別の問題である——

ドクターたちは愕然とした。JADAの職員も驚くとんでもない詭弁であった。JADAは7月に規程の改正などしていない。準拠しているWADA規程を勝手にJADAが年度の途中で変えることなどできないのである。JリーグがWADA規程を誤って、我那覇をドーピングで処分してしまったことで、国内のスポーツ界で点滴治療をめぐる混乱が起こっていた（その意味でもJリーグは他種目に多大な迷惑をかけていた）。事実はそれの収束のために、JADAが7月に全競技の代表者を集めてあらためてＷＡＤＡ規程の周知説明をはかったのである。

過ちを認めないうえに、裁定も覆されないという。あの22日の会議はいったい何だったのか。ＪＡＤＡの回答で我那覇がシロであることは明白になり、青木もＷＡＤＡ規程の正しい運用を許可した。にもかかわらず、その正しい運用で治療した我那覇のドーピング違反が取り消されない。そしてＤＣ委員会に調査できる権限があるという抜け道を主張し始めた。

しかし、このロジックには明らかな誤りがある。違反の疑いをＤＣ委員会が調査して、違反の主張を行なうことは問題がないが、ＷＡＤＡもＦＩＦＡも違反かどうかの審査と裁定はＤＣ委員会とは別の独立したパネル（委員会）が行なうことになっている。繰り返すことになるが、裁判で言えば、検察と裁判所は別であるべきという考えである。

しかし、Ｊリーグには真の独立パネルは存在していない。国際標準から懸け離れたこの状態は非常に危うく、本来は人を裁く資格を持っていないのである。逆に言えば、非常に狡猾《こうかつ》な選手がいて、仮に本当に危険な禁止薬物を使用して、それが検出されてもこの組織構成のままでは裁いてはいけないのである。

なされるはずであった我那覇の処分撤回と後藤の名誉回復が、なされなくなってしまった。のみならず、青木の主張でＤＣ委員会が審査、裁定ができるということになってしまったので、今後、また冤罪が生じる可能性が出てきた。たとえるなら、ＤＣ委員会は犯人と認定し捕まえたらそのまま自らが裁いてしまえるのだから、嫌疑をかけられたが最後、5月1日の事情聴取のようにいかに正当性を主張してもメンツのために有罪にされてしまう可能性すらある。

それでもここで屈してしまうわけにはいかない。寛田らは8月7日に開催されるJリーグ実行委員会（全クラブの実行委員会＝社長が集まる会議）でこの問題が正しく取り上げられることに望みを託して、Jリーグの各実行委員たちに向けて要望書を作成することにした。

9ページにわたって記された要望書は「会議結果」「我那覇選手裁定の誤り」「現在の青木委員長の誤り」などの小見出しを付けて、青木の「にんにく注射はドーピングじゃない」という発言、FIFAのジリ・ドブシャクとのメールに関する青木と仁賀のやりとりも含めた経過の報告を詳細に記し、「要望」ではこのように要請している。

「我那覇選手がドーピング違反を犯していないことは、どの角度から検証しても明白であり、彼に一生Jリーグ史上初のドーピング違反者の罪を背負わせることは、Jリーグのフェアプレー精神に反します。今彼はこの件でストレスの少ない環境にいるかもしれませんが、引退してサッカー以外の世界に出た時、会う人ごとに『あのドーピングの我那覇選手か』と言われるでしょう。彼の家族もまた然《しか》りです。また、今後もし彼が偶然にでもドーピング違反を問われた時、（2回目の）処分は永久追放になります。私達は、DC委員会がWADA規程の適用を誤って我那覇選手をドーピング違反と認定したことを自ら認め、無実の選手を救うため、Jリーグ自身が良心に従って裁定をやり直すように心から要望します。それができないようであれば、JリーグはDC委員会を解任して新たな委員を選定して裁定をやり直してください」

そして結びの「実行委員へのお願い」では「本報告書における内容をご勘案の上、我那覇選手を救うため、実行委員会での誠意あるご検討、ご判断をどうかよろしくお願い致します」と記した。各クラブの社長に対し、実行委員会の場で我那覇を助けてほしいという悲痛な叫びが読み取れる。この要望書はJリーグに送付した上で8月5日付で実行委員に向かって送られた。

8月7日14時、JFAハウスで実行委員会が行なわれた。「ドーピングに関する会議の報告事項について」というペーパーが配られた。

内容は変更事項として二点、①「全ての静脈内投与についてTUEを提出すること」が、「現場医師が正当な医療行為であると判断した場合は提出しなくてもよい」に、②

「提出されたTUEに基づいてDC委員会が調査し、判断することができる」が「疑義のある場合はDC委員会は任意で事情聴取することができる」に変えられていた。

7月22日の会議で青木が確約したことを履行しているのであるが、特筆すべきはこの通達文書が、ドーピングについてのレギュレーションの修正であるにもかかわらず、それを司《つかさど》るDC委員会委員長の青木の名前ではなく、Jリーグ事務局の名前で出されていることであった。

青木に傷を付けないようにするためなのか、修正の文書としては前例のない特殊な形式であった。他にはドーピングに関する会議出席者議事録、田嶋が約束どおりに行なったFIFAへの問い合わせ文書、そして8月6日付毎日新聞・闘論「『にんにく注射』の是非」という記事（タイトル通り、にんにく注射は是か非かが、是の医師と非の大学教授によって両論併記で語られているが、我那覇の受けた治療とは何の関係もない。しかし、この記事のリードにも「〈にんにく注射を〉使用したJリーグ選手が5月に出場停止処分を受けた」と記されており、誤解、誤報はまだ続いていた）などが配布された。

実行委員会が始まった。実行委員たちは事前に連絡協議会から送付された要望書を読み込んでこの事件の内容を理解していた。席上、ガンバ大阪・佐野泉委員、ヴィッセル神戸・安達貞至《さだゆき》委員、ジェフ千葉・淀川隆博委員、浦和レッズ・藤口光紀《みつのり》委員、清水エスパルス・早川巖《いわお》委員など幾人かの実行委員が鋭い質問を飛ばした。

しかし、羽生事務局長はじめJリーグ側は7月22日の会議と打って変わってDC委員会の任意の調査権を盾に裁定のやり直しを頑として認めない。以下はその抜粋である。

ガンバ・佐野委員「チームドクターはJADAに質問し、その回答を根拠に話をしている。リーグとしてはどう対応するのか」

羽生事務局長「質問の仕方によって回答は異なってくる。その回答をもって、DC委員会の裁定が間違っていたとは言えない」

ガンバ・佐野委員「後藤ドクターはビタミンB_1を点滴中に入れて200ccの点滴をした。現場の医師が正当な医療行為と判断してやった。それは認められるのか」

羽生事務局長「それは認められない。ドーピングに関する会議の報告事項についての変更事項の②に書いてあるとおり、疑義のある場合は、DC委員会は、任意で事情聴取することができる」

ジェフ・淀川委員「FIFAからの回答はいつ頃になるのか。その間、このように変更するのは良いが、我那覇選手の選手生命に関わることはしたくないのは、みなさん同じであると思う。ドーピング違反であるとの回答があったときに、我那覇選手はもっと大変なことになりかねない。回答によってどうするかとの対応を考えておくことが重要ではないか」

鬼武チェアマン「準備は必要であると思う。解釈の問題はいろいろあって、１月の時点でDC委員長が解釈したことと、ドクター諸氏が判断したことと違うのかもしれない。委員長が悪いから辞任しろと言うだけじゃなく、自分たちも悪かったところもあるはずだ」
フロンターレ・武田委員「医師団が出してきた要望書の中に、青木委員長が見せたＦＩＦＡのメールの中に我那覇選手裁定は厳重注意処分で良いと思うという返事をしているとの記載があるが」
羽生事務局長「回答をしている方はＦＩＦＡの中では医事委員であり、裁定委員の立場の方ではない」
フロンターレ・武田委員「青木委員長が、にんにく注射がドーピング違反じゃないと言われれば確かにそうかもしれないと言ったとの記載があるが、そういう発言があったのか」
羽生事務局長「あった。ドーピングというのはこのようなグレイな部分が出てきたときにシロかクロかはっきりさせることが難しく、そういう場合にＣＡＳが必要なのだと実感した」
ガンバ・佐野委員「Ｊリーグが発足して15年目でドーピングで引っかかった選手は一人もいない。それだけドクターが選手のことを考えてくれている。悪さを平気でする医師はいない」

実行委員たちは医学の専門家ではないが、実際に選手を預かっている身から、我那覇の潔白が証明されるのなら尽力したいという気持ちが強く、核心に迫る質問をいくつもぶつけた。しかし、Jリーグ側は裁定の根拠自体をひっくり返すような青木の言動を認めながらもそれを問題視せず、現状を肯定していく。

最後はヴィッセルの安達委員の質問、今回の変更事項はFIFAへの確認の間だけか？　に対して羽生事務局長が、そうであると答えて会議は終わった。実行委員会での裁定やり直しはならなかった。

8月12日付の毎日新聞は、我那覇に対して行なわれた静脈内注入がドーピングに当たらないというJADAの見解を紹介すると同時に、それでも裁定をやり直そうとしない青木のコメントを報じている。

「我那覇選手や川崎への処分が覆ることはない。『正当な医療行為ではなかった』というのが我々の判断で、国際サッカー連盟に照会しても5月下旬には『これは違反行為にあたる』との返事をもらっている。手続き的には、委員会で事実関係を確認した後も、川崎は制裁内容を決めるアンチ・ドーピング特別委員会で弁明の機会を行使していない」

ここには明らかな嘘が二つある。FIFAの回答は先述したように公式回答ではなく、青木が我那覇の病状を正確に伝えないで意見を求めたドブシャクからの私的なメールであり、しかも文面は制裁を科すのではなく、厳重注意でよいのではないかというものであった。弁明の機会の行使については、それがあることすら、当事者である我那覇に伝えていない。

それでも青木のコメントは、メディアに載ることで権威あるDC委員会委員長の見解として流通していく。それは順序立てて説明をしない広報発信の問題も相まって、報道する側にも混乱を来《きた》した。

8月18日付の毎日新聞の解説面は、2006年12月に日本政府がユネスコ（国際教育科学文化機関）のアンチ・ドーピングを締結したところから説明を施し、国が認めた唯一のアンチ・ドーピング機関のJADAにJFAが加盟しないことは信頼性や公平性を欠く、という明確な指摘をしている。しかしそれでも、我那覇の治療についてはまだ間違った認識をしており、感冒の点滴治療ではなく「『にんにく注射』と言われる栄養剤の静脈投与を受けた川崎フロンターレのFW我那覇選手」という書き方をしている。

寛田らは8月21日のJリーグ理事会での裁定やり直しに懸けて、再び裁定やり直しの要望書を作成して実行委員会とJリーグに送付し、Jリーグ理事会で検討してもらうように要望した。しかし鬼武は、要望書を理事会に出す必要はないと理事たちに述べ、理事会では一切議題に上らなかった。ただ一人、なぜドクターたちの主張に耳を傾けないかと言い続けていた理事の三ツ谷洋子によれば、もうこの件については解決済みということで、意見を言うこと自体、はばかられるようなムードが理事会を支配していたという。

WADA常任理事からの回答

吉報が届いたのは8月23日。JADAと同じ日に問い合わせ文書を出していた文科省副大臣、すなわちWADA常任理事から回答が送られてきたのである。

WADA常任理事であり、文部科学省副大臣でもある遠藤利明の名前で正式な文書が吉本のもとへ届いた(日本政府がかなりの額をWADAへ出資しているという背景もあり、文科省副大臣は自動的にアジアを代表してWADAの常任理事に就くことになっている)。箇条書きで記されたWADA常任理事の回答は明快であった。

(ア)FIFAは2004年5月21日のFIFA総会でWADA規程を受け入れています。

(イ)正当な医療行為としての静脈内注入について、TUEの提出の必要はありません。

(ウ)静脈内注入が正当であるかどうかの決定は、現場で処方する医師の判断に委ねられます。

（エ）本事例に関して、Ｊリーグが（イ）、（ウ）の事項を根拠としてドーピング違反と見なしたのであれば、（筆者注：我那覇選手は）ドーピング違反とは見なされない。

（筆者注：文科省は事件の詳細についてＪＦＡから報告を受けているので、「本事例の詳細を知る立場にないが」というＪＡＤＡ回答の文面にあった文章はないことがＪＡＤＡ回答との違いである）

8月31日の沖縄タイムスは大きな見出しと448文字を費やした本文でこの事実を伝えた。

「我那覇　違反ではない／ドーピング／世界機関の常任理事回答」

ＪＡＤＡに続いてＷＡＤＡ常任理事からの正式回答。これもまた官僚的な思考からすれば、発生当初から直接関わっていない案件であるから、文科省副大臣がＷＡＤＡ常任理事としての立場から発信するということは通常考えられない。

遠藤利明文科省副大臣はどんな思いで回答を返したのか。

その前に彼の人物像に少しだけ触れておきたい。遠藤自身、中央大学時代にくるみクラブで活躍していた生粋のラガーマンであり、スポーツを愛する者として自民党にスポーツ立国調査会を作らせた政治家であった。

政党においてスポーツに関する独立した政策研究会はそれまで存在せず、これは初めての試みであった。遠藤は、従来の日本のスポーツ行政の縦割りシステム（＝学校体育は文科省、パラリンピックは厚生労働省、スタジアムは国土交通省、スポーツジムは経済産業省など）をなくして統一した組織、スポーツ庁を作ろうという大きな構想を持っていた。それだけ真剣にスポーツの将来を考えている議員がこの時期の文科副大臣であったことが、僥倖《ぎょうこう》であったと言えよう。

衆議院議員会館で遠藤は、Jリーグのドーピング問題について振り返った。

遠藤「WADAは1年に1回ずつ、常任理事会と総会を開くんですよ。私自身、以前からこのWADAの会議に出席していたので、ドーピングというものに対する厳しい認識を目の当たりにしていたんです。世界レベルの選手というのは事前に練習計画を出していて、その中に居所を知らせておく。それで抜き打ちにそこに連絡が入っていないと指導されるという、それくらい厳しいんですよ。WADAは規程に則《のっと》ってきっちりと調べるし、本当に違反ならば容赦せずにCASに訴えます。

私からすると我那覇選手の件は明々白々とシロですよ。もし、Jリーグが言うように我那覇選手に対して行なわれたのが正当な医療行為でないというのなら、まずドーピング云々以前にドクターが医師法違反に引っかかってしまうんじゃないかという単純な疑問があります。また医療行為が正しいか正しくないかという判断も、その場で診た医者がしないで誰がするのかとも思ったわけです。

病気の選手がいてそれを医者が治療するのは当たり前で、その都度お伺いを立てないとドーピング、と言われたら何もできなくなってしまいます。とにかくこの件で動いたのは、選手の人権が全く無視されているような感じがしたからです。

私はスポーツ基本法を作るためにスポーツ懇談会というのを立ち上げていたんですが、そこにＪＡＤＡの方とかも来られていて、最初の段階からかなりストレートにＪリーグの裁定はおかしいという話を聞いていたんです。もちろん、私だけの判断では良くないので文科省のスポーツ局長を通じてＷＡＤＡに問い合わせて、違反ではないという正式回答をもらって連絡協議会の吉本さんに回答をお返ししたという次第です。

で、ドクターたちに出す前に田嶋専務理事にも電話をしたんです。うちはこういう回答を出すから、Ｊリーグもそこはしっかり対応して下さい、このままだとおかしくなってしまいますよと話をしたんです。田嶋理事は問題をよく分かっていたんだけど、何か板挟みになっていたようですね。あれはサッカー協会としては、完全に大きな汚点を残したという気はしています」

――当時、あの我那覇選手の事件を文科省としてはどのようにご覧になっていたのでしょうか。

遠藤「今こうやって話をしながら我々も反省をしなくてはいけないのだけれど、あの頃はJリーグも勢いがあったし、政治家が関与するなというような風潮もあって、指導をする上で躊躇があったんです。例の1980年のトラウマがまだ尾を引いていましたしね。そんな悶々《もんもん》としたところにチームドクター連絡協議会の方から質問書が来たので、こちらとしても堂々と回答ができたというわけです」

——1980年のトラウマというと、日本政府が介入して決まったモスクワ五輪のボイコットですね。

遠藤「ええ、それで政治ができるだけスポーツに関与するなと。また逆にスポーツ団体も金は出してもらいたいけど、関与してもらいたくないという、そういう微妙な感覚が残っていたわけです」

——なるほど、それで副大臣の名前で出されずに常任理事の名前で出されたわけですね。

遠藤「はい。そのときの文科省の体制で言うと、即座に副大臣の名前で出すのは難しかった。行政がそこまで口出しをしていいのかという役人からの抵抗がかなりありました。やっぱり事なかれ主義というか、事を荒立てたくないということだったんです。ただ、このままずるずる時間がかかれば選手も死んでしまうわけで、それならWADAの常任理事の名前でなら、自分の責任でやれるから、WADAの事務局長に確認を取って出したわけです。私からすれば、結論はもうはっきりしていましたからね」

――そもそもがサッカー協会がＪＡＤＡに加盟さえしていれば、こんな問題にならなかったわけですね。一貫しない変なローカルルールで振り回して、選手もドクターも傷ついたわけです。文部科学省はＪＡＤＡに入るようにかなり行政指導をされていたというふうに伺っているのですが。

遠藤「回答に記したように『ＦＩＦＡはすでにＷＡＤＡ規程を受け入れていた』のだから、ＪＦＡも連携していたはずなのに、ＪＡＤＡに入っていなかった。確かにそれが大きな問題点で文科省も指導はしていたのだけれど、そんなに強硬ではなかった。つまり当時は、文科省もＪＦＡもトータルしてドーピングに対する認識が薄かったということかもしれないですね」

――この回答を出せば、我那覇選手への処分は覆ると思われましたか。

遠藤「そうですね。出せばサッカー協会も何とかするだろうと思っていました」

チームドクター連絡協議会はこの回答を添付して、８月29日に再びＪリーグに我那覇の処分取り消しの要望書を提出した。８月に入って実に３回目の文書アクションであった。

遠藤がＷＡＤＡ常任理事の名前で公式文書を出したことの影響はさすがに大きく、一般紙もこの事実を報道した。遠藤もこれでＪＦＡに自浄作用が働くだろうと考えていた。何より、サッカー協会の監督官庁である文科省の副大臣がドーピングについて国際標準の正しい見識を持っているということは、ドクターたちにすれば心強いものであった。

ところが、事態は思わぬ方向に転んでいく。時の総理大臣である安倍晋三《あべしんぞう》がねじれ国会の対応を迫られ、党三役や閣僚を代える内閣改造を断行したのである。遠藤は8月27日付で文科副大臣を退任することになってしまった。回答書を出してからたった4日後のことであった。JリーグはWADAの回答を添付した要望書を受け取るも、依然として無視する格好であった。

当時、事件の詳細を聞き、我那覇を守らなければと決意して疑義を質していた清水エスパルスの早川巖社長は、実行委員会の様子をこう振り返っている。

「あの頃実行委員は皆、Jリーグの裁定がおかしいと思っていましたよ。ややこしい話じゃないです。実行委員はそれなりの経営者たちですから、ドーピングを調査して裁く制度上の欠陥も見えていましたね。私はうちのチームドクターの福岡重雄から経緯を知らされていて、彼らがDC委員会に反論したいというので了解していましたし、ドクターたちが書かれた意見書や要望書を読んで改めてその主張が正しいと思いましたね。

選手はチームの宝ですよ。フロンターレの選手もエスパの選手も選手に変わりはありません。私はもともと、我那覇君の真摯なプレイスタイルに好感を持っていました。性格も沖縄らしい、朴訥とした好青年で、ドーピングなんていう汚い行為が最も似合わない選手じゃないですか。守ってあげないといけないと痛切に思いました。

私だけではありません。ヴィッセル神戸の安達社長なんかも、口角泡を飛ばす勢いで会議で意見をしていましたし、大分の溝畑社長もプレイヤーズファーストを口にしていました。ところが、途中から議題に上らなくなってしまうんですね。チェアマンが納得しているということだったですかね」

Ｊリーグ側がすでに終わったものとして黙殺を決め込む上に、肝心の川崎フロンターレが動こうとしなかったために、他のクラブの実行委員たちも動きづらい状態に追い込まれていった。

この前代未聞のドーピング事件は、その突拍子もない裁定結果からむしろ、海外で注目を集めていた。アルゼンチンのＩＮＦＯＢＡＥ紙は、日本でチームドクターたちがＪリーグに質問状を提出するより早く、５月10日付の世界の仰天ニュースという欄で「サッカー史上で一番おかしなドーピング」という見出しを付けてこのように報じていた。

「サッカー史上初の出来事です。感冒回復のため、ある成分を注射したことにより、日本の一選手が６試合の出場停止処分を受け、さらに８万３３４８ドルの罰金の制裁を受けた。いったい何を使用したのでしょう。なお、この成分は禁止物質リストには載っていません」

サッカー史上一番おかしい！　と仰天されてしまうネタ扱いなのである。

９月14日にはＷＡＤＡの事務総長であるデービッド・ハウマンが来日し文科省を訪れ

たあとで、東京で記者会見を開いた。ハウマンはそこで「Jリーグのドーピング規程はWADAとFIFAの法令を遵守したものではない。独自のルールで処分した」と主張、我那覇の裁定について J リーグに手続き上の不備があったことを示した。「医学上の過程と法を扱う過程は分離すべきで、裁定機関は独立していることが望ましい」と語ったのである。ハウマンは、JリーグはDC委員会がその二つを兼ねていることを知っており、それが問題の根源になっていることを看破していた。

呼び出し

遠藤副大臣がWADA常任理事の名前で回答を出した直後に、サンフレッチェ広島の寛田は突然羽生Jリーグ事務局長から、鬼武チェアマンが会いたいと言っているので来てほしいという呼び出しを受けた。

寛田はすぐに仁賀に電話した。

「鬼武チェアマンが俺と会いたいと言ってきた。もしかしたら我那覇の裁定をやり直す相談かもしれない。でも行ってみないと分からない。俺一人ではあとで密室で相談したと他のドクターに思われる可能性がある。一緒に来てくれ」

寛田はひとりで会うことの危険性を熟知していた。寛田の判断は正しかった。目的は我那覇事件のやり直しの相談ではなかった。

二人はＪＦＡハウスを訪れた。失礼します、始めまして、寛田です、仁賀です、と会議室に入っていった。鬼武は型どおりの挨拶を終えると口火を切った。

鬼武「ぎょうさん、ぎょうさん、紙を頂いているんで。どこから始めたらええんですかな」

鬼武は、7月22日の会議で決まったドーピングコントロール改訂についてＪリーグ事務局からの説明書しか出されておらず、ＤＣ委員長名での正式な回答が来ないことを寛田らが不服として提出した文書に対して言及しだした。寛田らが提出した要望書についての話し合いではなく、ハナから叱責であった。

鬼武には、起きている紛争を解決するために情報を双方から取って精査しようという姿勢がなかった。なぜ出自も所属も異なる31人ものドクターがいっせいに立ち上がったのか。その理由を究明しようとするよりも組織の名前が新聞で批判されることの方に関心が向いていた。そんなチェアマンにとって、31人のドクターたちは単なる反逆者でしかなかった。

Ｊリーグの最高責任者である鬼武は、ここに至って、各議事録、要望書をほとんど読んでいないようだった。ＪＦＡ、Ｊリーグの医事委員会の構成上の欠陥にも目を向けようとしていない。ＷＡＤＡの役割、それにＦＩＦＡが批准していることの意味も認識していないことがうかがい知れた。

本来、競技団体が何を置いても守るべき選手の人権に対する意識が希薄で、その真実を知ろうとする意思と、名誉を傷つけられた者を思う想像力がそこには欠如していた。

鬼武は、7月22日の会議でチームドクターたちが今後はWADA規程の正しい運用に従ってTUEを提出しないという宣言をしたことを、チームドクターたちと青木委員長との解釈の違いであると考えていた。医者同士のコミュニケーションがずれて齟齬《そご》が生じたという誤った認識であった。あるいは鬼武自身も何かの圧力に押されていたのか。

寛田と仁賀が反論した。

「(TUEを提出しないのは)僕たちが解釈を変えたわけではないんですよ。(FIFAが批准している)WADAの規程をそのまま出したにすぎません。それでやりますよと。釈迦《しゃか》に説法でお分かりはしていただけると思いますが」

鬼武は荒げた口調で吐き出した。

「だからDC委員会の中だけで処理できなくて、問題が大きくなりましたよね。新聞に載ったりしてね。Jリーグが、Jリーグが、と報道されてね。細かい文書でそこまで言うのなら、連絡協議会から直接Jリーグへ来るのはボツにしちゃうよ。規約に関して正しいのはいいんだけど。どこが問題なんですか」

「DC委員会の先生はどこが問題なのか分かっていると思いますが」

「僕は気に入らない」

鬼武は直訴が気に入らないと言うのであった。

「誰に出せば良いのですか」

「青木先生ですよ。そうしたら私に言ってくるでしょう。あなたたちは、回答をよこすのは事務局ではなくてDC委員会じゃないとダメだと言っているんですから」

「分かりました。順序が違ったということですね。それで不安なのは、過去DC委員会に直接送ったことがあるんです。しかし、それをJリーグの方に見せていない。それは怖いんです。青木先生が勝手にマスコミに自分の意見を出されている可能性があると思います」

「それは委員長の権限でそれくらいあるだろう」

「いえ、個人的なメールのやりとりをFIFAから公式で来たとマスコミに言うんです」

「……そういう会話はなぜ青木さんに言わない」

鬼武は、FIFAもWADAも成文化したものがないから解釈は難しいのだと言った。

「いえ、それで選手が違反か違反じゃないかが決まるので、きちんとしないといけないんです。正当な医療行為以前の条文の問題ですよ」

「その前に静脈注射をしたらいけないと書いてあるよね」

「正当な医療行為での静脈注射はいいんですよ」

「……もちろんそうですよ。もちろんそうですが」

「正当な医療行為はそうやって治療するんですよ。それを全部TUEを出せと言うのは間違っていたわけですよ」

「お互いに誤解があったのなら、今後のために直したらいい」

「今後もそうですが、誤解の中で裁かれてしまった我那覇選手のこともやり直さなくてはいけないじゃないですか」

鬼武はここで矛先をチームドクターたちに向けた。

「それはDC委員会だけの責任ですか？」

「それは僕たちの勉強不足も一部あったかもしれませんが、WADAルールの運用を適正にしていなかったのはDC委員会じゃないですか。だから8月からルールが変わったんです」

「この文章を見たら、『我々は間違っていない、悪いのはDC委員会です』としか見えない。DC委員会が適用を誤った、では皆さんは適用を誤っていないんですか？」

「我々が何の適用を誤ったんですか？」

鬼武は本来正しい適用を指導するDC委員会と、指導される側のチームドクターの関係が認識できていないようだった。

「いや、だって、1月21日から、いやその前に、横浜FCの件は知っているよね」

　ここでまた話の内容を変える。

「噂《うわさ》では知っています」

「去年だよな。横浜でにんにく静脈注射を打っちゃった。それで端を発した。そこにまた我那覇がしゃべっちゃったんだよ」

　鬼武は事情聴取の議事録を読んでおらず、大前提を理解していないようだった。

「いや、打ったのはにんにく注射じゃなかったんですよ」

「いや、にんにく注射だと言ったんだよ」

「いえ、本人はしゃべっていないですよ」

「誰が言った？」

「マスコミですよ。本人は言っていない。それは議事録にもありますよ」

「いずれにせよ、にんにく注射をやったから我々は調査をしなくてはいけなくなったんですよ。横浜の例があるじゃないの。やっちゃいかん」

「ええ、それを調査した結果、にんにく注射じゃなかった。治療に必要な点滴だったわけですよ。それで問題なかったんですよ。にんにく注射じゃなかった」

「……そこの見解のところは分からんわな、我々は」

「1月に青木先生がおっしゃったのは、議事録にもありますけど、試合前に選手15人とかに打つにんにく注射はダメという説明ですよ。それは病気の治療だった我那覇選手の点滴とは違う」

「だからね、要は我那覇がしゃべったか、勝手に作ったか、どうか知らんけども、マスコミが聞き出したか知らんけど。もういっぺん聞いたら分かるわな」

鬼武が何も知らないので説明を施した。

「それは事情聴取において、すでにお互いが事実認定をしていますから。こういう病気の状態であって、こういう点滴治療を受けたというのは」

鬼武は前提にしていたものが覆った。

「いや、あー、そこまで行かないで。だから、要は横浜の例があった。我那覇は、しゃべった。マスコミが聞き出したか。それで我々は調べなければ仕方なかった。DC委員会としては。我那覇はそれ知らなかった。知らないと言った」

「それって言うのは？」

「注射をしても良いか悪いかと知らなかったんだ」

「医者の指示のもとに適正な注射なら良いと思っていたんです」

「いやだから、静脈注射そのものがダメだと知らなかった」

鬼武は静脈注射はすべてドーピングだと思っていたのである。ならばどうやって治療をするのか。日本代表は常に遠征で点滴セットを持参し、必要に応じて点滴しているのだ。

「正当な医療行為で医師が行なうものなら良いんですよ」

「えー、そのときにはTUEを出していないですよ。注射するときに」

「出す義務がないからですよ」

「出す義務がない。え、しかしー、委員長は出す義務があると」

「だからそれを僕たち、間違っていますよと何度も指摘してきました」

「皆さんはそのときから、指摘してきましたか」

「そのときも、その後もしていますよ」

「僕が何を言いたいかというと、我那覇がそれを知らなかった。多少詳しくね。もしも我那覇が知らなくてもドクターがなぜ指導しなかった」

「正当な医療行為だからですよ」

「それは何や。現場はすべて正しいんか」

「禁止薬物とか、禁止方法であれば、適正な医療行為でなければ全部我々の責任ですよ」

「えー、したがってTUEを出す出さんの1月21日の会議があって、最終的にTUEを出すと決まった」

「そのとき正しい説明ではなかったんですよ。国際大会でも全部出している、WADA

がそうだと説明を受けたんですが、それは間違っていたんです」

「だから、そこで反論しなかったあなた方も責任がある。皆さんも責任がある。自分たちが責任がないと思っているから同じ文書が出てくるんだ」

鬼武が言っているのは、指導する側が間違ったのを、指導される側がその場で指摘しなかったので、そちらも悪いと言っているのに等しい。

「それは一部責任はありますよ。でも認定するのはDC委員会じゃないですか。また間違っていたんだから、見直していただいていいんじゃないですかと思います」

「でも我々はドクターに制裁を加えていないよね。我々はドクターに制裁を加えていないんですよ。選手に対してはしょうがないよね」

「いえ、でもドクターに関しては3回、Jリーグの指示で川崎から辞任を要求されていると聞いていますよ」

「そんなはずがない」

「契約者会議の席でJリーグの二人の理事が、この方もDC委員会にいるので責任はあると思うのですが、この理事が後藤はクビにしたのか？　まだか？　ならさっさとクビにしろと言われたんです。川崎のドクターをクビにしろというのを31人の人が聞いています」

「そんな正式には言っていないですよ。何もドクターには言っていないですよ。それはまあ置いといて。ではなぜフロンターレは言ってこない。なぜ皆さんが言ってくる」

「我々が言うのは、ＤＣ委員会がＷＡＤＡの適用を間違っているからですよ。それによって我那覇選手がクロになっているからですよ」

「基本はフロンターレですよ。社長は、川崎の社長はもう放っておいてくれよと言っているよ。でもドクターたちがやっているんで世間が騒がしくなるんだ」

「もし、川崎フロンターレが動いているんなら僕たちは動かないですよ。誰かが我那覇選手は無実だと言わないといけない。それが見過ごせないんです」

「後藤さんは、彼はなぜ反論していないんだろうね」

「いや、していますよ。議事録に反論は事実として載っていますよ。後藤さんの反論の事実も認定されているので、僕らもそれに基づいてやっています」

「うん、どうだ。（羽生に向かって）お前、彼はなぜ、命を張って反論しなかったのか」

　羽生は答えず、ドクターが答えた。

「していますよ。議事録に残っていますよ」

「議事録では感情は分からない」

「えっ、感情を出せば良かったんですか」

「そのファイトを出すべきだ。ＤＣ特別委員会でもう１回チャンスがあったわけでしょ」

「それで反論したかったのに、川崎から同じだから、言ってもむだだと言われたんですよ」

「いや、そんなはずはない」

「それも書面はありますよ。後藤先生は川崎の上に潰されたんですよ」

「いや、そんな馬鹿な話はないわな。後藤が反論せんから結局自分で認めたことになるわな」

「DC委員会とアンチ・ドーピング（特別）委員会（の医学メンバー）が一緒なんです。これは一般社会で言えば行政と検察が一緒なんです」

鬼武は聞く耳を持たない。

「したがって川崎が中身について間違っているとなぜ言わないのか。なぜ周りの皆さんが言うのか。今後のことは可及的速やかにやりますよ。勉強しましたよ。ちゃんとしますよ。やろうと思っていますよ。いろいろおっしゃるけども、連絡協議会というのはいったい何をする場所やと。皆さんはそれぞれクラブのドクターや。皆さんは何の権限がお持ちですか？」

「何もないですよ」

「解せないのは、僕は何回も言いますが、フロンターレはなぜ言わないのか」

「知りませんよ。川崎の人間ではないのだから。うち（サンフレッチェ広島）やったらやってますね」

「なら皆さんは忠告すべきですよ。後藤はＤＣ委員会とケンカしたらえんや。俺はシロやと」

「チェアマンはケンカをやれということですか。実際には7月22日に後藤さんは青木先生に向かって立ち上がったのを皆で止めたんですよ。その後、いろんな事件が起こっているんですよ。点滴をすれば良くなる選手が、それをするとドーピングにされるということで体調をどんどん悪化させている」

「だからね、僕は情けない人だと思うわけですよ。なぜ堂々とやったらええやないか」

「僕たちはやっていますよ」

「違反をしているんや」

「していませんよ」

「こういう新聞が出るのが気に食わないんや。治療を躊躇したとはどういうことや」

「我那覇は病気だったんですよ。でも、『水が飲めて練習できていたのに点滴をした』と言われてドーピングになったんですよ」

「残念ながらそれは僕は反論できないよ。お医者さんじゃないし」

「今回の誤った適用で、治療ができなくて選手が肺炎になったこととかあるんですよ。絶対的なものしか許可しないなんてＷＡＤＡは言っていません。このままではＷ杯に行っても今後、日本の選手だけがまともな治療が何もできなくなってしまいますよ。風邪をひいても点滴ができない。それは困るというんですよ」

「それはＦＩＦＡもＷＡＤＡも成文化していない」

「書いてありますよ」

「だからね、それは今後のことで。皆さんは青木さんとうまくいくようにしないとね。今後のことは、まあそれは全く異論はない。ただやり直せというのは皆さんが言うんじゃない」

「うん？　誰が言うんですか？」

「フロンターレですよ。なぜ皆さんが言うのか。フロンターレの問題でしょ」

「誰も言わなかった場合、無実の人間がクロになっているのを見過ごせないからですよ」

「それは違うよ。では何でこんな大きな声で言うのっていうことですよ。直接喧々諤々《けんけんがくがく》やったらいいんじゃない」

「Ｊの内部だけでは変わらないからです」

「今後は変えるよ。でも過去のことは変えませんよ」

「申し訳ないですけど、僕たちが言っているのは僕たちの基準ではないんですよ。ＷＡＤＡの基準なんです」

「ＦＩＦＡとＷＡＤＡが仲良くなったらしいというのはあるらしいですが。自分が正しいと思うんなら、後藤が自分で闘え。周りばっかりが動いている。それでマスコミに出る」

「マスコミについては重々分かっていますよ。でもあれだけ後藤先生の名前が全国で出てしまったら、名誉回復のためにマスコミで報道してもらうしかないじゃないですか」

「今の問題はフロンターレの問題ですよ」

「後藤ドクターは闘うと言っていますよ」

「でも選手は言っていないじゃない。皆さんも文句はあるけど、裁判をするのは嫌やと書いたるがな。それから青木先生に対して辞めろというのはおかしいんじゃないか。先生方は辞めろという機関じゃないでしょう。来る文書、全部一緒なんだよ。これこれしかじかで騙《だま》された。青木を辞めさせてほしい。それ勘弁してくれや。フロンターレの仕事や」

　以降も議論は堂々巡りのままであった。

　羽生は、これは何のためのアクションなのか、我那覇の処分はもう終わっているじゃないか、後藤先生の名誉のためというなら後藤先生はクビになっていないじゃないか、と言う。

これに対して寛田と仁賀は、我那覇にクロの記録が残ったということは後藤先生にも汚点が残るということじゃないかと反論した。刑期が済んだからといって冤罪のままで良いはずがない。

人を裁くということの重みを考えれば、そもそも間違ったルールで裁いたわけであるから、裁定をし直すべきであった。しかし、鬼武は、我々は今回のことで学習したのでこれからは変えるが過去のことは変えないと言う。では我那覇は学習したことの犠牲者にしてよいのか。

とにかく鬼武は当事者であるフロンターレが裁定のやり直しを求めるのなら受けるが、当事者ではないので受けないの一点張りであった。寛田と仁賀は平易な言葉でゼロから論理立てて説明しているが、鬼武は理解しようとしない。強弁して言葉に困ると、僕は医者じゃないから分からない、と言う。要望書を何度も読み込んで、結果ドクターを支持した清水エスパルスの早川などとは対極の振る舞いであった。

この非公式の会合は、話し合いというよりも鬼武がドクターたちの行動こそが問題だと、怒りをぶつけるという形で終わってしまった。

羽生は「この二人は一般の企業人として常識はないのですが、サッカーは本当に大好きなんですよ」と鬼武に言っている。

フォローのつもりなのであろうが、価値観の相違をここに見る。羽生は自らが一般の企業人としてのアイデンティティーに重きを置く者だが、寛田と仁賀は企業人である前に医者であった。

約束は反故に

9月21日。7月22日の会議後にJFAの田嶋からWADA規程運用について照会を受けたFIFAの医事委員長もついに回答を出した。回答者は青木が個人的にメールでやりとりをしたジリ・ドブシャクであるが、今回はFIFAのレターヘッドに記された署名付きの公式回答であった。

「静脈内注入の正当な適応については、既に十分に文書にまとめられており、さらに議論する必要のないものである。TUE申請も必要ない」(the legitimate indications for intravenous infusions are well documented and should normally not require further discussions, and also no TUE application.)

既に十分に文書にまとめられており(現場のドクターが正当と認めた点滴については)TUE提出の必要がない。

7月22日の会議で田嶋専務理事が明確にしないと前に進まないので確認させてほしいと言った二点の事項が、当然のように、正式にFIFAからドクター側の主張を肯定する形で返ってきた。

しかし、10月9日付で鬼武チェアマンの名前で理事、監査、J1、J2実行委員、ドクター宛てに発信された文書では、「FIFAの回答文書の中から変更について検討すべき要素が見出《みいだ》せないので川崎の制裁については変更しない」と結ばれていた。

青木は、FIFAに確認してこの二点がチームドクターたちの言うとおりであったら自分が間違えていたことを認めると、7月22日の会議で発言していた。しかし、そこで結ばれた約束が反故《ほご》にされてしまったのである。

IF（国際競技連盟）であるFIFAが明確に我那覇の裁定を取り消せと書かないのはある意味当然であった。そもそもFIFAは各国のアンチ・ドーピング機関が行なった裁定を審査、調停する機関ではないのだから他国内の紛争に介入する機能は有しておらず、そのために一般論で返さざるをえないからである。本来であれば国際大会でもない国内の練習中に起こった事件を解決できずにIFに問い合わせること自体、Jリーグには自浄作用がないと喧伝《けんでん》してしまうような恥である。FIFAにすれば、今さら何をやっているんだというところで、回答の「静脈内注入の正当な適応については、既に十分に文書にまとめられており、さらに議論する必要のないものである」からもそれは読み取れる。しかしFIFAが踏み込んでこないことで、鬼武はそれを逆手に取った。

チェアマンは話し合いの経緯や論理、またその背景にあるアスリートを加護する医療の倫理や哲学を無視し、ただ「見出せない」と強弁するのみであった。何のための会議であったのか。何のためにFIFAに問い合わせたのか。ドクターたちは無力感に襲われた。

JSAAへの申し立て

後藤の心痛も極まった。後藤は5月以来、医者としての存在価値をズタズタにされるような圧力を、直接、間接的に受け続けてきた。

契約者会議の席でフロンターレの庄子強化部長にJリーグの小竹理事が「後藤をさっさとクビにしろ」と怒鳴りつけたという件は先述したが、他にも5月19日付の読売新聞に自らの治療が正当な医療行為であったことを訴えたコメントが掲載されると、クラブの上層部から、「勝手に取材を受けるな」と叱責された。JADAの方から潔白であるという回答が出てからは風当たりも多少弱くはなったが、それでも白眼視は続いていた。

後藤は自分の潔白を信じて微塵《みじん》も疑わなかったが、結果的に自分の治療行為で我那覇に汚名を着せてしまったことを、心底悔やんでいた。我那覇の汚名を濯《すす》ぎたい。しかし、絶対に彼を紛争に巻き込んだり表に出してはいけない。完全に縁を切った状態で5月以降、一切の連絡を絶っていた。自らがJリーグに対してアクションを起こした際、我那覇と連絡を取っていたことが露見すると少なからず彼に迷惑がかかると懸念したからであった。後藤の代理人として就いた境田弁護士もまた弁護をするにあたり、当事者である我那覇に話を聞きたいという思いは強かったが、やはり我那覇の立場を勘案して後藤に同調していた。

7月22日の会議で論点として確認し合った事項についてFIFAからの回答が来ても、鬼武チェアマンは裁定を覆さなかった。

出向元の関東労災病院の岩噌《いわそ》弘志医師（世界体操連盟国際医事委員）は、こんなもの絶対にシロなのだから、他のサッカー選手のためにも絶対に屈してはダメだと励ました。後藤に残された道は、JSAA（日本スポーツ仲裁機構）への申し立てをするしかなくなってしまった。

しかし、その場合、障害になるのが後藤の所属する川崎フロンターレであった。武田社長は後藤に対し、仲裁機関に申し立てをするのならクラブを辞めてもらうという要求を出していた。本来であるならばともに闘うべきクラブが大きな枷《かせ》となっていたのである。

Jリーグ側は当初、この紛争案件の仲裁を考えるなら、CASに持っていく以外ないと考えていた。

2003年にできたJSAAは、日本においてスポーツ選手と競技団体のトラブルを仲介する唯一の独立機関であったが、そのスポーツ仲裁規則によれば、競技団体というのはJSAAを設立した（すなわち資金を出した）JOC、体協（日本体育協会）、そして障害者スポーツ協会およびその加盟、準加盟団体を限定していた。これで言えばJOCに加盟している日本サッカー協会は含まれるが、その傘下にあるJリーグは対象外となるのである。7月22日の会議で田嶋専務が発言していたのは、この規則を踏まえてのものであった。

ところが、ほとんどの関係者が知らない間に変化が起こっていた。7月10日の理事会でJSAAは規則の改変を行ない、競技団体とは「JOCに加盟、もしくは準加盟または傘下の団体」という定義になったのである。これでJリーグも仲裁を受ける対象の団体となった。

少しJSAAの仲裁について説明しよう。

この機構の仲裁に申し立てができるのは、競技団体が下した決定に対して不服のあるアスリートであって、その逆はない。元来が弱者であるアスリート個人を救済するために設立されたもので、その意味では行政訴訟のようなタイプの仲裁といえよう。

かつて競技団体は、異議のある選手に対して組織内部で黙らせて解決をしてきた。しかし、時代とともに選手も自立し行動する。もはや協会の上層部の言うことであっても、納得できないことには黙っていられない選手が出てきた。

代表的な例が水泳の千葉すずである。シドニー五輪の選手選考で自らが選ばれないことを不服としてCASにまで提訴をした事件は、広く世間の耳目を集めた。結果的にこれは訴えられた水泳連盟が勝つのであるが、あまりに膨大な費用がかかったために、以後このような紛争は国内で裁けないのかという声が大きくなった。

実は、JSAA設立についての検討は千葉すずの事件が起こる以前から始まっていたのであるが、たまたまこの事件が起こったことでアウトソーシングできる仲裁機関の必要性がクローズアップされ、一気に設立が早まった。付記するならば、もともとJSAAはアンチ・ドーピングの機運が高まって検討が始まったものなので、選手選考というよりもドーピング問題の方が本筋の機構であった。まるで図ったかのようなタイミングで、後藤がJSAA仲裁に申し立てができるようになっていた。JSAA機構長の道垣《どうが》内《うち》正人はこの規則改変の理由についてこう語った。

「この改変は、我那覇選手の件とは直接の関係はないんです。ただ、タイミングというか、傘下を含むというのは一般論として以前からやりたかったんですよ。JSAAに相談に来られても加盟、準加盟でないといけないとなると、かなりのトップクラスの選手しか対象にできなくなる。

例えば少年野球の世界なんかでひどいことが行なわれていても、それでは対応できない。それはスポーツ界として良くないんじゃないか。たとえレベルがトップではなくても救えばいいじゃないかと私は以前から言っていたんです。しかし、限られた資産、資源の中で、いきなり手を広げても無理でしょうという声もあって、当初は加盟、準加盟と限定していたわけです。それをようやく私が傘下も入れましょうと理事会にかけて、2007年7月に改変したというわけです。おそらく周囲はこのことがどれだけインパクトがあることか分かっていなかったと思います」

偶然が重なったというわけである。JSAAへの申し立て期限は処分があってからの半年間ということで、タイムリミットは11月6日。もう直前に迫っていた。

後藤は熟考した上で、代理人の境田に決意を語った。自分は職を辞しても闘う覚悟を決めた。ただこれは、決して自分ひとりのための闘いではない、我那覇の名誉のためであり、また川崎フロンターレの名誉のためであると宣言した。境田はその意味を深く理解した。

本来であるならばドーピング違反の汚名を着せられたクラブ、選手、ドクターの三者が共闘して事に当たるべき事態であるのだが、川崎フロンターレの上層部はそれどころか、小竹理事の発言に代表されるようなJリーグからの圧力を受け、後藤に対して仲裁申し立てをするなら辞任をしてもらうと迫っていた。我那覇とはあえてこちらから連絡を取っていない。孤軍である。

それでも後藤はフロンターレというクラブを、我那覇を、心底愛していた。明らかに裁定が間違っていることが分かっているのに、見て見ぬふりをすることは、自分にとって大切なサッカーに嘘をつくことになる。実際に自分が取ろうとするこのアクションは、彼らの名誉回復に不可欠であると固く信じていた。後藤はJSAAに仲裁を申し立てる決意を表明する。

11月3日付の東京新聞はこのように伝えている。

「J1川崎の我那覇和樹(27)にビタミン入りの生理食塩水の点滴をした川崎の後藤秀隆チームドクターが処分取り消しを求めて日本スポーツ仲裁機構(JSAA)に申し立てを行うことが2日分かった。5日に申立書を提出し、代理人が記者会見する。Jリーグが申し立てを受け入れれば、JSAAがドーピング紛争を扱う初めてのケースとなる」

メディアに出たことで、クラブ上層部は5日の申し立てを押しとどめようと後藤のもとに電話を次々にかけてきたが、後藤は出ようとしなかった。辞任を覚悟した以上、いかなる説得を受けても結論は変わらない。

いったい、社長は何を恐れているのか。誤ってクロと認定されたものをきっちりとシロと認めさせることが何よりフロンターレのためであると信じていた後藤にすれば、それらの工作に応じる気持ちは全くなかった。後藤は一切の連絡を絶ち、猛烈な勢いで申し立ての準備を進めていった。

ひとつ問題があった。仲裁は裁判ではないので、仲裁合意といって、あらかじめ判断に従いますという合意が必要であった。いくつかの競技団体は自動受諾、すなわち申し立てがあれば必ず受けるという手続きをしていたが、サッカー協会はこの自動受諾手続きをしていなかった。

後藤が川崎フロンターレでの職を辞して申し立てをしたとしても、Jリーグが受けなければ全くの犬死にになってしまう。鬼武チェアマンは寛田、仁賀と面談した際、後藤に対して、闘うならひとりで闘え、それならば受けてやるとも言った。その言葉を信じるしかなかった。

後藤は、11月5日にＪＳＡＡに仲裁申し立てを実行した。申し立てに対する回答の受付は1週間後となっており、これにより、Jリーグは11月12日午後2時に、受諾か否かの発表をすることになった。後藤は準備を進めた。

しかし、期限の直前、仁賀はJリーグの内部から、Jリーグがペナルティを科した当事者である我那覇とフロンターレが仲裁を望んでいないことを理由に、この申し立てを拒否する方針であることを知らされた。

第5章　我那覇への手紙

最後の賭け

チームドクターたちは、またも絶望の淵《ふち》に立たされた思いだった。

川崎フロンターレは後藤がＪＳＡＡへの申し立てを表明した直後の11月7日、ホームページ（ＨＰ）に「ドーピング問題および仲裁申立てに関する見解」というタイトルで、仲裁の申し立てにはクラブとして加わらない旨を発表していた。以下、抜粋である。

「現段階において当該静脈注射を打った行為が合理的な医療行為ではなかったという判断が出される可能性を否定できない以上、クラブとしましては我那覇選手を守るためにこれ以上争うことは妥当ではないと判断し、最終的にJリーグの処分に従うという結論に達しました。つまり、仲裁申し立てをなした結果、最終的に静脈注射が合理的な医療行為でないと判断された場合、国際サッカー連盟（ＦＩＦＡ）、世界アンチ・ドーピング機構（ＷＡＤＡ）等から我那覇選手に対し、独自の追加処分（出場停止1〜2年）が下される可能性を否定することはできません。クラブとしては、我那覇選手の選手生命を脅かす処分が下るかもしれないというリスクは、どのようなことがあっても回避しなければなりません。以上のような事情により、クラブとしては前述した結論に達しました。後藤ドクターはクラブの考え方に理解を示した上で、チームを離れ独自の立場で手続きを進めるとおっしゃっていました」

要約すれば、クラブとして仲裁に申し立てをすると、軽い処分で済んでいたものが、藪《やぶ》から蛇を突《つつ》いてしまってもっと重い処分を我那覇が科せられてしまうかもしれないのでJリーグの処分に従う、後藤ドクターはチームを離れたので勝手に闘う、ということである。

しかし、これは詭弁である。7月と9月にJADAもWADA（WADAに照会した上での遠藤利明常任理事の回答）も我那覇の治療はドーピングではないという見解を公式に出している。追加の処分があるはずがないし、すでにクロ扱いをされて違反歴が付いているわけであるから、しっかりとした再審査を行なってクロがシロになることはあっても、クロがさらに重い処分になるということは理屈に合わない。クロならば、過去の例から見てWADAのように厳しい機構はとっくにCASに訴えているはずである。我那覇を守ろうとするのならば、むしろ誤った適用で付けられてしまった違反歴を消す方が重要で、そうしないと万が一でももう一度違反を起こしてしまえば2度目の違反は永久追放であるから、完全に競技者生命を絶たれてしまう。危険を回避するというなら、これを消すことが何よりも優先されるはずであった。

仲裁申し立てをすれば、我那覇にとっては潔白の証明こそされ、不利益になることは何ひとつないのである。それでもフロンターレはJリーグの処分に従うと言う。サンフレッチェの寛田はこのHPを見て、うちならば闘うのにと周囲にこぼしていたが、他チームの実行委員たちも同様の感想を持っていた。清水エスパルスの早川、大分トリニータの溝畑宏なども経営者の立場から、なぜ川崎さんは立ち上がらなかったのか、と義憤を漏らしている。

仁賀は、我那覇のことを考えた。

川崎が処分に従うという公式見解を出した以上、クラブに所属する我那覇はその成り行きに従うしかない。しかし、事の真実を果たして我那覇がどれだけ知っているのか。

後藤があえて我那覇との一切の連絡を絶っていることを仁賀は知っていた。自身が罪を犯していないにもかかわらず、それを説明してくれる人間が周囲におらず、自身に関わる真実を知らないまま一生が決まる決定に従わざるをえないそのことを思うと、本当にそれでいいのだろうかと考えずにはいられなかった。

一方で、仁賀たちはずっと我那覇をこの紛争に巻き込まず、自分たちが努力してJリーグの内部で裁定のやり直しをしてもらうことを目指してきた。チームドクターとして選手の立場を考えると、選手をピッチの外の争いに参戦させることはなんとしても避けたかった。

６試合の出場停止処分の時期も過ぎ、あとはプレイに集中させるべきではないか。一部にはこの問題をドクター間の権力争いというふうに矮小化して伝える向きもあり、真実を告げることでシーズン中の彼を混乱させてしまわないか。

それでも最後に考えたのは、伝え聞く我那覇が可愛《かわい》がっているという幼い子どものことであった。物心ついた頃からサッカーが大好きで幼稚園で毎日ボールを蹴っているという。このままではそれが濡れ衣であったにもかかわらず、父親がその大好きなサッカーにおいてドーピング違反をしていたと記録が残ってしまう。

この少し前、仁賀は後輩の医師からこんな話を聞いていた。

「自分がチームドクターをしているチームに我那覇の友人がいて、先日、試合を我那覇が見に来ていたんです。もちろん我那覇に直接言う人は誰もいませんでしたけど、みな陰で我那覇のことを、ドーピング違反の我那覇だと言っていたんです。自分は我那覇がシロだと知っているのでいたたまれなかったです」

ここで自問する。裁定は間違いであると分かっている自分が、我那覇の人生が決まるのを黙認してしまってよいのか？　否。やはり我那覇のためにも、我那覇の家族のためにも、すべてが決まる前に真実を知らせ、その上で我那覇が自身で自分の人生を決めることができるようにしなければならない。

意を決した。我那覇を何らかの方向に誘導するようなことは断じてしない。大切なことは、まず何も説明をされていない我那覇に真実を知らせることだ。その上で我那覇がサッカーに集中したい、裁定に納得するというのならばそれを尊重する。

気持ちは定まったが、では、どうやって知らせる。もう時間がない。仁賀はカレンダーを見た。神の配剤だろうか。Jリーグが受諾の可否を回答する11月12日の前日、等々《とど》力《ろき》でJリーグ31節川崎対浦和の一戦が組まれていた。ここにレッズのドクターとして試合に帯同する予定であった。タイムリミットの前日に同じスタジアムにいる。周囲の厳しい目もあって直接接触はできない。それでも、もしかすれば人を介して手紙は渡せるかもしれない。ゼロでなければその可能性に賭けよう。仁賀は外来で疲れた身体に再びムチを打った。

2007年11月11日。川崎フロンターレと浦和レッズの試合は、開始10分にフロンターレが養父雄仁《やぶゆうじ》のゴールで先制するも、32分にワシントンと交錯した伊藤宏樹がPKの判定を下され、これを決められて同点。後半はスコアが動かず、そのまま終了の笛が等々力に響いた。

我那覇は2万3000人が入ったこの試合に出場できなかった。正確に言えばベンチ入りも果たせていなかった。出場停止の間にFWのレギュラーには、ジュニーニョと、成長著しい鄭大世がその座を確固たるものにしていたのである。パフォーマンスの不調の要因すべてを5月の裁定に求めたくはなかったが、やはり6試合も試合から遠ざかると試合勘も鈍り、モチベーションの維持も困難だった。腫れ物に触るかのような周囲の視線も感ぜずにはいられなかった。

スタンド観戦をしていた我那覇は、試合が終わると重い足取りで階下に下りていった。引き分けたという結果以上に、その場に選手としていられない今の自分の現状に悔しさが募っていた。

フロンターレはホームでも試合が終わると、出場選手は一度全員がバスに乗って練習場まで行き、そこで解散となるが、メンバー以外は直接スタジアムで解散となっていた。我那覇が自分の車に向かおうとすると、「これを」と封筒を素早く手渡す人物がいた。顔見知りの、そして普段から信頼を寄せる人物であった。説明はない。

「何なのだろう？」

訝《いぶか》しがりながら手に取った。その人物はかつて仁賀が手術を施して完治させたサッカー選手であった。医師としての仁賀を慕う彼は、等々力に関係者として来ていたことで仲介役を担ってくれたのであった。我那覇は家に帰ってから、封筒を開けた。知らない人物からの手紙だった。

Ａ４で４枚にわたる内容で、１枚目の中央に、「我那覇和樹様」と記されていた。部屋の薄明かりの中で目を走らせる。書き出しは「突然の手紙をお許しください。私は浦和レッズチームドクターの仁賀定雄と申します」で始まっていた。

仁賀とは全く面識がなかった。レッズの先生がなぜ自分に、と思いながら読み進めた。紙面は、今回後藤先生が申し入れたスポーツ仲裁に関して、どうしてもご理解いただきたい点があり、手紙を書かせていただきました、と続く。

乾いた筆致で、報道などで断片的に表面化している事実を順を追って伝えている。後藤ドクターの点滴治療はドーピング違反に当たらないとして、５月以降、全チームのドクターがＪリーグに処分の撤回を求めて立ち上がったこと。後藤の治療行為は２００７年度のＷＡＤＡ規程に抵触せず、ＪＡＤＡからも、ＷＡＤＡ常任理事を務める文科省副大臣からも違反に当たらないという踏み込んだ見解が出されたということ。そして、仁賀は自分自身もそのような誤った裁定を下したＪリーグのメディカルに関わる構成員であるという自覚から、謝罪の言葉を述べていた。

「選手を守るために働くのが仕事の私たちにとって、このような明らかな裁定の誤りによって、我那覇選手が一生ドーピング違反をした選手という汚名を着せられるのは到底受け入れることはできないことです。また、今後相手チームから禁止薬物を混入されるなど偶然にもドーピング違反に問われれば、2回目は永久追放になってしまう大きなリスクを抱えることになってしまいました。私たちはこれまで、Jリーグ内部で自ら裁定をやり直すように繰り返し働きかけてきましたが、Jリーグは自らの非を一切認めず、やむなく後藤先生がスポーツ仲裁に申し立てを行なう以外道がなくなりました。私たちの力が足りず、我那覇選手に様々なストレスがかかっていることを心からお詫《わ》びします」

何を意図する文書なのか理解しかねていた我那覇も、ストイックな文面に引き込まれていった。

「明日Jリーグは仲裁の席に着くかどうかの回答を行なう予定になっています。Jリーグはこれまで私たちがどんなに裁定の誤りを指摘しても『処分を受けた川崎、我那覇選手自身が裁定やり直しを求めない限り裁定やり直しをする必要はない』と突っぱねてきました。昨日Jリーグ内部から教えてくれた情報によると、Jリーグは明日の仲裁への回答についても『処分を受けた川崎、我那覇選手自身が裁定やり直しを求めていないのに、仲裁に応じる必要はない』と回答する予定とのことです。川崎、本人が求めれば問題なく応じると言っているそうです」

以後の文面は、川崎フロンターレのホームページに出た見解について解説し、FIFAとWADAが本件について追加処分を下す可能性はゼロであるということを、マスコミに出た大きな誤解の検証とともに具体的な説明がなされていた。

「5月に青木委員長は友人のFIFA医事委員にメールで見解を求めました。その回答が、いわゆるFIFAがJリーグの裁定を是認したと報道されているものです。しかし、このメールのやりとりにおいて、青木委員長は我那覇選手が病気で体調不良であることを書かずに、ガーリック注射という得体のしれない注射を行なったように書いています。ガーリック注射の中身を問われて初めてそれがビタミンB1であることを述べていますが、それに対するFIFA医事委員の回答は『軽微な違反と考えられるが、処分は厳重注意処分で良かったのではないか』と述べられています」

「WADAは6月にFIFAに指示して、JFA経由で本事件の全ての関係書類を提出させました。その結果のWADAの回答は、『WADAは本件をCAS（スポーツ仲裁裁判所）』にはかけない』という決定でした。従って、WADAにもJリーグ以上の重い処分を科す意思はありません。もしWADAがより重い処分を望む場合は、この時点でCASへかけています」

仁賀のスポーツドクターとしての忸怩《じくじ》が続く。

「今我那覇選手はサッカーの世界で、試合に出られるかどうか、試合で結果を出せるかどうかにしのぎを削ることに日々精一杯努力していることを、私もチームドクターですからよく分かります。そして今我那覇選手の周囲で我那覇選手をドーピング違反で咎《とが》める人もいないと思います。しかし、将来選手を引退して、何か仕事を始めた時、初めて会う人に必ず『あのドーピング違反の我那覇選手ですね』と言われるのが、私たちには本当にいたたまれないことです。我那覇選手に一生ドーピング違反の罪を背負わせるわけにはいきません。そして、この間違った前例が残ると今後の全てのスポーツ選手が適切な点滴治療を受ける際に常にドーピング違反に後で問われるかもしれないという恐怖にさらされます」

最後にこの事件に巻き込んでしまった我那覇に対する思いの丈が記されていた。医師として、というよりも人間としての言葉の紡ぎであった。

「明日午後2時に仲裁機構が受付を開始する時に、Jリーグは『処分を受けた川崎と我那覇選手が裁定やり直しを求めていない。後藤医師は処分を受けていないので申し立てに同意する必要はない』という回答を提出する予定になっているようです。私たちが、我那覇選手にこうして欲しいということはできません。しかし、一番の当事者である我那覇選手には、どうかこの手紙でお知らせした内容を良く考え、一生後悔のないようにして欲しいのです。そして後藤先生が職を辞してまで求めたことも考えていただけたらと願います。どんな結論になってもお考えを尊重致します。もし、明日の昼までに、我那覇選手が『裁定やり直しを求める』ことを公表したいと自らお考えなら、私に連絡をしてください」

「人生を決めるのは、どんな結論も自らの意思であるべきです。最後に、広島の寛田先生が今夏沖縄に旅行した時に、ちょうどＪＡＤＡから『我那覇選手はシロ！』の見解が報道されました。その時の沖縄の人たちの喜びようは本当に涙がでるほどの光景だったそうです。ホテルの掃除のお婆さんまで、『やっぱりあの子はそんなことをする子じゃなかった！　沖縄の誇りだ！』と。この時のことを寛田先生は今でも涙ぐみそうになりながらよく話してくれます。我那覇選手にとって、自分自身の人生ですから決して何も強制する意図はありません。ただ、人生を決める大切な瞬間にご本人に本当のことを知ってもらった上で決断していただきたく手紙を差し上げました。どうか悔いのないようにお願いします。２００７年11月11日　浦和レッズ　仁賀定雄」

文末に仁賀の携帯番号が書いてあった。

この手紙を目にしたことは誰も知らない。仲介してくれた人物も内容は知らず全く関知していない。制裁期間は消化しているし、このままスルーしてしまえば、波風のない平穏な日常が継続される。一度も会ったことのない人間を信じられるのか。それでも我那覇の気持ちに揺らぎはなかった。全文を読み終えると、迷うことなく、文末の番号をプッシュした。

仁賀は浦和に帰るチームバスの中で、登録のない番号が着信記録に残っているのに気がついた。折り返した。初めて聞く我那覇の声であった。浦和到着後、その足ですぐさま東京へ取って返した。待ち合わせたのは、渋谷のターミナル駅に入るホテルのロビーだった。人目に触れることを避けて、仁賀は部屋を取った。

　我那覇は自分が疑問に思っていることをすべて質問した。納得したい。その思いだけだった。もしも本当に無自覚のうちにドーピング違反を犯していたのであれば、真摯に罪を贖《あがな》いたいと思っていた。しかし、5月の裁定から、今まで自分の治療の何が問題であったのか、具体的に説明をしてくれる人物はいなかった。チームドクターたちが立ち上がったのは知っていたが、すべてはメディアを通じてしか知ることができず、その行動の真偽も一プレイヤーの身では測りかねた。誰に何を聞いて良いのか分からなかった。やっと出会えた人物に次々に問いを浴びせた。

　仁賀は治療行為ではないにんにく注射の類いの静脈注射がなぜいけないのかという背景から入り、質問の一つひとつに丁寧に答えていった。ここでようやく我那覇は全貌を知ることができた。しかし、タイムリミットは迫っていた。翌日の午後になればJリーグはペナルティを下された我那覇本人とフロンターレに異論がないことを理由に、後藤の仲裁申し立てを拒否してしまう。そのロジックを覆すには、午前中にJリーグの下した裁定に対する異議を我那覇自身が外部に向けて発信しなくてはいけない。それはしかし、選手が所属する機構に向かって声を上げるという、日本サッカー史上、過去誰も行なったことのない、大それた行為とも言えた。

悩んだ末、出した結論は、サッカーに対して嘘はつきたくないというものだった。

川崎の方からは、裁定を受け入れることを前提とした謝罪と説明がそれまでにもあった。

「クラブもガナに迷惑をかけて悪かった。これまでのことは振り返らずにもう前を向いて行こう」

我那覇はそんな風に言ってくれるクラブを信じていたし、信じなくてはいけないと考えていた。ドクターたちの闘いはドクターが自分たちのために闘っているのだから、そこに近づいてはいけない、という説明をする者もいた。我那覇自身、スポーツにおいては負けず嫌いであったが、それ以外の部分では元来、人と争うことを好まない温和な性格である。「ガナが悪質な違反をするやつじゃないことは皆、知っているから、済んだことは済んだこととして」と説得されると、曖昧にうなずくしかなかった。

しかし、思い起こしてみても自分はおかしな治療など断じて受けていない。手続きのミスだと言われたが、患者の立場からすれば、本当に体調が悪いときに点滴を受けたにすぎず、あれが禁止薬物や禁止方法とはどうしても思えなかった。あの治療を受けなかったら、水も飲めなかった自分はどうなっていただろうか。けれど、誰が真実を知っているのかも分からなかった。我那覇は強い自制心で気持ちを縛ってはいたが、心底納得はできていなかったのである。それが、仁賀の説明を受けてそれまで心の中を覆っていた霧が一気に晴れていった。自分の漠とした違和感は当たっていた。

　最も仁賀に確かめたく思い、そして心が動いたのが、手紙のこの一文についてであった。

「この間違った前例が残ると今後の全てのスポーツ選手が適切な点滴治療を受ける際に常にドーピング違反に後で問われるかもしれないという恐怖にさらされます」

　杉浦の例も知った。これは、自分だけの問題ではないのだ。他のサッカー選手にも被害が及ぶ。こんな嫌な思いを他の選手にさせてはいけない。チームドクターたちが選手のために頑張っているのならば、そのために自分も声を出すべきではないのか。

　この頃の我那覇の言動を一貫性がないと批判した言説があったが、それは我那覇が、それまでに真実を知らされていなかったからである。公正な情報が入り、信念を持って心を決めると決してブレない。その意志の強さはこれ以後の我那覇の動きを見れば理解できよう。

　我那覇は、後藤の申し立てを受諾してほしいとＪリーグに希望することを決意すると、自分が最も信頼している所属事務所の人間、深井正吉《まさよし》に電話をし、明日午前中にフロンターレに行って、直接自分の意思を伝えたいので同行をお願いしたいと告げた。

　突然の電話であったが、深井は深夜の仕事をいったん中断してすぐに会うことにした。深井は医学の専門的知識については素人であり、このドーピング問題についても表層的な報道でしか知らず、駆けつけたそこで耳にしたのは初めて聞くことばかりであった。しかし、一方で深井は法学についての素養があった。事件の発端から一つひとつ、順序立てて説明を聞くと理解は早かった。深井はそれまで、この件はリーグとドクターとチームで解決すべきもので、我那覇に対しては、どんな裁定結果が出ようともそれを早く受け入れさせてサッカーに集中できるようにすることが大事だと考えていた。「悪いことはもう早く忘れよう、忘れるためにもサッカーに集中しよう」と、ハッパをかけたり、「無過失責任ということもあるんだから」と、納得させる方向で話したりしていた。

事の経緯を知り、驚くとともに悔恨の情を表した。

「自分は今まで、何も知らなかった。これは恥ずべきことだ」

深井は目の前のアスリートが置かれている状況をのみ込んだ。

ただ、我那覇の言うこの道を選択して、様々な意味で今後の選手生命にリスクはないのか？　頭を大きな懸念がよぎった。裁定にすぐに従ってしまうような姿勢のチームがこの声を容易にリーグに伝えてくれるのか？　門戸は開かれるのか？　そのことで後難はないのか？

「これは簡単なことではないけれど、それでもチームに話す？」

しかし、我那覇は今、サッカー選手としてのみならず、人間としてどうありたいのか、自分で決めていた。深井の慎重な問いかけに「はい！　お願いします！」と即答した。

この事件に巻き込まれて以来、島んちゅストライカーが初めて見せたきっぱりと淀《よど》みのない表情と張りのある声。深井は、ああ、ガナは納得したときにこういう顔をするやつだった、とあらためて思い出した。ガナはずっと闇の中にいたのだ。こうしなければ前には進めないのだ。

「ドクターはドクターのためとかでなく、いや、もしそうだとしても自分や選手のためにも、頑張ってくれているんだと思うんです。そうしたら、自分はドクターたちのために、何かしなきゃいけないいんじゃないですか？」

実際、議事録や意見書などを見ればドクターたちが自分たちの私利私欲で動いているわけでないことは明らかであるが、我那覇はそれらを読まなくともずっと自分を診てくれていた後藤からその意志を感じとっていた。

そういうドクターたちの姿勢が分からない人たちが言ってくる「ドクターはドクター自身のために闘っている……」という言葉自体に、以前から違和感があったのである。

深井は深夜の仕事を急遽《きゆうきよ》変更し、フロンターレに同行する準備に入った。翌朝、社内の関係者に前夜のことを伝え、我那覇に同行することの了承を得ると、パートナーの山本忍を伴って川崎のクラブハウスに向かった。山本もまた我那覇を精神的に支える存在であった。

我那覇の意思

２００７年11月12日午前。我那覇と深井は川崎フロンターレのクラブハウス前で落ち合った。用件については事前に深井が伝えてあった。

我那覇は、後藤の仲裁申し立てをＪリーグが受諾することを望む意思を明確に発信した。昨夜のことを知るよしもなく、従順と思われていた我那覇のいきなりの変貌に川崎側の驚きは小さくなかった。深井が来ていたことで、この男がおとなしいガナをたきつけたのだとの誤解をした職員もいて、以降、深井は川崎に行くたびに針のむしろのような環境に置かれるが、何も話さずひたすら冷たい視線に耐えていた。時間をかけての話し合いの末、川崎の担当は、「Ｊリーグに伝えてみる」と言い、席を外した。午前中であった。

しかし、動きだした歯車は止まらなかった。Ｊリーグは同12日午後2時にＪＳＡＡに対し、申し立てに合意しないことを文書で返答した。同時にマスコミに会見した鬼武チェアマンは、処分された川崎と我那覇が裁定やり直しを希望していないので、処分されていない後藤医師の申し立てを受ける必要はないとコメントした。

13日、各新聞はいっせいに「Ｊリーグ仲裁不同意」と伝えている。後に、ここの行き違いを、川崎は確かにＪリーグに我那覇の意思を午前中のうちにファックスで伝えたと言い、Ｊリーグ側はチェアマンの会見前には届いていなかったと主張。水掛け論になっているが、結果として我那覇の大きな決意は報われることなく空振りに終わってしまう。独自に鬼武チェアマンを取材した東京新聞はこう報じている。

「鬼武健二チェアマンは、合意しなかった理由について『当事者であるＪリーグと我那覇選手、川崎との間で解決済みの問題』とし、処分を科していない前ドクターは当事者でないことを強調。紛争解決を行なうＪＳＡＡの仲裁対象には当たらないとの認識を示した上で、『ドーピングか否かを問うのであれば、国際サッカー連盟（ＦＩＦＡ）に申し立てるのがふさわしい』と説明した」

ここに及んで鬼武チェアマンはＦＩＦＡが各国のアンチ・ドーピング機関が下したドーピング違反の裁定の仲裁をする機関ではないということを理解していなかった。具申をしない側近にも責任があるのであろうが、鬼武はドーピング問題を扱う最高責任者としては、あまりに知識が欠落していた。本来ならば、資質を問われてもおかしくないコメントであったが、メディアは言及をしていない。軒並み〝客観報道〟の中、唯一、沖縄タイムスが、「決断疑問」という見出しで矛盾を突いている。

「Jリーグの鬼武チェアマンは我那覇のドーピング禁止規程違反で、ドーピングコントロール委員会と制裁を決めたアンチ・ドーピング特別委員会のメンバーの多くが重複していたことなど、手続き面で『Jリーグの組織が完璧でなかった』と認めた。その上で違反判定の『結論は変わらない』と強調した。関係者に懲罰を与えるドーピング違反を扱う手続きに不備があることは重大な問題ではないのか。それでもJリーグが自らの判断に自信を持っているならば、仲裁の場で主張するのが当然だろう。申し立てを受け入れない主な理由に後藤医師が処分対象でないことを挙げたことは、説得力に欠ける。Jリーグは5月に処分を下した際に、『ドクターの責任は重大である』と指摘しており、違反にかかわったとされた後藤医師は当事者と考えるのが自然だ」

Jリーグは仲裁を受けなかった。職を辞した後藤の覚悟は空転した。

後藤の仲裁申し立て受諾をJリーグに望む我那覇の声が各紙に載ったのは、1日が経過した14日であった。最も大きなスペースを割いたのは日刊スポーツ。

「我那覇がドーピング問題の仲裁不成立に涙で訴え」

1810字の記事の中では、

「川崎Ｆは事前に本人の意思を確認し、処分を受け入れて、事態を収束させる方向でまとまっていた。だが、我那覇は『納得できないでモヤモヤしていた。この場で言わないと、一生後悔すると思ったので発言しました』とコメント。12日午前に、チーム側に意思を伝え、マネジメント事務所関係者を交えてクラブハウスで会談していた。川崎Ｆは７日に、仲裁申し立てをしない理由を公表。申し立てた場合、国際サッカー連盟（ＦＩＦＡ）、世界アンチ・ドーピング機構（ＷＡＤＡ）から我那覇に独自の追加処分（出場停止１～２年）が下される可能性があるとし、我那覇のために、リスクを避けると説明してきた。しかし、我那覇は『僕はそれ（出場停止）を覚悟してやっていきたいと思う。チームと対立はしたくない。チームが意見を聞いてバックアップしてほしい。もう一度、仲裁の場があればいいし、白黒はっきりさせたい』と続けた。話しているうちに涙を流し、声を詰まらせながら、自分の考えを絞り出した」

同日、我那覇は自ら文書を作成し、関係者に配布した。自分の言葉を自分で記した朴訥な文面であった。

関係者の皆様

さる５月８日、自分に下された裁定や処分の内容はよく理解しています。これまで何度も、納得しよう、忘れようと努力してきました。一方で、色んな報道や、今回の仲裁申し立てを見て、自分がドーピング違反を犯したとは、どうしても思えなくなりました。ギリギリまで悩みましたが、自分は違反をしていないんじゃないかという気持ちを持っていた事や、たとえ自分により大きな処分が下るリスクが有っても、今回の仲裁の場を通じて、本当に自分がドーピング違反を犯したのかどうかが明らかになって欲しい気持ちを持っていたことを、今言わないと一生後悔すると思い話しました。家族にもサポーターにも胸を張って生きていけるよう、この機会に意思を伝えようと思いました。自分の本当の気持ちを確かめるのに時間を要し、Jリーグ及び関係者の皆様をお騒がせしてすみませんでした。今後どうするかは、具体的には決めていませんが、クラブと充分話し合って行きたいと思います。もし、今回の仲裁のような機会が訪れるなら、是非真実が明らかになって欲しいと思っています。チームが自分の事を考えて下さっていることも有り難く思っています。これまで通り、Jリーガーとしてフロンターレの一員として、チームのために頑張っていきたいと思っています。

２００７／11／14　川崎フロンターレ　我那覇和樹

ブログなどでサポーターに向けて近況を報告するのとは全く異なり、声明文というべき性格のものを書き上げることには慣れていない。漢字の開きが少ないことからもパソコンに慣れていないことがうかがえる。しかし、借り物の言葉ではない本音の覚悟がそこには滲み出ていた。問題が飛び火することを考え、あえて他の選手の医療のためにも、とは一行も書かなかった。

国会質問

我那覇が仁賀からの手紙を読み、決意を固めたのと同じ日。このドーピング問題に大きな関心を寄せる一人の国会議員が、議員会館で資料と格闘していた。

この愛媛県選出の議員の名前は友近聡朗《ともちかとしろう》、元Jリーガーであった。愛媛県立南宇和《みなみうわ》高校時代に大木勉《すすむ》（後にサンフレッチェ広島）と2トップを組み、高校選手権でベスト8、早稲田大学に進学して卒業後はイビツァ・オシムを日本に呼んだ祖母井秀隆《うばがいひでたか》の紹介でドイツの下部リーグでプレイをしている。2000年に帰国してからは、当時JFLであった故郷の愛媛FCで現役生活を続けてJFL優勝、J2昇格に大きく貢献している。

友近は奇《く》しくもJFAハウスで青木DC委員長とチームドクター連絡協議会が対峙した会議から1週間後の2007年7月29日、第21回参議院議員選挙において無所属で出馬し、現職を破って初当選を果たしていた。

我那覇と後藤ドクターの名誉回復が遅々として進まぬ中、サッカーのことで憂えることがあるのならば友近だと、寛田に当時32歳のこの1年生議員の存在を教えた人間がいたのである。寛田が友近に連絡を取ると、「先生、僕はベン（大木勉）の同級生なんです。サッカー界のためになることならお話を伺います」と積極的に申し出てくれた。

都内のホテルで寛田は友近に膨大な資料を渡し、事件の概略を話した。

友近は11月15日に行なわれる参議院文教科学委員会の質問に立つことが決まっていた。当初は寛田に「先生、お気持ちはよく分かるけど、初めての国会質問をするのにいきなり自分が所属していた組織に異議申し立てをするのはやりづらいです」と言っていたが、持ち帰った資料を三日三晩、徹夜して読み込むうちに気持ちが変わっていった。知れば知るほど、資料を集めて学習すればするほど、「これはどう考えても我那覇はシロじゃないか」と考えるに至ったのである。

Jリーグの規約も取り寄せて調べてみると、スポーツ界で比較的紳士的でオープンと言われているサッカーが、「チェアマンの下す決定はJリーグにおいて最終のものであり、当事者およびJリーグに所属するすべての団体および個人はこれに拘束され、チェアマンの決定を不服として裁判所その他の第三者に訴えることはできない」（Jリーグ規約165条）という、日本の司法が及ばない独裁規程を持つことにも気がついていった。

自分が選手のときはあまり関心がなかったが、離れて客観的に見ると、この組織はガバナンスが利いているとは言い難い。初めての国会質問で古巣にケンカを売るようなことは確かにしたくなかったが、「義を見てせざるは勇なきなり」であった。人間として、Jリーガー OBとして無実だと思う我那覇をこのまま見殺しにはできない。幸いにして、と言うべきか、友近は選挙中、対立候補に「サッカー選手がゴールポストに頭をぶつけておかしくなった」と揶揄《やゆ》されたが、決してJFAの後ろ盾を得て議員になったわけではない。公正にものが言える。

やがて、13日になると、鬼武が後藤ドクターとのJSAAへの申し立てを受けないという報道が伝わってきた。

「常日頃フェアプレイを掲げているJリーグの偉い立場の人が、正々堂々と仲裁の場に着かないのはおかしいじゃないか」との義憤にもかられた。

いよいよ国会質問を翌朝に控えた14日夜、スポーツニュースにチャンネルを合わせると、浦和レッズがセパハンを2対0で破ってACL制覇を果たした映像が飛び込んできた。

大きな歓喜に沸く埼玉スタジアムの様子を見て顔を綻ばせつつ、友近は我那覇の現状に思いをめぐらした。面識はなかったが、誠実な性格は伝え聞いている。あの男をまたこういう舞台に戻すことが、サッカー界のOBの責務ではないか。愛媛FCのサポーターたちからズーパー（ドイツ語でスーパー）と呼ばれた友近の正義感に火がついた。Ｊリーグを愛すればこそ、間違ったことは是正させなくてはいけない。国会質問を翌日に控え、改めて勇気を身にまとった。

２００７年11月15日、友近は初めての国会質問に臨んだ。1年生議員らしく、冒頭は自己紹介から始めた。

「おはようございます。民主党・新緑風会・日本の友近聡朗です。先般の参議院選挙に愛媛選挙区から初当選させていただきました。Ｊリーガーから初の国会議員ということをお伺いしております。昨日、浦和レッズが（アジア・チャンピオンズ・リーグで）優勝したので、私も大変うれしく思いながら今日初質問に立たせていただきます。ロスタイムまで全力で頑張りますので、よろしくお願いいたします」

友近はスポーツ振興くじ＝ｔｏｔｏについての質問から始めた。

「サッカーくじ事業全体について、これまでの実績を踏まえ、どのように評価しているでしょうか。あわせてスポーツ振興助成に支出される金額は減少し続けておりますけども、その理由について文部科学大臣の認識をお伺いしたいと思います」

文部科学大臣の渡海紀三朗《とかいきさぶろう》が答弁に立った。

「若いＪリーガーということで友近議員が来られた。やっぱり、国会の議論というのは、いろんな層の方が世代を超えて参加をされ、また、いろんな経験のある方が来られるという意味で、スポーツの政策についてこれからも大いに議論をさせていただきたいというふうに思っております。楽しみにしております」

野党（当時）とはいえ国会に来たＪリーガーを歓迎する挨拶でまず迎え、以降は経営体質、財源について具体的に答えていった。友近はさらに、りそな銀行への業務委託料未払い問題、スポーツ省設置の意義などに言及し、大臣もしくは政府参考人がそれに答えていくというやりとりがしばし続いていった。初めての国会質問とは思えない、堂々とした振る舞いであった。持ち時間の後半にさしかかる頃、友近はおもむろに質疑の論点を我那覇の問題にシフトさせていった。

友近「ありがとうございました。ｔｏｔｏＢＩＧが発売になって売り上げが増えていますので、是非とも助成金額はスモールにならないようにご要望を申しまして、次の質問に変えさせていただきたいと思います。渡海大臣は、今臨時国会の挨拶の中で『国際競技力の向上に努めるとともに、国際的なドーピング防止活動にも積極的に取り組みます』と述べられていますが、このご発言にお間違いがないか確認させていただきたいと思います」

渡海紀三朗大臣「間違いはありません。そして、今、実はＷＡＤＡ、世界ドーピング機構の２年に１回の会合がマドリードで開かれておりまして、松浪《まつなみ》（健四郎）文科副大臣（遠藤利明氏の後任）はそれに出席をいたしております。アジアの理事も松浪さんにやっていただいております。私も5年前にちょうど副大臣のスポーツ担当のときに同じ職にあったわけでございます」

渡海はアンチ・ドーピングについて我が国はしっかりと取り組む、そのためにＷＡＤＡはもちろん日本の機構も整えてその考えをしっかりと根付かせると強調した。アンチ・ドーピングに対する取り組みに対してしっかりと確認を取った上で、友近は伏線を張った。

「文部科学省の方では平成19年5月、今年の5月ですけれども、スポーツにおけるドーピングの防止に関するガイドラインというのを策定し、周知しております。もし資料をお持ちでしたら、第1章の3、ドーピング防止活動の推進体制のところを読んでいただくことは可能でしょうか」

これには政府参考人として文科省の樋口修資《ひぐちのぶもと》スポーツ・青少年局長が対応し、該当箇所を読み上げた。

樋口「今、ご指摘の第1章3のところには、文部科学省といたしましては、我が国のドーピング防止活動を一元的に行なうために、国内ドーピング防止機関として財団法人日本アンチ・ドーピング機構（ＪＡＤＡ）を指定をすると。そして文部科学省は、ＪＡＤＡ、この日本アンチ・ドーピング機構のドーピング活動に対して必要な支援を実施するということを盛り込んでいるところでございます」

これで文科省はＪＡＤＡが日本で唯一の権威あるアンチ・ドーピング機構であるという公式見解をこの場で示した。友近は重ねて念を押す。

「（文科省の）ホームページの中でもドーピング防止活動推進支援事業をＪＡＤＡに委託して実施していますということが明確に書かれていると思います。この内容のとおり、ＪＡＤＡは文科省が認める機関であるということが分かると思います」

　ここでたたみかけた。

「そこでお伺いいたします。先ほど大臣の方からＪリーグのお話が少しありましたけれども、本年5月、Ｊリーグで初めてのドーピング違反により、選手、まあＡさんとしておきますが、選手Ａが出場停止になり、当該所属チームが制裁金支払いの処分を科せられました。本件は、チームドクターの治療行為、すなわちビタミンB_1入りの生理食塩水の静脈内注入がドーピング規程違反に当たるとして処分されたケースであります。

　そして、今月、つい先日ですが、元チームドクターが、選手Ａがドーピング禁止規程に違反したとして受けた出場停止処分などの取り消しを求めて日本スポーツ仲裁機構に仲裁申し立てを行ないました。それに対してＪリーグは同意しませんでしたけれども、選手ＡがＪリーグが仲裁に同意することを望んでいることも先日の新聞報道などでされております」

　我那覇という名前をあえて出さずにＡ選手としたのは友近の配慮であった。このドー

ピング問題が「我那覇問題」というふうにあたかも犯罪者であるかのように報道される
ことに我慢ができなかったのである。

「補足で申し上げますと、本件は、治療をした担当医師が提出した日本スポーツ仲裁機構への申立書によりますと、本件は、風邪と下痢で食事ができないまま無理をして練習したJリーグ選手が練習後38度5分の高熱を発し、水も飲みづらい状態になり、所属の担当医師から点滴治療を受けたことが、Jリーグによってドーピング違反に問われた事件であるという内容のものが提出されております。この裁定について文部科学省に見解をお尋ねいたします」

Jリーグが制裁した当事者であるA選手（我那覇）が望んでいるにもかかわらず、JSAAの仲裁を受けようとしない。このことをどう思うのか。単刀直入に切り込んだ。

樋口局長が答えた。

「オリンピック競技団体はJADAの規程を受け入れておりますが、残念ながら、Jリーグを主としますこのサッカー協会については、現在JADAに加盟をしていないという形になっておりまして」

当然ながら文科省もこの問題は熟知していた。JFAはJSAAに自動受諾していないので拒否することで仲裁に至っていない。その事実を述べながら、

「こういう事案が長引くということは、このドーピング（禁止）活動を推進する立場に

ある文科省としても遺憾なことだと思っておるものでございますので、この問題については関係者に対して必要な助言を行なってまいりたいというふうに考えているところでございます」

友近聡朗君、と議長が呼ぶ。友近は文科省が紛争解決に前向きな姿勢を示してくれたことに礼を述べながら治療の正当性を訴えた。

「ありがとうございました。Ｊリーグが採用しているＷＡＤＡの規程によりますと、点滴治療は現場の医師の判断で行なってよいとなっています。さらに言えば、本件はドーピング違反に該当しないという見解がＪＡＤＡの会長から７月に公表されております。先ほども申し上げましたけれども、文部科学省はＪＡＤＡを国内ドーピング防止機関として指定しております。さらに、当時の文部科学副大臣、遠藤副大臣でありますけれども、ＷＡＤＡ常任理事である遠藤利明氏が、ＷＡＤＡの見解を踏まえて、本件はドーピング違反に相当しないという見解を８月に公表しております。この一連の問題に関わるＪリーグ側の対応について文科省の見解をお聞かせください」

樋口修資君、と議長が呼ぶ。

「Ｊリーグ側といたしましては、これが医師の緊急に必要な医療行為であったかどうかについて、やはり必ずしも緊急な医療行為ではなかったということでこのような処分、チームと選手に対しての処分が行なわれたということでございまして」

文科省の担当局長までもが「緊急性」が要求されていない2007年WADA規程を熟知しておらず、問題は緊急性があったかどうかだと答弁した。青木委員長が緊急かつ合理的治療ではなかったと誤って出したリリース文書が依然として功を奏しているのであった。

少し玉虫色の官僚的な答弁が続いたが、それでも樋口は「やはりJリーグにもお話をお伺いしまして、適切に対応されるように私どもとしても指導、助言をさせていただきたいというふうに考えているところでございます」とJリーグに対して事情聴取をする意向を示した。友近の質問はゴールに刺さったが、タイムアップまでさらに前線にプレスに行く。

「本件が起きる前から、文科省の方からJリーグに対してJADA加盟を繰り返し行政指導をしていたのではないかと思います。文部科学省がドーピング防止機関としているJADA及び前文部科学副大臣がドーピング違反とは見なされないと公表した見解が無視されるのは、ある意味で文部科学省が無視されるのと同じではないかと思います。このようなことが許されてよいのか、文部科学大臣のご意見をお聞かせください」

くだけた言葉で言えば、文科省は監督官庁でありながら、しっかりとした態度を取らないからJリーグに舐《な》められていますよ、そんなことで良いのですか、といったところである。古巣に対する凛《りん》とした批判、そして大臣への挑発も兼ねている。初の質問にもかかわらず、極めて大胆な切り込みである。

ここは渡海大臣ではなく樋口局長が出た。JADAにJリーグが加盟しておらず、JADA規程を義務化させられないため独自の規程でドーピング違反を裁いている現状を踏まえ、

「私どもとしては、JADAを通じてこの間、直接的にJリーグに対して義務を履行するようにと言う関係性にはないということについてはご理解を賜りたいと思っているわけでございます」

友近は反論する。

「私の手元にJリーグの、2007年Jリーグ規約・規程集というのがありますけども、ここの第2条のところに、『本規程においてドーピングとは、世界アンチ・ドーピング機構（以下「WADA」という）および国際サッカー連盟（以下「FIFA」という）に規定されている内容と同一の定義とする』とはっきり書かれております。あと『WADAおよびFIFAが、世界アンチ・ドーピング規程を変更した場合は、自動的に変更されるものとする』ということは申し上げておきたいと思います」

友近は続けて我那覇の心情を伝えていく。

「仲裁申し立てにJリーグが合意しなかったことについて、選手Aのコメントが次のように報道されています。仲裁の場で明らかにしてほしい。引退した後の人生で汚名を背

負っていくのはつらい。この機会で言わないと一生後悔すると説明し、仲裁を希望しております」

制度上の欠点も突いた。

「また、Jリーグが下した裁定にはいくつかの問題点が指摘されていますけれども、特に、違反を摘発する警察官の役目であるドーピングコントロール委員会が違反の認定をする裁判官を同時に兼ねるという不当な違反認定で裁いたことは、Jリーグ自身も認める重大な手続きの誤りであると思います」「元チームドクターは、日本スポーツ仲裁機構に申し立てをする場合は辞職するようにとチームに迫られて、職を失ってまで今後のスポーツ界のために立ち上がりました。私もJリーグの出身の一人として、人一倍Jリーグへの愛情があるからこそ言わせていただきたいと思います。百年構想をはじめ、Jリーグの理念はすばらしいと思います。そして、青少年の憧れの舞台であるJリーグが、芝生のピッチの上のみならず、アンチ・ドーピングというピッチの上でも、全国民、全世界に向けてフェアプレイの精神を示すことを切に願っております」

「最後になりますけれども、文部科学省は、日本の全スポーツ選手を守る責務を果たすために、仲裁拒否をしたJリーグを放置することなく、厳しく行政指導して仲裁の席に着かせ、当事者が公平公正な裁定を受ける権利を実現すべきであると思います。今回の問題は日本の反薬物対策の遅れを浮き彫りにしたものだとも思います。責任を持った誠実なるご回答を文部科学大臣にいただきたいと思います」

族議員という言葉がある。いわゆる、関係省庁や業界団体から支援を受けて議員に転じて、その出身母体の権益を守るために奔走する議員である。ときに彼らの視線は大局を忘れて国民の方を向かず、支持母体の利益誘導が大きな関心事となる。分かりやすい例が経済産業省出身の議員の原発推進であろう。しかし、この友近の振る舞いはそれとは対極にあった。出身団体に対して白刃を抜いたのである。それもまたサッカーに対する愛あればこその勇気と情熱からである。

波紋は大きかった。翌11月16日、各紙はいっせいに文科省の見解を伝えた。

「我那覇処分問題　文科省、Ｊリーグから聴取へ　参院委で答弁」（読売新聞）、「我那覇問題『Ｊに事情聞く』」（産経新聞）、「我那覇問題で文科省　Ｊリーグから事情聞く方針」（東京新聞）

全部で515字と最も記事のスペースを割いたのがスポーツ報知で、樋口スポーツ・青少年局長の答弁「こういう事案が長引くことは遺憾。適切な助言、指導を行いたい」を紹介した上で、鬼武のコメントをこう伝えている。

「鬼武チェアマン（68）は『文科省から今のところ何も（問い合わせが）ないが、説明しなさい、とあればお答えします』と話した。早大サッカー部の後輩に当たる友近議員とも情報交換を行う考えを示した」

民主党は当時、野党であったが、文科省はすぐに動いた。この16日、Jリーグに連絡を入れ、いくつかの日程調整が行なわれた結果、21日にJリーグからの状況報告を受けると発表した。友近が立った文教科学委員会からわずか6日後、いかにこの問題を重く捉えていたかがうかがい知れる。

JFAハウスはこの16日、蜂の巣を突いたような騒ぎになった。理由のひとつはこの文科省からのJリーグに対する問い合わせ、もうひとつは同日午前2時過ぎに日本代表監督のイビツァ・オシムが千葉の自宅で脳梗塞に倒れたことであった。午後1時、川淵三郎会長による緊急記者会見が行なわれた。

文科省の事情聴取

国会質問が終わった後、友近の携帯に見知らぬ着信番号の電話がかかってきた。出ると、相手は某スポーツ紙の記者と名乗った。

「友近さん、いいんですか？　鬼武さんがカンカンに怒っていますよ。何であいつは国会であんな質問したんだって。何か言ってやらなきゃ気が済まないって言っていましたから、連絡があると思いますよ」

Jリーグに詰めている鬼武番の記者であった。メディアの使命である権力の監視者ではなく、権力の番犬になっている。まるで自分が担当している政治家に肩入れする政治部記者のような動きである。間接的な恫喝《どうかつ》と言えた。

「ああ、そうですか。それならそれで私は鬼武チェアマンに事件のことをしっかりとお話しして説明しますから」

「それでいいんですか？」

友近は、あなたこそ、この問題の何を取材したんですか、と怒鳴りたかったが、会ったこともない記者に声を荒らげるのも憚《はばか》られたので自重した。

「いいですよ。それでは鬼武さんによろしくお伝えください」と言って電話を切った。

結局、鬼武から電話はかかってこなかった。スポーツの本質は心身を解放したり平等のルールの下で楽しむというところにあるはずなのに、未《いま》だに大学の先輩後輩の上意下達で縛ろうとする人がいる。そのことが友近には虚《むな》しかった。

一方で、自身のホームページ経由で送られてくるメールをチェックして驚いた。川崎フロンターレのサポーターたちからの熱い応援メッセージが続々と送られてきたのである。「我那覇のことで心を痛めていました。国会という、この手があったかと思いました」「自分が投票した議員さんではないけれど、応援します」「生まれて初めて国会議員というものがいて良かったと思った」等々。温かい声は、途切れることなく他のチームのサポーターからも届けられた。

世論が動き始めた。

5月に起こり、すでに終わったものと流布されていた我那覇のドーピング事件が、ここに至ってその過ちが国会にまで取り上げられるようになり、当初は専門的な知識がなく、何となく見過ごしていた人々もやがて注目をするようになってきた。

呼応するように識者も事件に纏《まつ》わる矛盾を明確に指摘しだした。文科省がJリーグを聴取する11月21日、サッカージャーナリストの大住良之《おおすみよしゆき》が東京新聞の連載コラム「サッカーの話をしよう」の中で「我那覇問題　川崎は行動を起こせ」と題して次のように書いている。

「自分が何をしていても、気になるのはオシム監督の容体だ。無事回復し、あの笑顔を見せてほしいと思う。

『プレイヤーズファースト（選手第一）』という言葉がある。私がオシム監督を敬愛するのは、彼の言葉や行動の背景に若いサッカー選手たちに対する深い愛情があるのを感じるからだ。─中略─さて、ことしの日本のサッカーで『プレイヤーズファースト』の精神に最も反しているのは我那覇和樹選手（川崎フロンターレ）をめぐる事件ではないだろうか。─中略─当初は『にんにく注射』などと報道されたが、明白な誤報だった。後藤秀隆医師が施したのは、プロサッカー選手の健康を預かるチームドクターとしての純然とした、そして当然の医療行為だった。それが不条理な裁定につながったのは、世界反ドーピング機関（ＷＡＤＡ）規程の運用間違いが、裁いた側にあったことが原因だった。

Ｊリーグから罰金１０００万円の制裁を受けた川崎は我那覇選手ともども、この問題を『終わったこと』と表明していた。しかし、今月になって後藤医師が日本スポーツ仲裁機構に仲裁の申し立てをしたことで、また事態が動きだした。

何より重要なのは、我那覇選手自身がクラブに『仲裁申し立てに加わってほしい』という意思を示したことだ。―中略―川崎は今季のＪリーグで最も『成長した』クラブだと私は思っている。ホームタウンの人々の心にしっかりと根をおろし、ホームタウンの不可欠なメンバーと認知されたように感じられたからだ。それはサポーターの増加、そしてスタジアムの雰囲気の変化となって表れている。

しかし、ここで後藤医師を見捨て、我那覇選手の気持ちを踏みにじるならサポーターはどう思うだろうか。―中略―川崎は行動を起こすべきだ。それが本当の『プレイヤーズファースト』の考え方ではないか」

短い文章の中に事件の本質、そしてリーグとクラブが向かうべき方向がきっちりと示されている。プライオリティはこの言葉に集約される。プレイヤーズファースト。しかし、フロンターレは動かなかった。

　これより少し前、広島の寛田は、文科省のある役人から一本の電話をもらっている。

「先生、私たちが動けるのは、もうここまでです」

「どういうことですか？」

「いきなりすごく大きな圧力が上からかかってきて、この問題にはもう関わるな、ということになったんです。文科省はもう強く指導できないんです」

　強く指導できなくなった、の意味がやがて判明してゆく。

　21日、文科省において田中敏大臣官房審議官が、Jリーグ羽生事務局長を呼び、事情説明を受けた。文科省が問題視して動くということは異例のことであった。

　鬼武チェアマンが「当事者間では解決済み」と言うのに対し、田中審議官は「違反であったかどうかにはいろいろな意見がある」という見解を示している。これもまた事態を看過できないと見た文科省の踏み込んだ発言であった。

　監督官庁である文科省で行なわれた聴取の結果、JリーグはまずＦＩＦＡの懲罰委員会に裁定を求めて、それでも解決がされず我那覇か所属クラブの川崎が提訴を望むのならば、スポーツ仲裁裁判所（ＣＡＳ本部スイス）裁定には応じるという意向を示した。

　先述したように、ＦＩＦＡは各国のドーピングを裁く機関ではないから、ここで結論が出るはずがない。実際にはＦＩＦＡが裁くことはないのだが、一選手がＦＩＦＡの懲罰委員会にかけると言われればまず怯《ひる》む。さらに、ＦＩＦＡで解決されなければＣＡＳに提訴するというのは、途方もなく高い壁である。英語で闘わなくてはならないＣＡＳなら受諾するという。高額な費用がかかり、英語で闘わなくてはならないＣＡＳに提訴するというのは、途方もなく高い壁である。

ＪＳＡＡもＣＡＳも提訴期限はすでに過ぎているが、紛争の当事者の両者が合意するなら仲裁は可能であった。しかし、この意向は平たく言えば、「ＪＳＡＡでは応じないが、フロンターレか我那覇がＣＡＳまで持って行くのであればＪリーグは仲裁を受ける」ということである。

文科省のここまでが限界だった。フロンターレはもう動かない。５万円で申し立てでき、日本語が使える国内のＪＳＡＡとは異なり、提訴の費用だけでも軽く１０００万円を超えると思われるスイスの裁判所にまで、我那覇個人がたったひとりで事案を上げるというのはあまりに現実味のない、困難なことであった。チームドクターたちも、我那覇がＣＡＳにまで行くとはとても思えなかった。

シーズンはまだ終わっていない。ＪＳＡＡという選択肢を消されて我那覇は苦悩する。「サッカー選手はサッカーに集中すべきではないか」「ＣＡＳに行くとしたら莫大《ばくだい》な仲裁費用と弁護士費用を自分ひとりで払い切れるだろうか」「行くにしてもサポーターやファンは自分の行動を分かってくれるだろうか」

我那覇は、ただ降りかかってくる火の粉を払いたいだけであった。振り払うにあたり誰かが悪いとか、誰かと闘うということではなく、一貫してリーグの良心を信じて我慢強く対応してきた。

もともとJリーグを信じて任せておけば、どの選手も受けている普通の治療だった事が必ず証明されると思っていた。ところがそうはならず、ドクターたちとリーグとの協議の推移も信じて見守り続けたが、真実には辿り着かなかった。結局、降りかかった火の粉は、誤って降りかけた人が回収するのではなく、我那覇自らが、自分と後藤ドクターの分まで振り払うしかなくなってしまった。当時の我那覇がとても悲しく孤独な気持ちだったことは想像するに難くない。

家族でまず話し合った。看護師である妻の温子には、夫は絶対に過ちを犯していないという信念があった。闘うのならば、命懸けで支えるという覚悟はとっくにできていた。

沖縄の実家に連絡をすると、母親は不安でたまらない様子だった。

「今起こっている事件が何か私にはよく分からないけれど、ここでまた何か行動を起こして裏目に出て、サッカー界を追放とかになってしまったら、どうするの」

仲裁に申し立てをすることで、子どもの頃から大好きだったサッカーが奪われてしまうことにならないのか。すでに制裁も終わっているし、このままではいけないの。母には、息子がJリーグという大きな組織を相手取って裁判を起こすということが、とても恐ろしく思えた。

　米軍基地問題などを取材すると理解できるが、もともと、ウチナーンチュのメンタリティは争い事を好まない。琉球《りゅうきゅう》王朝時代に広く海外に知られた守礼《しゅれい》の民の末裔《まつえい》はまず平和裏に事を進められるようにする。母との電話での話し合いで我那覇は黙り込んだ。しかし、それも一瞬であった。口を開くと決意を語った。

「やっぱり琉偉《るい》のことを考えると、潔白を証明したいと思う。大きくなって、お父さんはサッカーに対して間違ったことをしていなかったんだと分かってもらいたいんだよ」

　息子の名前は琉偉。もちろん、琉球の琉からとった。4歳になろうとしていた。

　ある日、家の中で一緒にボールを蹴りながら、「大きくなったら何になりたい？」と聞くと「パパみたいなサッカー選手」と答えた。嬉《うれ》しかった半面、考えざるをえなくなった。

　この子が大きくなったときに自分にドーピング違反の汚名がまだつきまとっていたら……。琉偉はその息子と言われてしまう。いくら費用がかかろうとも、つらい思いを絶対させたくはない。母も最後は腹をくくった。

「そこまで考えているのなら、やりなさい。私も絶対に信じているから。沖縄のバアバだって琉偉の将来を考えて応援してるよ」

提訴の意思

　我那覇は、弁護士を探すところから始めなければならなかった。タイムリミットは迫っている。それでも知人を介して最適の代理人が見つかった。

　望月浩一郎《もちづきこういちろう》。スポーツで大きな障害を負った人たちの事件を担当したことを契機に、健康被害が生じないよう長くスポーツ関係の事件に関わり、ドーピングの問題についても専門家としてアジア法学界で報告していた専門家である。ドーピング問題のスペシャリストであればこそ、望月は自身で事件の経緯を検証し、これは完全な冤罪であると確信していた。報酬や名誉は二の次であった。ドーピング撲滅の見地からも我那覇に間違って下されたこの裁定を見逃すことはできないと考えていた。

　望月は我那覇から、弁護を依頼される際に自身の正直な気持ちを告げられた。

「家族のため、すべてのスポーツ選手のためにドーピング違反の処分取り消しを求めて提訴をします。しかし、決してJリーグと闘うことが目的ではありません。処分が取り消された暁《あかつき》にはその流れでJリーグや、この件に携わった人たちの責任を追及するようなことは決してしたくありません。それをご理解のうえ、代理人を引き受けていただけますか」

冤罪が晴れれば通常は被った被害に関する損害賠償などについて事案は発展していく。流れとして医事委員長、チェアマン、会長の責任は当然問われるかもしれないが、そうなることは最初から望まないという意思である。望月は、同じサッカー界の先人の人々と争うこと、そして弾劾するようなことをしたくないという我那覇の気持ちが痛いほど分かった。要望を快諾すると同時に、我那覇の強さと謙虚さに好感を持った。

12月5日、我那覇は練習後に望月弁護士を伴ってフロンターレのクラブハウス事務所を訪れた。武田社長、福家三男《ふくやみつお》強化本部長、クラブ側の弁護士を交えて20分ほど話し合い、提訴の意思を伝えた。もはや揺るぎはなかった。

翌6日には提訴を正式に表明するため、都内で記者会見を開いた。慣れない質問に緊張したが、席上、目を真っ赤に腫らしながら、「チームからは終わった問題として前を向いていこうと言われ、自分も理解してがんばってきましたが、自分が受けた治療はドーピング違反とは思えない。家族とも相談して決めました。自分はサッカーを裏切るようなことはしていません。真実を明らかにしたいです」ときっぱりと意見を述べた。

Jリーグ側はCASでの申し立てなら仲裁を受ける意向を明確にしているが、我那覇側の望月弁護士は「CASでは個人の金銭的負担が大き過ぎる。JSAAでの仲裁をJリーグ側に求めていきたい」と話した。

7日付の朝日新聞朝刊では中小路徹記者が、「Jリーグの矛盾」というタイトルで解説を施している。

「こじれた背景には、Jリーグが当初、世界反ドーピング機関（WADA）が定める規程に関して、ドクター側からの『解釈ミス』という指摘に真正面から向き合わなかったことがある。Jリーグは5月に処分を出したが、8月になって全クラブに対し、医療行為を選手に施す際に必要とされた事前の許可申請を不要とする通達を出した。WADAの規程変更があったことを、ここで事実上認めたわけだが、我那覇の問題については『判断は終わった』と再検討をしなかった。Jリーグの大きな矛盾だった」

しかし、指摘されたこの矛盾を唯一修正できる最高責任者、鬼武チェアマンは6日、我那覇側に先立って記者会見し、「サッカー界におけるドーピングの国際基準、最高基準の判定を受けるために、CASに行くべきだ」と主張。国内、JSAAでの申し立てを受ける可能性を否定していた。

チェアマンがCASでなら受けると、JSAAでの仲裁を拒んだのは、周辺記者の間では、JADAですでに潔白が証明されているために、確実に敗訴が確定してしまうことを恐れたのと、翻訳料などで膨大な仲裁費用が予想されるCASへの申し立てにはさすがに我那覇も手を挙げないだろうという考えに基づいたものとも言われている。

しかし、我那覇は敢然と立ち上がった。12月10日、ＪＳＡＡとＣＡＳの二種類の仲裁合意書に署名押印してＪリーグの代理人へ送付した。実質ＣＡＳで真実を明らかにすることを望んだのである。これでＪリーグ側が仲裁を拒否する理由はなくなった。13日午前、ＣＡＳの裁定に向けて両者は合意書を締結した。我那覇側は仲裁使用言語を日本語とすることをＪリーグ側に要請しているが、Ｊリーグ側は英語で行なうことを望んだ。

２００７年のＪリーグは華やかな話題で盛り上がった。ＡＣＬでアジアを制した浦和レッズはトヨタＦＩＦＡクラブＷ杯で欧州王者ＡＣミランとの対決（０‐１）を実現させ、３位になった。リーグ戦では首位を独走していたその浦和レッズを鹿島アントラーズが猛追、最終節で逆転してＪクラブ史上初の10冠を達成した。

一方、我那覇和樹のこの年の記録は、リーグ戦出場10試合、得点１。先発レギュラーの座を奪われていた。１年前とは打って変わった暗転。失意のまま年は暮れていった。

しかし、本当の闘いはここからだった。

親戚中に頭を下げてでも、借金や前借りをしてでもＣＡＳで闘うという覚悟はしていたが、Ｊリーグを相手に外国の裁定機関で裁定を争うなどということは、日本のサッカー選手がかつて誰もしたことのない初めての経験である。果たして膨大な費用をたったひとりで工面できるのか、１０００万円は軽く超えると聞いてはいるが、実際いくら必要なのか見当もつかなかった。

それでも時間は待ってくれず、1月の下旬からはキャンプがスタートし、現役選手としての闘いも始まる。今年は再起をかけた重要な年である。妻の温子も「もう進むしかないね。どうにかなるとは思うけど、どうにもならなかったらどうしようか?」。冗談めかしながら、今後のことについての覚悟も話し合った。20代の若い夫婦が不安にならないはずがなかった。

選手会動く

しかし、我那覇は独りぼっちではなかった。2008年、まず動いたのが、Jリーグ選手協会(JPFA)だった。

天皇杯決勝から一夜明けた1月2日、世間ではまだ松も取れていないうちから、藤田《ふじた》俊哉《としや》会長(名古屋グランパス=当時)は我那覇の仲裁費用を援助するための募金行動を行なうと発表する。3日に行なわれた選手協会の記者発表では、壇上の一人、伊藤宏樹(川崎フロンターレ)が「我那覇は自分たちのためにも闘ってくれている。済まない気持ちでいっぱいだし、こんな事(募金)くらいしかできないけれど是非役立ててほしい」という内容のコメントを出した。

ＪＰＦＡは仲裁そのものには中立の立場を取って一切干渉をしないが、我那覇の起こした行動を全面的に支持して、募金という形での支援をすることになったのである。これには選手会長の藤田のリーダーシップが大きかった。藤田は当初、新聞報道でしか事件のことを知ることができず、そんな彼のもとには好むと好まざるにかかわらず、いろいろな立場の人間が電話をしてきては勝手な情報を入れていった。

「その相手を信頼しないわけではないですが、これはきちんと自分がまず事実確認を自分のルートで行なう必要があるなと考えたわけです。それを知ってから動きださないといけない。何しろドーピング問題というのは、僕たち選手にとってはものすごく重要な問題ですからね。僕がチームドクターに電話をして聞くということではなく、選手がどういう立場に置かれて、どうしてほしいのか、それをどうサポートするのかというのが真っ先に考えたことです」

２００７年末、独自に事実関係を調べながら、選手会の意見をくみ上げていった。選手会としてのスタンスは無理な介入をするということではなく、まず選手の気持ちを考えることであった。藤田は我那覇が私財をなげうって申し立てに行くのには容易ならざるものがあるのではないか、と思っていた。そんな折、川崎フロンターレの選手会の方から、声が上がってきた。川崎のフロントは動かなかったが、選手たちは皆、この誠実なチームメイトを助けたいと思っていた。

選手会副会長の川島永嗣《かわしまえいじ》、特に仲の良かった都倉賢《とくらけん》などは、CASへ行くという報道以降、自分から積極的に我那覇のところへ来ては「どうなってるの？　大丈夫？」と状況を聞いてくれた。

川島はある日、ミーティングのあとで立ち上がって言った。

「みんなも気になっていると思うけど、ガナさんのことで話があるから、少し残ってほしい」

2011年8月19日ベルギーリーグのリールセで、相手サポーターから、祖国日本のフクシマを中傷されたことで涙を流して抗議した熱い男は、このときも音頭を取って苦境にいたチームメイトのために声を上げて仕切った。

「ガナさんの今の気持ちを聞いてみよう。ガナさん、どうぞ」

チームメイトの思いが身に染みた。ずっと孤独だった我那覇は嬉しかったが、この動きを選手対クラブ、選手対Jリーグという構図にしてしまってはいけないと考えていた。チームメイトを無用に引き込まないようにしよう、そのことに注意しながら自分の思いを正直に語った。選手たちに伝えるためには言葉も必要であったが、皆、何より普段の我那覇を知っていた。

「ガナさんのために俺たちでできることをしよう」

即座に藤田は動いた。

「ドクターの方々にはもちろんお世話になっていますが、あくまでも僕たちの立場では我那覇なんだと。その我那覇を取り巻くフロンターレの選手会が上げてきたというのがきっかけですね。もちろん裁定結果がシロであることを望んでいるし、それを信じていますが、ジャッジには僕らは立ち入れない。でもその（裁定に持っていける）状況を作ってあげることはできると思うんです」

藤田が提唱した募金活動には、すべてのチームの選手会が賛同を表明してくれた。

Jリーガーそして一般サポーターを対象にした募金活動がこうして始まった。以前は事件の内実が分からず、腫れ物に触るように我那覇に接していた選手や関係者も存在したが、JPFAが公式に動いたことで、垣根は完全に取り払われた。大宮アルディージャのドクター池田のもとには藤本主税《ふじもとちから》、江角浩司《えずみこうじ》らが「先生、どういうこと？」と聞きに来た。池田は穏便に、ことさらフラットに経緯を話した。それでも彼らは「分かりました。ガナは皆のために闘っているんだ」と募金への協力を惜しまなかった。

呼応するようにチームドクター連絡協議会も自分たちチームドクターの間で仲裁費用に対する寄付を募ると発表した。Jリーグ全チームドクターたちから最終的には、500万円ものカンパが集まった。単純計算をしても一人16万円以上の募金である。

「ガナ、頑張れ」という気運が、フロンターレ以外のチームのサポーターたちも包み込み、大きく広がっていった。そのうねりの源はホーム川崎、Jリーグの周囲だけにとどまらなかった。我那覇が愛してやまないところからも起こってきた。

信じるなんて言葉も必要なかった

2008年1月。元ビーチサッカーの日本代表にしてNPO法人ブルティーダ沖縄の主宰者・新城正樹《しんじょうまさき》は、宇栄原FC、小禄中学の後輩である前花和伸《まえはなかずのぶ》の結婚式に出ていた。

那覇市のサッカー少年の間では、この宇栄原から小禄に進むというのがひとつのエリートコースであり、喜名哲裕《きなてつひろ》、赤嶺真吾《あかみねしんご》ら多くのタレントを輩出している。披露宴会場は自然とOB会の様相を呈し、やがて一人の大物OBの近況が話題に上《のぼ》っていった。

「和樹がCASで闘うって新聞に載っていたよな」「心配だ。俺らも他人事にしてちゃダメなんじゃないか」

我那覇のために動きたい。誰かがリーダーにならないといけない。

新城は宇栄原FCが創立されたときのメンバーで、我那覇の7年先輩にあたる。同じチームでプレイしたことはないが、沖縄国際大学時代に小禄中学に指導に行ったり、国体の社会人代表で同じく国体の高校代表と練習試合を重ねるなどして交流はあった。我那覇がオシム監督に代表に呼ばれたときは、あの和樹が沖縄初のW杯戦士になるのかと、我が事のように喜んだものである。

それが今、ひとりで苦しんでいるという。沖縄自体に情報が入ってくるのが遅いこともあり、ドーピングで処罰を受けることがどれだけ大変であるかというのが、理解できていなかった。裁定について異議を表明してからも、所属しているクラブもあるし、そこに任せておけば大丈夫だろう。そう思っていた。しかし、自ら調べてみると、いかに彼が孤立を強いられていたのかが、分かってきた。ことここに至って、何も知らず第三者然としていたことを恥じていた。

新城はもともとがバイタリティあふれる気性で、何か行動を起こしたいという気持ちがあったが、重鎮である宇栄原の比嘉《ひが》丈晴《たけはる》監督らを差し置いて自分などが先頭に立つのは憚られる気持ちもあって、躊躇していた。ところがこのとき、高校時代の恩師にテーブルに呼ばれた。

「正樹よ、俺たちが我那覇のために動かないといけないというのは皆が分かっている。じゃあ、誰が先頭に立つのか。監督さんは自分の仕事も抱えておられるし、約30年も少年サッカーを指導してきて、今もたくさんの子どもたちのチームも見ないといけない。ここはお前だよ。お前はＮＰＯも立ち上げたし、サッカーに一番職業が近い。お前がみんなを引っ張っていったらどうだ」

その言葉を聞くと腹が決まった。新城は即座に比嘉監督の席に向かった。

「監督、和樹の件でお話があります。この場にいるみんなが、宇栄原や小禄のすべてのOBが、あいつのために動きたいと思っています。監督が先頭に立つのを待っている者もいるかと思います。でもここは一番動きやすい僕に代わりにやらせてもらえませんか。やらせて下さい」

突然の申し出に、比嘉は驚いたが、同時に喜んだ。

「そうか。お前がやるか。やってくれるか。和樹のために」

気がつけばOBのメンバーたちが周囲を囲んでいた。

「これからだ。やろう」

「これまで和樹に申し訳なかった。すぐに動こう」

いつのまにか結婚式会場が総決起集会のようになっていた。このときの気持ちを新城はこう語る。

「5月にああいう裁定が下されて、それからの7ヶ月は何とかなると思っていたんです。川崎フロンターレもJリーグもしっかりした組織だから、別に僕らがどうこうしなくても和樹も大丈夫だろうという感覚だったんです。でも、もうこうなった以上は僕らが動かないといけない。

こういう行動を起こすことで話し合いになったら、県外の人には失礼になるかもしれないですけれど、普通は、本当はドーピングしてたんじゃないかという意見が一つや二つ出ると思うんです。でも僕らは一言もそんな声が出なかった。絶対ない、絶対ないという前提で。というのも僕らが知っているのは今の和樹だけじゃないんですよ。小学校の頃からの彼を見ているんです。あいつのいいところも悪いところも全部知っている。

ピッチに立てば先輩にも闘争心剝《む》き出しで向かってきますけど、汚いプレイは絶対やらない。負けず嫌いだけど絶対に不正や卑怯《ひきょう》なことはしない。あいつに限ってドーピングなんて絶対にない。沖縄の誇りを持ってJリーグに行ったことを僕らみんな知っています。

沖縄の人は調子が良いときは天狗《てんぐ》にならずに足下を見るんです。だからせっかく代表に入ったのに、そんなことをするはずがない。これは信じるしかないというか、いや、信じるなんてそんな言葉も必要なかったですね。だから、本人への確認さえしなかったですね」

フェアプレイは宇栄原FCの伝統でもあった。比嘉監督はファウルで相手選手を止めることを極端に嫌った。ファウルして止めるやつは絶対に伸びないというのが口癖であった。

新城は、我那覇の母ユキ子に電話で自分たちの支援の意向を話した。ユキ子は感謝の気持ちで胸がいっぱいになった。またそれを伝え聞いた我那覇は驚きを禁じえなかった。小学生の頃の7歳の年齢差は、大人と子どもほどに感じられる。ほとんど口もきいたこともない宇栄原のコーチでもあった大先輩が、自分のために立ち上がってくれるとは想像もしていなかったのである。

新城は結婚式のときのメンバーを基盤に知り合いにも声をかけて我那覇支援の「小禄地区サッカー有志の会」という団体を立ち上げ、2月になるとマスコミを通して県民に呼びかけた。

２００８年2月5日付沖縄タイムス。

「Ｊ１我那覇　支援しよう。出身チームＯＢ募金を呼びかけ」

「我那覇と同じ宇栄原ＦＣ、小禄中ＯＢの新城正樹さん（34）は募金を目的にこのほど『小禄地区サッカー有志の会』を立ち上げた。新城さんらは『（費用は）1千万円以上かかり、とても個人では負担できない。早く落ち着いた環境でプレーしてもらうため、温かい支援をお願いしたい』と呼び掛けている。会には我那覇の小中学校時代のチームメイトで、現在ＦＣ琉球の當間正人《とうままさと》選手や宇栄原ＦＣの比嘉丈晴監督らが名前を連ねる」

地元メディアは好意的に取り上げてくれたが、新城には歯がゆさがあった。

「新聞も書いてくれましたが、字数に限りがあるし、それだけでは僕らが知っている具体的な情報がなかなか沖縄県民に伝わらないんです。和樹がどれだけ追い込まれている状況なのかということが。僕も最初は知らなかったんですが、あの裁判に勝ったら費用はチャラになるんじゃなくて、勝敗に関係なく和樹は何千万円も払わなくてはいけない。沖縄では1000万円もあれば立派な家が建ちますからね。ちょっと想像できないようなプレッシャーですよ」

募金はなかなか集まらなかった。4月半ばに合計を数えてみると、20万円を少し超える金額であった。まだ目標までは程遠い。それでもしばらく新城たちは地道に街頭から活動を続けていたが、途中、有志の会で話し合いを持った。

このままでは注目を集めることなくジリ貧になるという危機感から、募金を募る上でのインパクトのある仕掛けはないか。議論するうちにアイデアを思いついた。

元来、沖縄にはゆいまーる、あるいはもあいと呼ばれる相互補助の精神がある。スポーツの世界でも少し県外に遠征に出るだけで相当な出費がかかるこの県では、島を出て勝負に挑む者には餞別《せんべつ》を送る習慣が根付いていた。

考えてみれば、その際に送られる側は何かお返しを渡す。この募金もただお金を集めるのではなく、そのお礼を渡すことでウチナーンチュとしての一体感が得られ、我那覇とともに闘うという思いが共有できるのではないか。募金者もすぐ立ち去るのではなく、足を止めて受け取ることで会話が生まれ、ひいては和樹の置かれた状況についてそこから理解を深めてくれることにならないか。

では、何をお返しに渡すのか。通常は泡盛などだが、新城には妙案があった。沖縄銘菓であるちんすこうである。

この頃、ブルティーダの女子チームは2年続けて九州大会に出場しており、その選手の父親が新垣ちんすこうという琉球王朝時代から続く老舗店舗の工場長をしていた。それをお返しにしていたのを思い出したのである。沖縄的な菓子といえばこれ以上のものはなく、酒と違って老若男女に喜ばれる。新城には沖縄銘菓にこだわる理由がもうひとつあった。

「今、我那覇を支えているのは選手会やチームドクターの方たち、そしてサポーターたちだと思うのですが、いや、これからは沖縄の人たちだってお前を応援しているんだぞって、その気持ちを、ウチナー魂を見せてあげたかったんです」

新垣ちんすこうの工場長である父親に話をすると、「我那覇選手はそんな苦境に立っとったんですか。そういうことならうちにぜひ、任せてほしい」と快諾してくれ、全面的な協力を得ることができた。

360円の原価で卸《おろ》してもらい、それを1000円で買ってもらう。どこかのチャリティ団体などとは異なって、そこから運営費などはもちろん取らずに、640円の利益をそのままCASの裁判費用のカンパに渡す。「ちんすこう募金」はこうして始まった。

ＣＡＳへ

３月６日、仲裁申し立てを受理したＣＡＳは、聴聞会を４月30日に東京で行なうこと、仲裁に用いる言語は英語であるということを発表した。

スイスに行かずには済んだが、やはり、莫大な費用は避けて通れなかった。弁護士からは、簡単に見積もっても翻訳の費用だけで１５００万円以上はかかると言われた。

シーズンは開幕したが厳しいことに、もはや我那覇にとってフロンターレにおける先発の座は遠いものになっていた。フッキ、ジュニーニョ、鄭大世の強力３トップがレギュラーを不動にしており、ほんの２年前にＪリーグで最高の決定率を誇った背番号９は、第２節３月15日のヴィッセル神戸戦でピッチに立って以降、ベンチ入りもままならない日々が続いていた。

妻は二人目の子ども（７月に双子を出産）を、このとき身籠もっていた。プロとしてナーバスにならざるをえない境遇に加え、物心ともに大きな負担が覆いかぶさってきていた。

先の見えない不安が我那覇を包み込んでいたが、支えになったのはサポーターの存在、そして弁護団の熱い励ましであった。チームドクター連絡協議会の協力もあって紹介された弁護士、望月浩一郎、そして上柳敏郎《うえやなぎとしろう》、伊東卓《たかし》、土井香苗《どいかなえ》、和田恵《めぐみ》の面々は、スポーツ紛争調停においては日本のドリームチームとも言える顔ぶれだった。彼らは皆、事件の重要性を痛感していた。

「これは我那覇ひとりの権利救済の問題ではなく、日本のスポーツ界全体に関わる重要案件」「一刻も早く選手が適正な治療を受けられる機会を保障しなくてはならない」との認識を持って弁護を買って出たのである。弁護士費用についても我那覇の全額個人負担するという決意は尊重しつつも、最終的に確定させず審理の準備を進めていった。特に上柳はCASで争われた千葉すずの仲裁の際には、競技団体である水連側の代理人を務めて勝利しており、その彼が今回、選手側に立ったことは、非常に象徴的であった。

妻の温子と我那覇が心細い思いをしながら最初の打ち合わせに行くと、望月も上柳も「大丈夫、あなたたちは何ひとつ間違っていませんから。絶対に勝ちます」と励ましながら、法に照らし合わせた状況説明を丁寧に繰り返してくれた。自分は間違ったことをしていないという確信が深まったことで、気持ちを落ち着かせることができた。

我那覇は母親のユキ子から何度も電話をもらっていた。ユキ子は地元の父兄会などと連携し、週に一度は宇栄原小学校に集まって募金活動の宣伝を進めていたが、慣れぬことゆえ、最初はなかなかうまくいかなかった。息子が背負わなくてはいけない費用のこと、そして選手としての苦悩を心配し、ときに「今までサッカーのためにいろんなことを我慢してこんなに頑張ってきたあなたがなぜ……」と涙ぐむ母に我那覇は、「僕は自分の潔白を証明したいんだ。だから闘う。お母さんは心配しないで」とその都度、覚悟の強さを伝えた。

川崎の麻生グラウンドでのフロンターレの練習が終わると車を飛ばし、東京・虎ノ門の望月の事務所に日参し、打ち合わせを続けた。サッカー選手にとっては耳慣れない法律用語を学び、論理を構築し、自分なりに理解していった。

CASの聴聞会は英語で行なわれる。通訳はつくが、魂＝ウチナーグチ（沖縄の言葉）でいうマブイを込める意味で最後のスピーチだけは自ら英語で行なうと決心していた。伝えたい言葉を英訳して録音したCDを常に携帯しては車の中でずっと聞き込み、自宅でも時間さえあればヒアリングとスピーキングの学習努力を続けた。

寛田は広島市内で飛翔《ひしょう》会《かい》グループという医療法人団体を運営する経営者でもあるが、我那覇がCASに提訴したという現実を前に、会社の利益を度外視した動きを見せる。業務用サーバーの管理やネットワーク構築を頼んでいた自社のSE森英夫に「もううちの会社の仕事はしなくていいから、大至急、『川崎フロンターレ・ドーピング事件を検証して日本に正しいアンチドーピングが実現することを願うホームページ』というのを作って管理してくれ」と依頼したのである。

タイトル通り、我那覇がどのようにドーピング違反と認定されたのかという事件の検証と正しいドーピング知識を外部に向けて発信する必要にかられたのである。広く真実を知らしめて我那覇を応援する意図であったが、文書の責任の所在を明らかにするためにそこには正々堂々と寛田の名前も住所も連絡先もすべて記される。

森は回顧する。

「とにかく2007年内に作ってほしいということで僕に言われたんですが、その間、会社の仕事は全部止まってしまう。さらにはうちの病院の名前を出してJリーグに盾突くことになるわけで、デメリットしかないわけですよ。僕に給料を払いながら、飛翔会の仕事はしなくていいというんですから。寛田理事長はそれでもこれは世の中のためじゃけえ、構わん、やらんといけんのじゃ、と言うんです」

意気に感じた森は連日、深夜に送られてくる仁賀や寛田のデータを受け取り、徹夜で作業を続けて12月28日に完成させ、その後も継続して管理に尽力する。

仁賀が初めて我那覇弁護団と会ったときのことであった。相談を終えて、帰ろうとしたとき、一人の弁護士に呼び止められた。

「最後に教えてほしい。どうしてここまで頑張るんだ？　何の得にもならないだろう。何か理由があるのか？」

なぜこんなことを聞かれるのか。仁賀は不思議に思えたが、チームドクターの声を代弁する形で答えた。

「僕たちは選手の病気や怪我を治すのが目的でチームドクターをしているんじゃないんです。選手たちがサッカーをして少しでも幸せな人生を送れるよう、そのために治療をしているんです。だから医者が治療した結果、そのために選手がドーピング違反で不幸になるなんてあってはならないんです。僕はどうしても我那覇をクロのままにはしておけません。我那覇が自分のチームの選手でなくても、僕にとっては自分が治療したのと同じことなんです」

仁賀の心の中を見るかのようにじっと目を見ていた弁護士は、「分かった。協力しよう」と力強い声を返した。

このドーピング事件でチームドクターたちが異議を唱えて奔走したことを「医事委員長に対する権力闘争」と揶揄する声が、まさにその権力の周辺から上がっていたことは先にも記した。

問題の本質から注意を逸《そ》らして、我那覇弁護の分断を図るつもりであったのだろうか。損得の打算ではなく、ただ苦しむ人間を救いたいという医者の矜恃を侮辱するような中傷はひたすら虚しい。揶揄するのは自分自身が権力闘争に執心している人物であろう。

我那覇弁護団とチームドクターたちの分厚い連携が始まった。プロの翻訳家でも医学用語や医学的解釈などを踏み込んで訳すのは難しい。寛田と仁賀は医学的事項の翻訳のサポートも引き受けた。

２００７年の12月27日、ＣＡＳへの申請前夜、望月は仁賀に電話して言った。

「突然ですが、ドーピングについて詳しく、なおかつサッカー界以外の人で、公正な立場から我那覇君のためにＣＡＳの聴聞会で証言してくれる人を３人紹介して下さい。我那覇側の専門家証人として申請しなくてはならないのです」

審理の場に当事者の後藤前チームドクター以外に証言者として立ってくれる医師を申請しなくてはならなかった。サッカー界以外の人というのは、中立の立場にある他競技の医師に証言してもらった方が説得力があるという考えからだった。仁賀は、年末の急な依頼に驚いた。

「いつまでにですか？」

ドライに考えれば、医師にとってＣＡＳで我那覇側に立って証言することにはメリットは何もない。多忙な中で拘束されても報酬などないし、スポーツ界においてもＪリーグ側を敵に回すことになる。個人的にも我那覇のことを知らない医師がほとんどである。よほどの義侠心《ぎきょうしん》のある人間でなければ難しい。探すのには時間が欲しい。

望月は間髪容《い》れずに答えた。「明日の午後3時までです。それまでに英語でその３人の医師のプロフィールも書いて送って下さい。明日発送しないとＣＡＳへの申請が年内にできません」

弁護団は翌シーズンの我那覇の負担を少しでも軽減するために、なるべく早く申請しようと努力していた。

「そんな無茶な！」

仁賀もまた我那覇を早くサッカーに集中させてやりたいと思っていたが、翌日までに面識のない他競技の医師３人にこの事件を説明して理解を得、なおかつＣＡＳで証人に立ってくれるよう承諾を取ることは不可能に近いと思えた。マスコミにかなり露出してきたとはいえ、ほとんどの人間はこの事件の詳細を知らない。本来なら直接会って説明した上で、審理に向かうようにお願いをするべきである。しかも、この日、仁賀は寛田、森との打ち合わせで広島にいたので、都内の医師に直接会う時間すら取れなかった。

時間がなさ過ぎる。それでも弁護士に明日までと言われれば、やるしかなかった。面識がないにもかかわらず著名な他競技のスポーツドクターたちに電話をかけまくった。居場所を探し回りなんとか連絡が取れた医師たちに説明をすると、皆、理解が早く協力的であったが、ＣＡＳの審理に際して所属先の名前が出ることに躊躇する人がほとんどであった。自分は構わないが、所属しているスポーツの機関や病院に迷惑をかけるわけにはいかない、というものである。

そんな中、電話で話すのが初めてであったにもかかわらず「分かりました。引き受けましょう。私の所属も勤務先も全部出してもらっても構わない」と、毅然《きぜん》と協力を申し出てくれた人物がいた。慶應義塾大学スポーツ医学研究センター所長、教授、日本オリンピック委員会アンチ・ドーピング委員会委員、そして日本相撲協会アンチ・ドーピング協会委員を兼任する大西祥平《おおにししょうへい》であった。大西はソルトレーク、トリノの冬季五輪に医師として帯同し、特にトリノオリンピックの日本選手団のメディカル責任者を務めた経験から、スポーツの真剣勝負を阻害するドーピングを憎悪し、相撲協会でのドーピング対策を推し進めていた。

これより後、2008年9月に大相撲で抜き打ち尿検査を行ない、露鵬《ろほう》、白露山《はくろざん》の兄弟力士の大麻吸飲問題に厳しく対応し、糾弾したのも大西であった。アスリートの健康を蝕《むしば》む禁止薬物を心底憎み、部屋や親方に向けてのドーピングの講習会を開き、外国出身力士のために5カ国語のマニュアルを作成した大西だからこそ、適用を誤った我那覇の処分の問題は、声がかかる前から注目していた。

「こんなものはどう考えてもドーピングじゃない。我那覇君も後藤先生も真っ白だよ。Jリーグは何をやっているんだ。さっさと裁定をし直してあげないと選手を守れないよ」

と周囲の関係者や慶應の教え子たちに漏らしていた。仁賀とは一面識もなかったが、電話をもらうとその場でCASの証人に立つと約束した。

仁賀と大西が慶大日吉校舎で直接会ったのは年が明けた2008年1月9日だった。仁賀が用意した資料に目を通し、説明を聞いた大西は仁賀に聞いた。

「ひとつだけ教えてくれないか。誰がどう見ても無罪の我那覇を、なぜ青木委員長はドーピング違反にしたのか？」

「先にマスコミにクロとぶちあげてしまったからだと思います」

大西は静かに頷《うなず》いた。

「分かった。僕は逃げも隠れもしない。僕に声をかけてくれてありがとう」

ほとんど時間のない中であったが、事態の重要性を認識していた他競技の医師たちも、万が一大西がCASに出席できない場合のバックアップメンバーになることを約束してくれた。

それは、国際陸上競技連盟医事委員、JADA委員で日本陸連医事委員長の山澤文裕《やまさわふみひろ》医師、そして国際水泳連盟委員、都立墨東《ぼくとう》病院の循環器科医長の鈴木紅《こう》医師。陸上と水泳、それぞれ日本のドーピングコントロールに精通した重鎮二人であった。

申請前夜

寛田らは我那覇を救うための手立てを講じながら、ひとつの謎をずっと考えていた。青木委員長は、「緊急性」が２００７年ＷＡＤＡ規定で必要とされていないことをいったいどの時点で知ったのか？　1月21日の会議では知らなかったのか？

当時は1月1日に発効したばかりの2007年WADA規程条文における変更を知らなかったのかもしれない。しかし、少なくとも5月1日の事情聴取と我那覇に裁定を下す場面ではDC委員会委員長として絶対に知っていなくてはならない。「後藤医師の治療は緊急性がなかった」と強弁し、変更前の2006年の規程を記し、リリースや各クラブへの報告書に添付をするとは、知らなかったではすまされない。過ちを認めたくない自身のメンツのために選手が苦しむのは度し難いことである。

それは2007年12月29日のことだった。5月1日の事情聴取の録音と反訳書の確認作業をしていた仁賀は想像だにしていなかった事実にぶち当たった。聴取の後半であった。

後藤が「実際、現場で大事な選手がそういう状況ならば、まずは補液が必要だと判断しました」と言ったあとに青木はこう断じていたのである。

青木「ただ、今、もう最近のでは【acute】という、要するに緊急を要するという言葉が抜けているんですよ。つまり、きちんと手続きを踏んでやれというのが前提になっているんです」

事情聴取のやりとりの中で青木が「今年から緊急性は削除されている」と後藤に対し

て述べているのである。仁賀は驚いた。青木は事情聴取の時点で２００７年ＷＡＤＡ規程の条文から緊急の文言が削除されているのを知っていたのだ。知っているじゃないか！

にも関わらずなぜ青木は当初、緊急を理由に有罪として裁き、事情聴取後のリリースに２００６年ＷＡＤＡ規程の条文である「緊急かつ合理的な治療ではなかった」と記載したのか。なぜその後も緊急性を理由に挙げて記者などに有罪と話したのか。なぜなんだ。

仁賀は混乱しつつ、考えたあげく辿り着きたくないひとつの推論に達していった。

「まさか、知っていて意図的なのか？　ドーピングでないことが分かっていたのに有罪にしたのか？　緊急性を入れないと我那覇をドーピングにできないからか。ならば２００６年ＷＡＤＡ規程の条文がリリースに添付されていたのも腑《ふ》に落ちる。あれは過失ではない。もし２００７年度の条文＝（『静脈内注入は、正当な医学的治療を除いて禁止される』）と主要変更の但し書き（『静脈内注入の文章から「緊急の」という文言は削除された。その理由は、医学的目的で行なわれる静脈内注入の正当性は、実際に治療を行う医師の判断に委ねられるべきであるから』）が正しく事情聴取後の報告文書に添付されていれば、我那覇が無罪であることは誰の目にも明らかになる。だから意図的に２００６年ＷＡＤＡ規程とすり替えたのか？」

この事実の連動を知ったとき、仁賀は脱力感に襲われたという。

「なんということだ。それなら我那覇は誤ってドーピング違反の裁定を受けたのではない。故意にドーピング違反に仕立てられたのではないか」

だとすれば作為的なトラップのために我那覇は限りある選手生命を疲弊させ、何千万円も投じてCASに行かなくてはいけないのか。仁賀はすぐに寛田、吉本、池田に事情聴取の件を報告した。皆一様に驚いた。しかし、自分たちは検事ではない。ましてや、Jリーグの規程ではドクターたちは青木を追及することはできない。改めて我那覇を絶対に守らなくてはいけないと話し合った。

仁賀は聴聞会直前にスケジュールの確認をしに来た深井に突然聞かれた。

「先生、ガナがCASで勝つ確率は何パーセントくらいだと思いますか?」

このとき、仁賀は一瞬答えに窮《きゅう》した。JADAと文科省副大臣がシロと回答している日本でのJSAAなら100%勝つと、仁賀は確信していた。

もちろんCASでも、正当に審議してくれれば100%勝つと思っていた。真実さえ見てくれれば我那覇が真っ白なことは誰にでも分かる。しかしCASの仲裁委員は我那覇側が希望した日本人1人、Jリーグが希望した外国人1人、CASが選任した外国人1人の3人で、裁定はこの3人の多数決で決まる。日本人の仲裁委員は日本で起きたことを日本語で理解しているので、間違いなくシロであると裁定するだろう。しかし2人の外国人の仲裁委員は英語に翻訳された限られた情報量で本当に十分この事件のことを理解できるのか？　何か勘違いしてしまうのではないか？　そういった不安が仁賀の中で徐々に広がっていた。

仁賀は、「日本のＪＳＡＡでなら１００％勝つと思うけど、ＣＡＳは外国人の仲裁委員がいて本当に事件のことを理解してくれるか分からない。90％以上かな……」

仁賀は以前、ＣＡＳについて我那覇と深井に、裁判だから１００％とは言えないが、99・９％勝つと思うと話していた。それに比べるとずいぶんトーンダウンした答えを言う自分が苦しかった。深井もそんな不安と闘っているのだろう。

「先生、私もＣＡＳではいろんな要素があって１００％勝つとは言えないと思っています。もしかしたら負けることもあるかもしれないと思っています」

仁賀は心臓をわしづかみにされた思いだった。１００％勝つと言えない闘いに我那覇を引き込んだことを、申し訳なく思う気持ちでいっぱいになった。

しかし、深井は神妙な面持ちの仁賀に思いがけないことを言った。

「先生、もし万が一ＣＡＳで負けても悲しまないで下さい。ガナには先生からもらった手紙があります。ガナは全く後悔していないし、自分の状況を解き明かしてくれたあの手紙に感謝しています。この先の人生で、どんなに苦しいことがあっても、あの手紙を見ればきっと負けないで生きていけると思います。我那覇だけでなく私もそうです。先生、本当に手紙をくださってありがとうございました」

自分を非難するのかと思って身を硬くしていた仁賀は、我那覇と深井の気持ちを知り、胸がいっぱいになった。

我那覇は手紙を読んで以来、迷いもブレもなくなった。CAS裁定の結果予想は、確率が100%でないなら、どちらにせよ、オール・オア・ナッシングである。我那覇はそれを覚悟して立ち上がっていた。腹はとっくに括《くく》っていたのである。自身が直感的に持っていた〝納得いかないこと〟に回答を与えてくれ、家族にも子どもにもきちんと話せる唯一のよりどころになってくれたのが、あの手紙であった。そもそもが裁定で勝てると思ったから仲裁を望んだわけではない。真実を知りたい、その一念であった。深井はそれまで何度も「絶対というのはないから、結果は最悪か最高、ゼロか100しかないけど、それでも進むのか？」と問うていたが、我那覇は一切、確率を気にしていなかった。

4月30日を迎えた。CASの聴聞会は、11時から都内の京王プラザホテルで行なわれる。この日はフロンターレのチームスケジュールで言えば、アウェイで戦ったジェフ千葉戦の翌日にあたった。前日に出場した選手たちがリカバリーのトレーニングで汗を流す頃、我那覇は別の闘いに向かわなくてはならなかった。

朝早くに目が覚めた我那覇はスーツに着がえ身支度をすると、微笑《ほほえ》みながら温子に

「今日が来たね、行ってくるよ」とだけ声をかけた。

温子は双子を妊娠していて春先からずっと入院をしていたが、4月になるとこの裁判だけは見届けたいという思いから、退院してきていた。家を出る前に夫婦の間であまり多くの会話がなかったのは、この1年間でさんざん話し合ってきたからでもあった。

２００８年になると、我那覇は練習や試合の合間に弁護士事務所に通い、初めて聞く法律用語、医学用語の渦の中で準備を続けてきた。試合の前日には、集中力を高めるために極力外出も控えてきた夫を見てきた温子にすれば、考えられない日常であったが、それでもやり通した。ときには二人で打ち合わせに出向かねばならず、そんなときには実家に幼い琉偉を預けてきた。

チームメイト、サポーター、故郷沖縄からも、信じているとの声は届いていた。いろんな人たちの支えを得た上で迎えることができた聴聞会である。我那覇は家族のみならず、応援してくれたすべての人の誇りをかけた闘いに悔いだけは残さないようにしようと、身を引き締めながら聴聞会の場に向かった。

審理は時間きっかりに、非公開で始まった。

仲裁人は我那覇側が指定した小寺彰《こてらあきら》（東京大学教授）、Ｊリーグ側が指定したハンス・ナタール弁護士（スイス）、そしてＣＡＳが指定したマルコム・ホームズ弁護士（オーストラリア）の3人だった。

Ｊリーグ側の証言者は青木治人医師（ＤＣ委員会委員長）、専門家証人としてアラン・レフォー医師（外科・自治医科大学教授）。

我那覇側は後藤秀隆医師（前川崎フロンターレチームドクター）、専門家証人として大西祥平医師（循環器科・慶應大学教授）、そして我那覇和樹本人。我那覇にはさらに山澤文裕（国際陸上競技連盟　医事・アンチ・ドーピング委員）、鈴木紅（都立墨東病院・循環器科医長）、大庭治雄（おおば内科クリニック院長、国立スポーツ科学センター非常勤内科）の３人の医師が鑑定的意見を寄せてくれていた。

山澤が、後藤が我那覇に施した治療をＣＡＳの「正当な医療行為を定義する６要件」に照合してみると、すべて当てはまった。

自身、長距離ランナーだった山澤は、前年２００７年に行なわれた陸上競技の二つの大きな国際大会、東京マラソン、世界陸上大阪大会の医事委員長を務め上げ、約６００件の血液検査と検体を行なっている。陸上という、最もドーピングの意識の進んだ競技にいる山澤の目には、独自のローカルルールで裁いていた日本のサッカー界は、まるで進化を止めたガラパゴスのように映った。

サンフレッチェの寛田、レッズの仁賀は、チームドクターたちのアンケートとＪリーグのドーピングに関する事前説明に言及した意見書を寄せていた。

まさに「チーム我那覇」であった。望月が回顧する。

「我々を突き動かしたのはもちろん、選手の健康や人権を守らなくてはいけないという医師や弁護士の使命感からだけれど、我那覇君個人の人柄も大きかった。こんなに誠実で真摯な性格の人物を、いつも優しく人に接することのできる人間を、守れなくてどうするという気持ちもあった。彼だから我々も頑張れたというのもある」

尋問は我那覇から始まった。Jリーグ側の代理人（弁護士）が日本語で質問し、それを通訳が英語に翻訳し、そのあとで我那覇が答える。それをまた通訳が英語に翻訳して仲裁人に理解させる、といった手続きで進んでいった。

すべての裁判がそうであるように、被疑者に対して相手の代理人が投げかけてくる尋問は屈辱的なものである。

「練習はできたのだから、実は熱があったとか脱水症状だったというのも嘘ではないか？」「本当は水を飲めたのではないか？」

あの4月23日の苦しい体調を思い出すと、まるで挑発に聞こえる言葉ではあったが、我那覇は懸命に悔しさに耐えながら、毅然とした態度で回答を重ねていった。

我那覇側は自らが受けた医療行為が、過去CASによってドーピングと認定された先例とは全く異なっていることを訴えた。例えば前年7月にスイスでレガッタのワールドカップが行なわれた際、使用すると競技パフォーマンスを増強する可能性があるフルクトース物質「Esafosfina」をホテルで静脈内に点滴注入し、FISA（国際ボート連盟）のドーピング聴聞パネル（委員会）により、2年間の資格剝奪処分を受けたロシアのボート選手たち（リトヴィンチェフ他2名）がいた。

彼らは、「Esafosfina」が正当な医療処置ではなく大会競技中の疲労回復を早めるためのもので、診断された疾患に対する治療法ではないこと、そもそも医療環境ではないホテルの選手の部屋で行なわれたことなどを理由にアウトとなった。しかし、我那覇の点滴静注は、選手が患者として医師に治療を求めるという極めてノーマルな過程でなされたものである。

我那覇の次は、後藤が証言する番であった。

「当時の我那覇選手は飲料の経口摂取が困難で、仮に無理に口から飲んだとしても下痢のために水分が摂取されないという状況でした。このような脱水症状には点滴の静注が必要でした。その他の有効な治療はありません」

続いて専門家として証言した大西は、深く広いドーピングの知識と見解を披瀝《ひれき》し、スポーツ医療の現場を熟知する医師としてこの後藤の見解を支持した。

青木は「ヘルスメイトには脱水症状との診断が記載されていない。他の方法もあった。患者が脱水症状にあれば点滴静注は適切であるが、この我那覇選手のケースには必要ではなかった」と述べ、さらに「後藤医師は我那覇選手が本当に水を飲めないかどうかを確認すべきであった。相当期間、我那覇選手の状況を観察すべきであった」という主張がなされた（ＣＡＳ決定40項）。

この主張に対し、我那覇弁護団は後に「我那覇選手を応援してくれた全てのかたへのお礼とご報告」という書面の中で、「（このような主張が）選手の健康を守るという理念に合致するのでしょうか？　水を飲めないという患者の訴えがあっても、常にこの訴えを疑って、目の前で水を飲ませて、飲めないことを確認しなければ、水を飲めないと診断したことにならない、というのが常識ある医師の対応でしょうか？」と述べている。

かような手続きを水分摂取不良で苦しんでいる患者に対していちいち取るのであれば、手遅れになる恐れがある。と同時に、やりとりの中で患者と医師の間の信頼関係に根底から亀裂が入ることが十分考えられる。裁判上のディベートとはいえ、こういう主張を青木のような立場にある側が出してくること自体、大きな問題であろう。

後藤が終わると、Ｊリーグ側の青木に対する尋問が行なわれ、続いて再び我那覇側の大西の順番になった。通訳が入ったために通常の審理の倍以上の時間がかかり、16時になるとこの日の審理は終了した。Ｊリーグ側の専門家証人であるレフォー医師の尋問は翌日にずれ込んだ。

２日間にわたったために関係者はホテルに泊まりこみを余儀なくされ、通訳も２日拘束することになった。こうした経費も我那覇個人に加算されていく。弁護士たちはほとんど実費のみで動いてくれていたが、それでもかかる実費は膨大で、特に翻訳費用は予想を大きく超えていた。

翻訳負担がない日本のＪＳＡＡの裁判であれば当然提出したであろう多くの証拠も、費用を考えて断腸の思いで断念し、かなり削ってはいた。それでも審理終了時点で実費は２２３０万円になっていた。我那覇に付いた５人の弁護士の総活動時間は、７６２時間に及んだ。

５月１日、レフォー医師の証言。

「12～24時間は何もしないで待つというのが適切な治療である。生理食塩水の点滴静注は脱水に対する適切な医療であるが、極度の脱水のケースに限られる」

眼前に苦しんでいる患者がいるにもかかわらず24時間も放置している医師がいるのなら、それは医師免許は持つかもしれないが、少なくとも医師の心を持つ者ではない。レフォー医師の尋問が終わった。

結果的に争点は、我那覇に点滴する治療は妥当だったかという医療行為の問題に絞られ、患者である我那覇が何をすべきであったか、ということは争われなかった。あれほどにんにく注射だとＪリーグが騒いだビタミンB_1は、Ｊリーグ側からも何ら問題にされなかった。当然、緊急性があったかどうかも争われなかった。

我那覇側もＪリーグ側もこの点滴静注が、ＣＡＳが定義する「正当な医療行為」の６要件の一つである「競技力を高める可能性がない」ということに合意した。ちなみに他の5つは、1．治療に必要なものであること、2．ドーピングの定義に該当しない他の有効な代替的な治療がないこと、3．医学的診断が先行していること、4．資格ある医療担当者によって適切な医療施設で行なわれること、5．医療行為の十分な記録が保持されていること、である。

最後に我那覇は英語のスピーチに立った。

「ミスター・マルコム・ホームズ、ミスター・アキラ・コテラ、ミスター・ハンス・ナタール……」

「I believe the truth be found through this process.
（私はこの裁判で真実が明らかになると信じています）
The treatment I received is NOT a doping.
（私が受けた治療はドーピングではありません）
I devoted my whole life to football and I have never done anything to betray it.
（私はサッカーに人生を捧げてきました。サッカーを裏切るようなことはしていません）
My son, almost four years old, lately says he wants to be a football player.

（もうすぐ4歳になる私の息子が、最近、サッカー選手になりたいと言い出しました）

Not only for myself but also for my little boy, I want to proudly continue to play football.

（自分のためだけでなく、息子のためにも、胸を張ってサッカーをやっていきたいと願っています）

I also wish that no other athletes should ever go through the experience that I had.

（また、私と同じような経験をする選手があってはならないと願っています）

Thank you very much, Sir.」

さすがに万感胸に迫った。

我那覇は宇栄原の坂をドリブルしながら小学校に通い、机に向かうときも食事をするときも足下でボールを触り、眠るときもぴかぴかに磨いて抱いて寝た。ひたすらサッカー選手になるために努力してきた半生である。プロになったあともストイックに24時間をサッカーのために費やしてきた。ＣＡＳでの闘いを決意したことで大きなリスクを背負ったが、人間には絶対に譲れないものがある。それは真実を証明する場でこの言葉を言うためでもあった。

「自分はサッカーを裏切るようなことはしていません」

昼にはすべての審理が終了した。

ホテルの部屋を出ると我那覇は待機していた記者団の質問に応じた。

「立ち上がったのは、僕と同じような思いをする選手がこれからは出てほしくないからです。いい結果が出ることを期待しています」

やるだけのことはすべてやった。清々しさだけが残った。語り終えると慌ただしく川崎の練習場に向かった。この日のトレーニングに間に合った。

「僕を支えてくれた人たちのために前を向いてプレイで恩返しをしたい」

ゲーム形式のメニューの中ではシュートも1本放った。

裁定は約3週間前後で出るということだった。

第6章　美《ちゅ》らゴール

川崎へ

5月6日、新城正樹は矢も盾もたまらずパソコンの画面を凝視していた。どのキャリアーでもいいから空席はないか。何度も画面をスクロールしてすべての時間帯をチェックするが、それでもゴールデンウイークの那覇―東京便はさすがにどこも満席であった。

新城は一刻も早く東京に、いや川崎に行きたかった。CASの聴聞会は終わっているが、裁判費用について、ちんすこう募金はどれだけ和樹に貢献できているかを考えると、歯がゆい思いでいっぱいであった。ちんすこうをお返しにするというアイデアと告知の努力が奏功し、4月末には100万円ほどの支援金が集まっていた。募金活動としては大きな成果である。しばらくして、我那覇から電話があった。

「正樹さん、沖縄ではいくらくらいお金が集まっていますか？」

新城はこれだけあれば良いだろうという、半ば安心させる気持ちで金額を伝えた。

我那覇は「そうですか。ありがとうございます」と礼儀正しく礼を返してくれたが、その声のニュアンスから、新城は敏感に感じ取った。

「これはもしかするとかなりの危機なんじゃないか」

それからいろいろと独自に調べてみると、やはり全然足りないことに気がついた。

「あのはきはきしていつも明るい和樹の声から、覇気が感じられなかったんです。沖縄の100万円って大したものなので、少し安心していた部分もあったんですが、僕も状況をきちんと認識していなかったんですね。それからです。また電話して、和樹、俺もっとやるから。ウチナー魂さ。ちょっと期待して待っとけって言ったんです」

しばし黙考の末、やはり沖縄だけでなく県外で、それもフロンターレの地元で活動して支援の輪を広げるべきだという結論に至った。

すでに出発の4日前から予約のできるマイレージの特典航空券で、5月9日出発の羽田行きを押さえていたのであるが、新城は一日も早く動くべきだと考えて、6日の朝からネットで那覇―東京の航空券を探していたのである。一度パソコンを閉じて午前中の練習に行き、午後に戻ってきてから再びチェックをした。空席状況は動きそうになかった。無料で行ける9日まで待つか。諦めかけたとき、18時55分発のANAが1席だけ空いた。すかさず予約を入れると、携帯電話をかけた。

「今からそっちに行くからな」

受話器の向こうの相手は、あまりに急なことに驚いていた。

「本当ですか!?　本当に来るんですか?」「ああ、川崎で活動するから。和樹やフロンターレには絶対迷惑をかけないようにするから安心してな」「分かりました。21時15分に着く便ですね?　とりあえず羽田に迎えに行きます」

新城はそのまま空港に向かった。ハイシーズンの正規運賃は、往復で7万4800円もかかった。沖縄県民の平均月収は23・5万円、その3分の1の金額を払うと機内に乗り込んでいった。

我那覇にとって、正樹さんが来てくれるのは望外の喜びだった。ちんすこう募金の立ち上げから電話では何度も話していたが、直接会うのは数年ぶりであった。プレイスタイルは覚えているものの7つ年上の先輩とは会話をそれほどしたこともなく、正直、性格までは分からず、身銭を切ってここまで親身になって動いてくれるとは想像だにしていなかった。羽田空港でロビーに出てきた新城を見つけたときは思わず「本当に来たんですね」と言ってしまった。

「何言っているんだ。俺は昔からそういう人間だったろう?　お前の活躍は知っているけど、ごめんな、川崎の試合はあまり見てなかったんだよ。でもこれからいろいろ頑張るから、もう安心しとけよ」

我那覇は故郷の先輩の気遣いが嬉《うれ》しかった。川崎に来て、もう10年目を迎えるが、やはり自分をよく知ってくれている沖縄の人に会うと、身内といるように気持ちが安らぐ。

新城には、事前に深井正吉の存在を知らせていた。自分の所属するマネージメントオフィスの人で、自分の理解者であるということ。

「深井さんにも来てもらえるように話していますから、ぜひ会って下さい」

新城はちんすこう募金の活動を行なうにあたって「資金造成の経過報告」というブログを立ち上げていた。その中で、この5月6日の東京に着いてからの行動をこう書いている。

「21：15羽田着。和樹と合流し、23：00頃、F氏と川崎のファミレスで合流し、私の思いを伝えました。『この問題が風化してきていると思う。もう一度、サッカー界だけではなく、スポーツ界全体で考えていきたい。和樹と同じような選手は出したくない。そして、私の行う活動で和樹に関わるすべての人びとにご迷惑はおかけしませんのでご理解下さい』と『また明日活動できそうな場所を午前中で探して12：50の便で沖縄に戻り、また来ます』と伝えたら、F氏は『1日かけて探した方が良いのでは』と色々と適切なアドバイスをしてくれたので、予定を1日ずらし、翌々日の12：50の便で沖縄に戻ることにしました。そして、話し合いは1：00頃に終了しました。またF氏から、夜ご飯もご馳走《ちそう》して頂きました。感謝です。それからお店をあとにし、宿泊先に向かいました。とは言っても、予約しているわけでもなく、沖縄から上京するさいネットで調べただけのホテル『リッチモンドホテルプレミア　武蔵小杉』に夜中に押しかけ、宿泊することができました。どうもありがとうございます。チェックイン後は、和樹に無理を承知で30分くらい武蔵小杉駅周辺や等々力陸上競技場周辺を案内してもらい和樹と別れ、ホテルで明日の対策を立てました。この日かかった費用は、往復の飛行機代（74800円）宿泊代（19800円）です。正直、飛行機代はきつかったですね（笑）でもこれもすべて和樹のため！　私とて後悔はしたくない！　そのおもいだけで次の日を迎えます」

初めての土地、川崎でまったく手探りの状態から、新城は持ち前のバイタリティで動き出した。時間の限られた中でどこまで動けるのか不安はあったが、翌日からさっそくこの地の温かい人情に触れる。そしていかに我那覇が愛されているかということも知らされる。

7日は、募金活動をするのに適した場所を探すために、朝から川崎フロンターレのホームである等々力競技場へのアクセスを自分の目と足で確認する。最寄り駅の武蔵小杉からは何分かかるのか、ルートはいくつあるのかを念入りに調べ、徒歩で周辺を探索したあとは、実際にバスに乗って、道すがら、ここが向いているという場所をいくつもリストアップしていった。リストができたら、ベストと思われた場所から順番に交渉に向かった。最初に向かったのはレストラン・サイゼリヤだった。

「募金を考えるとあのお店の前のスペースが一番理想的な場所でした。ただ、チェーン店であることと、公園の敷地内なんで縛りがあることが、田舎者の僕でも分かったんです。それでもだめもとで店長さんに話をしたら、すごく熱心に聞いてくれたんです。やらせてあげたいけど、でも自分一人では決められず、上に上げるのに時間がかかるということで、翌日沖縄に帰らないといけない僕は断念しました」

次に目をつけたのは、その向かいの更地であった。いったい誰の土地なのか近所で聞いてみると、後ろの高願寺《こうがんじ》という寺の持ち物であるという。新城は臆せずに高願寺の呼び鈴を鳴らすと、奥さんとおぼしき女性が出てきた。話をすると熱心に耳を傾けてくれた。

「それなら住職に会って下さい」

一度奥に引っ込むと住職を呼んで、紹介してくれた。新城が再び「あの、川崎フロンターレというチームにいる我那覇和樹のことで伺ったんですが」と切り出すと、「ああ、我那覇選手、知っているよ」と、その存在を知っていてくれた。新城は嬉しくなった。

「僕はその先輩でいきなり沖縄から飛び込んで来たんですけど、実は和樹はＣＡＳという裁判所に裁定を仰いでいて、そこはものすごくお金がかかるんです。川崎で支援する募金活動をやりたいんですが、場所がなくて困っています。それであのスペースをＪリーグの試合日だけでいいので貸していただけないでしょうか」

厚かましいことは重々承知であったが、頭を下げた。

「ああ、そういうことだったら、どんどん使って下さい」

えっ、と思った。拍子抜けするほど早く、場所の確保ができた。それも目星をつけた中で2番目に理想的だと思ったスペースである。礼を言って辞そうとすると、住職は封筒を渡してきた。

「何ですか?」

「頑張って下さい。これは少ないけど、私から我那覇選手への募金です」

中には1万円札がぷっくりと複数枚入っていた。驚いた。

「いえっ、無償で土地をお借りするんです。その上にお金まではとてもいただけません」

「いいから受け取って下さい。そしてつらい思いをした我那覇選手のために使って下さい。川崎の私たちの気持ちです」

新城は涙が出そうになった。

「ありがとうございます」

新城が「資金造成」のブログを始めたのも、「募金を始めると詐欺じゃないかと疑う人がいるから、行動と金額をオープンに開示する意味でIT上のツールを持った方が良いよ」と内地の知人にアドバイスを受けたからであった。

「募金で詐欺って、ゆいまーるの沖縄じゃあ、考えられんのにな」とひとりごちながら、活動しながら慣れないパソコンに向かったのである。それが、この川崎の住職は疑うどころか、どこの誰とも分からぬ初対面の自分に即座に土地の使用を認めてくれたばかりか、高額な募金までしてくれた。感激のあまり嗚咽《おえつ》が漏れかけた。

川崎に着いた翌日に、最も重要だと思っていた募金の場所が確保できた。まずはちんすこう5000箱を沖縄から送らせる予定であったから、次はそれを保管する倉庫の手配だった。

幸い高願寺の敷地から30mほどしか離れていない場所に貸し物置があった。連絡先に問い合わせをすると、断熱材が施してあるというので、腐る心配もない。ちゃんとしたちんすこうを提供できる。ただ、通常は申し込んでから借りられるまでに2週間かかるという。新城は自分が倉庫の鍵を直接本社に受け取りに行くことで、この問題をクリアーした。

活動拠点はこれで整備された。問題はちんすこう募金の存在を川崎でどうアピールし、運営していくかであった。これは普段は沖縄でサッカーチームの指導者をしている新城ひとりでは不可能であった。誰かに協力を仰ぐにしても川崎の武蔵小杉周辺に知人はいない。新城は深井に電話をし、困っているからどうしても会いたい、今から我那覇に教えられた川崎の沖縄料理店・龍妃《りゅうひめ》で待っているから会えないか、と尋ねた。

この龍妃は我那覇の後援会「我那覇会」が集う場所であった。

深井は、都内での自分の仕事を終えると求めに応じてやってきた。新城は深井に川崎の地元で協力をしてもらえる人材を探してほしいと要望した。深井は話を聞き終えると、旧知の新聞記者に電話をした。記者は一人の男の名前を上げた。どうやら、その男も我那覇のために何かできないかと考えているという。新城はその連絡先を受け取り、この長い一日は終わった。

翌8日、新城はちんすこうを保管する物置の鍵を蒲田の会社に取りに行き、その足で羽田に向かった。空港に到着すると、意を決して記者から教わった番号に電話をかけた。しかし、移動中なのか、なかなか繋がらない。ようやく相手が出たのが、那覇行きの便が飛び立つ10分前、搭乗ゲートの中であった。男の名前は山崎真《やまざきまこと》。フロンターレのサポーターグループ、川崎華族のリーダーであった。このとき、新城はいたく緊張していた。

「沖縄っていうのはプロスポーツがないので、サポーターっていうと阪神とかアントラーズの熱狂的な人たちを思い浮かべてしまって、フーリガンとまではいかなくとも怖い人で、僕みたいな田舎者の手には負えないんじゃないか、たしなめられるんじゃないかという恐怖心もあったんです。で、飛行機が出る10分前に電話に出られたもんだから、ちょっとパニックになって『はいっ、山崎さん、あの、活動に来ました。僕は我那覇の先輩で、僕には力がないんで、手助けしてくれるのは川崎のサポーターしかいないと思って、勝手ですけど』って、あまりにも僕が興奮して一方的に話すもんだから、『ああ、落ち着いて下さい。今から飛行機が飛ぶんですよね？』って、向こうにも空港アナウンスが聞こえたみたいなんですね。『沖縄に着いたら電話下さい』って、いい感じで電話を切られたんです」

結局、那覇に着いてから、自分のチームの練習を指導した後に再度コンタクトを取った新城は、山崎と2時間以上も話し込んだ。翌日、またマイレージのチケットで上京する旨を伝えると、山崎は便名を聞いてきた。迎えに行くというのである。すぐに協力を確約してくれたのであった。新城は安堵の中で眠りについた。

5月9日、新城は朝から精力的に動き回る。社会福祉協議会へ出向いて、ちんすこう募金のビラを1万部印刷すると、丁寧に梱包《こんぽう》した。翌日のレッズ戦でスタジアムで配るのである。準備を進めていると、龍妃で知り合った我那覇会からも連絡が入った。このネットワークが広がる喜びの件《くだり》を新城のブログから引用する。

「そして、我那覇会の方からも、ご連絡を頂き、我那覇会『お手伝いをする人はいるの？』私『いいえ、まったくいません』我那覇会『天候も悪くなりそうだけどテントとか用意しているの』私『まったく準備していません。川崎に知り合いがいないもので』我那覇会『……それじゃあ、テントとテーブル、募金活動を手伝いする人を用意するね』私『ありがとうございます』あ〜〜〜急だというのに本当に感謝です！　和樹は幸せものですね！　こういう人たちに支えられて。すごく誇りに思います」

夕方のチームの指導を終えて空港に向かうと、我那覇の母、ユキ子が見送りに来ていた。「これ機内で食べていって」。手作りの豪華な食事を差し入れてくれた。

羽田では山崎が車で迎えに来てくれていた。昨夜、電話で話しただけであったが、すっかり打ち解けた雰囲気で会話ができた。連絡を取るのに緊張していたのが嘘のようであった。山崎はカネはなくても行動力がある新城に、自分と同じ匂いを嗅ぎ取っていたのである。山崎にしても、高卒で入団し、Ｊ２時代からチームに大きな貢献をしてくれた我那覇はミスター・フロンターレというべき存在で、何らかの形で支援に動きたいと思っていた。

「Ｊリーグと闘うなら普通選手会とかを通すでしょ。でも彼はしなかった。我那覇はたったひとりで立ち上がった。エゴイスティックなアピールじゃなくて、ただ真実を知りたいと。そういう姿勢をすばらしく思っていたから、なおさら応援したかった」

ただ、山崎は自分たちのそのアクションが我那覇に余計なプレッシャーを与えてはいけないと考えていた。リーグに抵抗という図式になると、我那覇の本意から外れてしまうのではないか。そんなところに新城が沖縄から持ってきたちんすこう募金というアイデアは極めて新鮮に映った。

山崎は川崎華族のメンバーにも声をかけてくれていた。ホテル近くのファミリーレストランでその仲間たちとミーティングを開いた。新城のあふれるような思いを、皆が真剣に聞いてくれた。全員が、趣旨に賛同し、協力を申し出てくれた。新城が川崎で活動しようとたったひとりで決意し、羽田行きの空席を探していた5月6日から、たった3日間で支援の体制が整った。「今思ってもあれは、何か神がかっていたとしか思えない」と新城は振り返る。

ちんすこう募金本土デビュー

Jリーグ第12節川崎フロンターレ対浦和レッズの行なわれた5月10日は、ちんすこう募金の本土デビューの日となった。

山崎から朝7時には等々力競技場に来るようにと言われていた新城が時間通りにスタジアムに行くと、すでに1000人ほどのサポーターが集結していた。新城はそこで改めて大きな声で自己紹介と協力要請を行なった。

呼応するようにサポーターたちは皆、立ち上がって快諾してくれた。高願寺にしつらえた募金所での活動は我那覇会の人々が買って出てくれたので、新城は山崎に連れられてスタジアムでの挨拶まわりに精を出した。ここでまた大きく人の輪が広がった。この日は悪天候であったにもかかわらず600人分の募金が集まり、38万4000円の支援を集めることができた。

新城にはレッズのサポーターまでもが募金をしてくれたのが驚きであり、また大変に嬉しいことであった。この動きは、やがてJリーグ全体に広がり、フロンターレと対戦するチームのサポーターたちも、進んでちんすこう募金に協力するようになっていった。

こうして、県外でちんすこう募金の第一歩は無事に踏み出された。

山崎の尽力が大きかったのは言うまでもない。川崎華族のリーダーはこう振り返る。

「沖縄から来た奴《やつ》が川崎のためにこんなにがんばろうとしてくれている。それに応えなければ俺たちはサポーターじゃねえ、そんな思いですよ」

山崎は子どもの頃、家族旅行をすると、旅先で「どこから来られたんですか」と聞かれるたびに親が「横浜です」「東京です」と応えるのに違和感を感じていた。公害とネオンの地域から来たというイメージを避けたかったのかもしれないが、俺らの町はそんなに誇りの持てない町なのだろうか。悶々としていた時期にJリーグができた。南武線の平間《ひらま》駅でひとり黙々と試合のポスターを張っている天野春果《あまのはるか》（フロンターレプロモーション部長）に出会い、「サッカーでこの町に誇りを持たせたい」という言葉に感銘を受けた。「これだ」と山崎は思った。以来、サポーターとしてクラブを支えてきた。

山崎はなぜ、フロンターレが我那覇を支援しないのか、薄々分かっていた。

これよりあとになるが、山崎はその推測が確信に変わるでき事に遭遇する。同年9月、Jリーグの犬飼基昭《いぬかいもとあき》専務理事が、フロンターレが過密日程による影響から柏レイソル戦の選手を大幅に入れ替えたことに怒り、公衆の面前で武田社長を激しく叱責する現場を目撃してしまう。ベストメンバー規約を破ったわけでもなく、そもそもどの選手を使うかは監督の専任事項であるが、その叱責の激しさは専務理事と実行委員という関係を逸脱していた。

犬飼は慶應大学サッカー部で武田の先輩に当たる。当時、「川崎はサポーターを裏切った」と批判した犬飼に対して山崎は、スタジアムで「犬飼さん、我々は裏切られていません」と横断幕を掲げてこの介入に抗議、その横断幕にサポーターの署名を集めてJリーグに提出するという行動を起こしている。

そんなことが起きる4ヶ月前であった。山崎には動かない、動けないクラブの分も我那覇のためにという思いがあった。

「社長も本当は板挟みで苦しいんじゃないか。クラブがリーグに盾を突けないのなら、代わりに俺たちフロンターレのサポーターがやってやる」

会社を突き上げるんじゃなくて自分たちが動く。それが山崎のポリシーであった。

新城は浦和戦の翌日午後2時の便で那覇に帰る予定であったが、その前に解決しておかなければいけない問題があった。次節5月17日の大宮アルディージャとの試合はキックオフが夜の7時。高願寺の募金会場は更地にテントを張っただけのものなので真っ暗になってしまう。何をやっているところなのか分からなければ、サポーターも足を止めてくれない。新城は隣にある中古車販売店フェニックスに目をつけていた。ここから何とか電源を借りることはできないだろうか。

照明機材はフロンターレのスタッフが内々で手配をしてくれることになっていた。フロンターレは会社としては我那覇をひとりで矢面に立たせてしまったが、内部には多くの同調者がいた。特に18歳で入ってきたときからその実直な性格に触れていた中堅の社員たちは、表立って支援できない中、こっそりと集まりに来ては応援してくれていた。上司もまた、それを見て見ぬふりでサポートしていたのである。ある日、山崎が事務所を訪れると、すべての社員の机の上にちんすこうが置かれていた。

新城は出発前の時間のない中、再び起こった善意の小さな奇跡の様子をこう書いている。

「挨拶を兼ねて9：30頃にフェニックス（中古車屋さん）に。初めて店長と御対面。これまたすごく良い人のオーラが……私はこういうものですと、理由を説明し、前日にちゃっかりコンセントを調べていた私は（笑）、来週の活動にはどうしても照明がないと出来ません。どうか、どうかと話している側から、店長『良いですよ。外にあるトイレもそこから電源を引いているので、電気は走っていますから』なんと嬉しいお言葉！　こんなに上手《うま》くいくとは。これはまさに神懸かり……何かみんなが和樹の背中を後押ししている予感ではないかと勝手に思い込む私（笑）。実際は、川崎の人達が温かいんですね。本当に感謝です。それから、コンセントさえあれば、某関係者が照明の準備をしてくれるそうで、すぐに連絡。これで全ての準備が整い、空港へ。もちろん、この神がかり的な活動のスタートとなった高願寺さんへ、お礼とお土産、今回の報告と次回のお願いを済ませて旅立ちました！」

6日に新城が一人で川崎に入ってから、かなわなかった頼み事は、一番最初の公園の敷地にかかる土地の使用のみ（それも担当者は親身になって聞いてくれた）であった。新城には、まるで前年からさんざん苦しんだ我那覇を見たサッカーの神様が、立ち直るために見えない手で介添えをしているかのように思えた。高願寺から向かった羽田空港では、長い間笑いを忘れていたであろう我那覇との微笑ましい一幕もあった。

「空港には和樹が送ることになっていたので、一緒に空港に向かい、そこで昼飯を取ったんですが……そこでトラブルが……会計の際、俺が払う、いやっ俺が払うと和樹と押し問答。君はプロ選手かも知れないけど、僕は先輩。それにいまお金が必要なのはお前（和樹）だろ（笑）。やりとりを見ていた周りや店員は大笑い。次からは静かに食事しますので、どうかお許しを」

大きな手応えを得て新城は那覇に帰った。夜に行なわれた小禄サッカー有志の会の会議で報告すると、予想以上の大きな成果に拍手が起こった。

沖縄では仲間たちも積極的に活動を展開していた。警察に足を運んでは道路占有許可証を取り、那覇の目抜き通りにある「パレットくもじ」前で何度もビラを配って、募金活動を重ねていた。街頭では「この裁判は勝っても負けても何千万円も払わないといけないんです。だから皆さんの力で支えて下さい」と盛んに訴えた。

先述したように沖縄では立派な家が一軒建つ金額である。そんな金額をブルティーダの選手は、下は幼稚園生から上は中学生、そして保護者が、暑い中ずっと街頭に立ち続けた。

もちろん、ユキ子の姿も毎回その中にあった。

この活動を全国紙のスポニチと報知が取り上げてくれたこともあり、反応も徐々に大きくなっていった。ある日、有志の会の口座通帳を記帳したら、シーサーという名前の振り込みがあった。ふざけているな、と思って金額を見たら、30万円も入っていた。匿名での寄付であった。

新城は川崎の試合がある度に、身銭を切って沖縄から通い続けた。自分のチームの指導を終えて、那覇の空港に行くと必ずユキ子が待ち受けていて、「正樹君、夕食取っていないでしょ、これ機内で食べていって」と手作りの弁当を渡してくれるのが恒例となっていた。

ユキ子は、何の報酬もない中、息子のために活動してくれる新城に感謝しきりであった。新城は「ストーカーですね」と笑いながら、ずっしりと思いのこもった弁当を受け取っていた。

沖縄から試合ごとにやってくる男の献身的な動きは、ボランティアの起爆剤となり、多くの川崎市民、Jリーグサポーターたちを巻き込んでいった。川崎市中原《なかはら》区の朝日新聞販売店であるASA中原の鈴木所長は、毎回1万枚のチラシを沖縄から運んでくる新城に、もうそういうものはこちらで印刷をしようと提案してくれ、さらには宅配する朝日新聞への折り込みまでしてくれた。配達員の人たちまでもが、毎回、後片付けの手伝いに来てくれた。

17日のナイター、大宮戦では驚くほど多くのアルディージャサポーターたちが募金会場にやってきた。新城は大宮市民であろう彼らから、「これは川崎だけの問題ではないからね。頑張って下さい」という声を数え切れないほどかけられた。さらにはサッカーファンではないが、沖縄出身で川崎在住の人々もまた「我那覇のためなら」と、進んで協力してくれた。

この日の試合、我那覇は結果的に出番はなかったものの、ベンチ入りを果たしていた。

2対3のホーム川崎の敗戦でゲームが終わり、募金会場の後片付けが終わっても新城の活動は続く。遅い夕食を済ませ、しばしの仮眠を取ると、深夜3時に川崎華族のメンバーと一緒に車で東北に向かったのである。翌18日はJ2の試合が行なわれる日程であった。ベガルタサポーターと仲の良い山崎の計らいで、ベガルタ仙台対モンテディオ山形の試合前にも、ちんすこう募金ができることになったのである。

試合は、仙台と山形の、いわゆるみちのくダービー。仙台は我那覇がJリーグデビューを飾った土地でもあった。募金場所の確保は飛び込みであったが、スタジアム入り口の「セントラルフィットネスクラブ泉」が快く場所を提供してくれた。仙台のサポーターたちは温かく、ビラを撒《ま》いていると必ず受け取り、話しかけてくれた。日帰りの弾丸ツアーであったが、大きな収穫であった。

ちんすこう募金は浸透していくうちに、商品を受け取らず、募金だけを置いていくサポーターも増えていった。川崎で活動していたある日、我那覇のレプリカを着てきた30代と思《おぼ》しき若い男性がふらりとやってきて、10万円を束で置いていった。席を外していた新城が気づいて、慌てて追いかけた。

「今、すごい金額の寄付をいただいたみたいですが、すみません、10万円分のちんすこうが、今ないんですよ」

男性は、「応援したい気持ちからだから」と気にするわけでもなかった。

「いえ、せめてご住所だけでも教えて下さい」

新城は後日、ちんすこうを段ボールで何箱も送った。

山崎の自宅に現れて募金だけしていく人も現れた。

集まった募金は順次、ＪＰＦＡ（Ｊリーグ選手協会）の仲裁手続き募金の口座に送金していった。選手協会はこの高額な募金に敬意を表し、ホームページの記帳欄では総計で一緒にせず、必ず「小禄地区サッカー有志の会」という枠を作って金額を別に載せてくれていた。

正月に行なわれた宇栄原小サッカー部の後輩の結婚式をきっかけに、新城が那覇から始めた支援の輪は大きく広がり、ちんすこう募金はジェフ千葉のホーム蘇我《そが》でも昼田宗《ひるたむね》昭《あき》シニアディレクター（当時）の計らいで行なわれた。

蘇我駅からフクダ電子アリーナまではまさに一本道で、街頭立ちしてビラを配るには絶好のロケーションであった。オフであった深井も駆けつけ、この日は一市民として協力した。

このとき募金したジェフサポーターの中島美穂（会社員）は、敬愛するオシムが代表監督時代に「（このドーピング問題は）選手が被害を被らない形で、きちんと解決した方がいい。選手はプレーで勝負するものですから」と発したコメント（日刊スポーツ2007年5月4日）を覚えていた。我那覇が被害を被らないどころか、当事者としてＣ

ＡＳで裁判をするしかなくなってしまったときの心境と、それでもサッカー界のために何千万円もの経費を背負って立ち上がってくれた勇気を思いやると、チームを超越して心から尊敬の気持ちがわいてきた。

「少しでも我那覇さんの負担を軽くしたい。オシムさんが元気なら、きっとこうしたと思う」と、高額紙幣を紙にくるんで募金箱に入れてそっと立ち去った。

7月17日のエスパルス戦では初老の紳士が試合前に立ち寄って、募金とともに気さくに励ましの言葉をかけてきた。

「応援していますからね。頑張って下さい」

出された名刺を見て新城は驚く。

「清水エスパルス代表取締役早川巖」

早川は我那覇の件ではいつも強い義憤にかられて、Ｊリーグの実行委員会でもヴィッセル神戸の安達貞至社長とともに「この裁定はおかしいのではないか」と発言していた。

このときの募金については「Ｊリーグの実行委員としても人間としても、我那覇君を放っておけなかったというのがあった。我々も力及ばず彼を苦しめた責任を感じていましたからね。あとはうちのチームに我那覇君が欲しかったというのもあったから、印象を良くしようと思ってね」と豪快に笑った。

試合会場に向かう途中、募金会場前の信号で止まった1台の車から、ドライバーが降りてお礼を述べていった。我那覇本人だった。すかさずサポーターもエールを返した。新城はそのやりとりを見て、改めて感慨に浸っていた。

ちんすこう募金は様々な人の協力を得て中断期に入る7月末まで続けられ、3ヶ月間で最終的に911万7416円を集めた。

CAS裁定

聴聞会から3週間がたった。

その日、我那覇は急遽、神保町にある弁護団の一人、上柳敏郎の法律事務所に呼ばれた。CASの裁定が出るらしい。

練習後、深井との待ち合わせ場所である岩波ホールの看板の前に来ると、すでに深井は到着していた。そこにパートナーの山本もいた。「行こうか」とだけ短く言って深井は踵《きびす》を返した。

「……おかしい」

いつもなら多弁とまでは言わずともフレンドリーに話しかけてくる深井が、まるで会話を避けるように歩き出す様子を見て、我那覇は不吉なものを感じていた。目線を合わそうとせず感情を押し殺したような表情は、明らかに様子がおかしかった。

「間違ったことをしていないという信念の下に立ち上がった闘いであったけれど、良くない裁定結果が出たのではないか」

不安が胸をよぎった。膨大な裁判経費のみならず、ドーピングの汚点も残るのか。

一方、深井はやはり結果をすでに望月から電話で聞いて知っていた。我那覇に伝える役目を託されていたのだが、待ち合わせ場所にやってきた本人の顔を見た瞬間に、こみ上げてきた涙をこらえきれなくなり、思わず顔を背けてしまったのである。こいつがどれだけ孤独に耐えて頑張ってきたことか。

上柳の事務所の入っているビルの前に来た。

振り返り、「ガナ」と呼んだ。続けて、

「シロだって」

「………?」

よく聞き取れなかった。

「真っ白だって」

「それはどういうことですか?」

「だから、勝訴だよ。CASはガナの主張を認めたんだよ。おめでとう」

「本当ですか?」

やった! と我那覇の顔が弾《はじ》けるより一瞬速く山本の目から、大粒の涙が大量に流れ出した。

「良かったねえー」

3人はビルの前で子どものように肩を抱き合い、グルグル回って祝福の言葉を捧げ合った。

その後、どうやって上柳の事務所に上がったのか、記憶は飛んでいる。

覚えているのは、ドアを開けたとたん、部屋にいるすべての弁護士、職員が立ち上がって拍手で迎えてくれたことである。

CASの決定

1　本件上訴を認容する。相手方（Jリーグ）が中立人（我那覇）に対して2007年5月10日付けでした6試合の公式試合出場停止処分を取り消す。

2・1　本件仲裁費用（CASが負担している会場費用、仲裁人3名の旅費、宿泊費、日当）は相手方の負担とする。負担額については、追ってスポーツ仲裁裁判所事務局が決定し通知する。

2・2　相手方は、中立人が本仲裁手続きに関して負担した弁護士費用その他の費用のうち2万米ドルを支払うこと。

2・3　相手方の費用は自己負担とする。

圧勝、完勝、パーフェクトと言える勝利であった。山澤医師は「1000対0の勝利」と総括した。

CASの歴史上、異例の仲裁決定事項が2・1と2・2である。CASは仲裁費用そのものをJリーグ側に負担させ、さらに2万ドル（当時のレートで約210万8400円）を我那覇に支払うよう命じているのである。我那覇が負担しなくてはならない総額（最終的に3441万2268円）からすれば額としては大きくないが、CASが相手方に弁護士費用などの一部を支払うようにさせた例は過去に一切なく、これはJリーグ側に史上最高額の罰金を科すことで、そのずさんな裁定を厳しく指弾したものである。裁定文には「仮に違反があったとしても我那覇選手には過失がないので処分されるべきではない」（CAS裁定文48項）と書かれていた。

その日の午後5時40分頃。那覇で新城は少年チームを指導していた。

メニューは7対7のパスゲームだった。新城は白いビブスを着けたフリーマンとして、ボールを入れたチームの味方となって攻めに転じる役割を担っていた。攻守の切り替えの早さを意識させて身体にすり込むことを目的とするこのトレーニングはよく行なっていたが、いつもと違う点が一つだけあった。新城が携帯を持ってプレイしていたのである。それは今日、我那覇からかかってくる電話の意味の重要さを分かっていたからである。ゲームが白熱してきたとき、着信を知らせる音が響いた。

「正樹さん！」

７つ年下で、同じところで育ち、同じボールを蹴り、ときに自分の指導を受けた男の声だった。小学生の頃からよく知るその男は受話器の向こうから、弾んだ声で潔白が証明されたことを伝えてきた。

「集合！」

ゲームを中断させて新城は小さな選手たちを集めた。

「みんなの先輩が……」

わっと歓声が上がった。我那覇は沖縄のサッカー少年すべての憧れであった。子どもたちも、目標とするＪリーガーの先輩を信じて街頭に立ち、幾度も募金活動を行なってきたのである。自分のことのように喜んだ。新城はフリーマンをコーチに代わってもらい、お世話になった人々すべてにお礼の電話をかけ続けた。

The Panel is of the view that Mr. Ganaha's conduct is not deserving of any sanction, and the Panel does not need to reach a conclusion on whether Mr. Ganaha commited an anti-doping violation by using or applying a prohibited method or not.

Even if the Panel were to reach a conclusion that Mr. Ganaha had committed an anti-doping violation by using a prohibited method he should not be sanctioned as he bears no fault. After considering the unique facts and circumstances of this case, the Panel has reached the conclusion that Mr. Ganaha acted totally without fault. The Appeal is upheld and the decision with respect to Mr. Ganaha is set aside, and the relief requested by the Appellant is hereby granted.

「パネルは、我那覇選手の行動はいかなる制裁も科されるに値せず、よって、パネルは我那覇選手が禁止方法を用いてドーピング違反を犯したか否かについての結論を導き出す必要もないとの見解である。仮にパネルが我那覇選手が禁止方法を用いてドーピング違反を犯したとの結論に達したと仮定したとしても、それにしても、我那覇選手には過失がないので処分されるべきではない。本件の特殊な事実と事情に鑑み、パネルは我那覇選手は全く過失なく行動したとの結論に至った。よって、本件上訴を認め、我那覇選手に関する本件処分は取り消され、申立人が求める救済をここに認める」（CAS裁定文）

我那覇弁護団は裁定が出た5月27日夕方、都内で記者会見を開いた。

主任弁護士・望月浩一郎は「CASは正当な判断をした。そのことに敬意を表する」

と話した。勝訴について語る弁護士たちの表情は安堵に満ちていた。上柳弁護士のコメントが聞いていた者の胸を打った。

「我那覇選手は、サッカー界の問題によってドーピング違反の冤罪を被ってしまいました。しかし、我那覇選手を窮地から救い出したのもまた、チームドクターたちをはじめとするたくさんのサッカー界の人たちの力です。そういう人たちがいるサッカー界には、輝ける未来があると思います」

かつて、千葉すずの裁判の際には水連側の代理人として立っていたが、今回は事件の本質を見極めて選手・我那覇のために闘った人物の言葉には重みがあった。

後藤秀隆前フロンターレチームドクターは、このときの心境を「自分のやった治療は間違っていなかったとずっと信じていたし、主張も一貫して続けていたので本当に嬉しかった。我那覇には僕と結託していると邪推されて迷惑をかけたくなかったので一切、連絡を取っていなかった。でも立ち上がってくれた。彼の勇気に本当に感謝した」。

後藤医師の治療についてＣＡＳはこう認定した。

「本件の医療行為は、医師によって、医師のプロとしての診断に基づき、治療の一環として選手に対し治療を行い、これと同時に適切な医療記録が医師によって作成されたものであることが、明らかである」（ＣＡＳ裁定文）

東京新聞の井上靖史記者は５月28日付の朝刊でこう総括している。

「我那覇は冤罪だった。全体的に判断を覆されたJリーグは、関係者の名誉回復と仲裁費用の補てん等に真摯に対応しなければならない。Jリーグ側（以降J側）の主張には明らかに無理があった。今回の問題では、我那覇の受けた点滴がドーピング規程に抵触しない『正当な医療行為』かどうかが争われたが、何が正当な治療なのか、Jリーグは事前に基準も示していなかった。J側の証人の医師は『体調不良を訴えても12－24時間は何も治療せずに待ってから判断すべきだった』と主張したが、常識外れだろう。J側の不誠実な対応も目立った。我那覇は当初、翻訳や仲裁人の渡航費用の負担を軽くするため『日本スポーツ仲裁機構』での仲裁を求めたが『世界最高峰の判断を仰ぎたい』とJ側が拒み、実現しなかった。『負担を重くすれば選手が訴えないと考えたのではないか』（我那覇側弁護士）と勘ぐられても仕方ない」

識者もこの裁定を受けてコメントを寄せた。

WADA元倫理教育委員・筑波大学近藤良亨《よしたか》教授「世界の基準や判断を知らずに内部の判断で処分を決めたJリーグの失態が明らかになりました。混乱を長引かせた責任もある」（朝日新聞5月28日付）

早稲田大学福林《ふくばやし》 徹《とおる》 教授「Jリーグの勇み足だったが、この一件で国内のドーピング

に対する意識は格段に上がった。迷って治療が遅れてはいけないので、具体的なガイドを整備してもらいたい」（朝日新聞同日付）
ＦＩＦＡのＤＣ委員会関係者も「現場の医師は目の前の患者を救うために数秒間で判断して行動しなくてはいけない。一方、裁判官はじっくりと物事を検証して慎重に判断を下すべきである。Ｊリーグ DC委員長こそが、我那覇に裁定を下す前にＦＩＦＡ、ＪＡＤＡに問い合わせるべきであった」と発言。

ところが、鬼武チェアマンは異を唱えた。

５月28日Ｊリーグ記者会見において、「ＣＡＳは正当な医療行為か否かは判定していない」「ＣＡＳが我那覇の受けた点滴注射について違反かどうか踏み込まなかったことについては、『ドーピング違反があったという認定そのものが、否定された訳でない』」（Ｊリーグ側の代理人原秋彦《はらあきひこ》弁護士）とし、川崎が支払った制裁金１０００万円については返還しないという意向を示したのである。治療の正当性を判断できる立場にない我那覇を処分したことが過ちであったとは認めたものの、ドーピングかどうかは判断していないので、川崎フロンターレの管理責任は問うたままということである。

28日には以下のようなＪリーグリリースを出している。ＣＡＳの裁定文の48項から抜粋とし、

ＣＡＳ「本件においては、証拠及び相反する当事者らによる中立及び証人の審尋の慎重な評価の末、当法廷は、我那覇選手に対していかなる制裁も科すべきではないという事案であるということについて当法廷が納得しているために、違反行為があったか否かについて判断する必要はないという結論に達した。同人の行為は、何らかの制裁に値するものではない。『ＷＡＤＡ規程』の関係条項において用いられている関係文言は不明確であり、当該条項は、その後改訂されている。２００７年1月の青木医師によってなされた説明は、十分に明確ではなかった。—中略—当法廷は、禁止された方法を使用し又は適用することによって、ドーピング違反を我那覇選手が犯したか否かについての結論に達する必要はない。禁止された方法を使用したことによってドーピング違反を犯したものであったとの結論に当法廷が達したとしても、同人には、何らの落ち度もないので、制裁を受けるべきではない」

一読すれば分かるが、「いかなる制裁も科すべきでないという事案であるということについて……判断する必要はないという結論に達した」。およそ日本語とも呼べぬ酷《ひど》い翻訳文章を紹介した上で、鬼武チェアマンがこう述べている。

「今回の仲裁の裁定においては、焦点となった静脈内注入が、正当な医療行為か否か、すなわちドーピング違反か否かについて明らかにしてほしいと、当事者の双方が望んでいた。にもかかわらず、裁定では、それが判定されることはなく、残念であり困惑してもいる。—中略—本決定はドーピングか否かに言及されず、将来に禍根を残すことが懸念される。我々も勉強しなくてはならないし、選手にも理解を求め指導していきたい」

前年にＪＳＡＡでの仲裁を拒否し、世界最高の権威であるＣＡＳでのジャッジを望むとした鬼武が、一転してそのＣＡＳに対して「残念で困惑」と不平を漏らしている。

これに、我那覇側の弁護士はすぐさま反論した。

「Ｊリーグの主張は前後の脈絡を無視した、48項だけのツマミ食い解釈である」

「48項で言うのならば、

The explanation given by Dr. Aoki at the meeting in January 2001 was not sufficiently clear. The J League had not taken adequate action to specify the detailed conditions, both substantial and procedural, to determine what is legitimate medical treatment. There was, and still is, on the evidence divided medical views on the necessity for an intravenous infusion in the circumstances of this case.

青木医師が２００７年1月の協議会でした説明は、十分明確ではなかった。Ｊリーグは実体面についても手続き面についても、正当な医療行為か否かを決める詳細な条件を明確にするための適切な措置を講じなかったのである。当時もそして今も、本件事案において静脈内注入が必要だったのかに関する医学的見解は証拠上わかれている」

明らかにJリーグ側に誤りがあったことを指摘している。

上柳敏郎弁護士は「正当な医療行為があったと心証が得られると47項に書いている」とコメントした。

47項は、

Whilst the Panel might be minded to accept that in all the particular circumstances of this case, the intravenous infusion was a legitimate medical treatment for Mr. Ganaha within the meaning of the 2007 WADA Code. The Panel notes that at the time the J League had not adopted those provisions of the WADA Code which related to sanctions.

これを我那覇側の和訳は、「本パネルは、2007年WADA規程に照らすと、本件静脈内注入は、以上すべての本件の具体的な状況の下で、正当な医療行為に該当することを認める心証をもつことができるところであるが、本パネルは、Jリーグが当時、WADA規程の制裁措置に関する条項は採用していなかったという点に留意する」としている。

一方、Jリーグ側の和訳は、「当法廷としては、本件の独特のすべての事情の下で本件静脈内注入が『2007年WADA規程』の意味において我那覇選手にとって正当な医療行為であったことを認容することについてはそういう意向になることもあるかもしれないところ、当法廷としては、その時点においてJリーグは制裁に関係する『WADA規程』の関係条項を採択していなかったことを注記しておく」と、意味不明の訳し方をしている。

我那覇弁護団は、この訳に対し、権威のあるBlack's Law Dictionaryから用法を引用し、mightを意向と訳すのは誤訳であり、心証が正しいと指摘している。

ドーピング違反か否かを明確にしていないと主張しているが、そもそもCASが我那覇から微塵でもドーピングの可能性を見出していたのなら、制裁の取り消しをするはずがない。

鬼武のコメントはCASの裁定を逆手に取り、誤訳も交えて、あたかもドーピングの行為があったかもしれないという主張をしたものである。それは潔さを欠く、見苦しいものであったが、川崎へ制裁金の1000万円はついに返却されなかった。羽生事務局長は「CASの裁定は、ドーピング違反があったかどうかの判定をする必要がない、としており、返す論拠がない」（5月30日付読売新聞）というコメントを出したが、この条文の真意は我那覇にはいかなる制裁も科すべきではないので、判定を導く必要すらないという門前払いの意味である。CASは我那覇への制裁処分を取り消せとジャッジしており、「返す論拠」以前に「制裁を科す論拠」が消えたのだから、詭弁である。

これに対し、Jリーグ参与（前理事）の三ツ谷洋子は7月17日の自らのブログで「返せばよい」と毅然として批判した。ブログの文面からはJリーグ理事会がここに至っても真摯に反省をしていない様子が垣間《かいま》見《み》える。

「昨日の〝旧理事会〟での議論の焦点は川崎フロンターレに科した制裁金をどうするか。そして、多くの理事が指摘したのが、『返還しない』と解釈されないよう説明することが大事だ、ということでした。それなら、返せばよい、というのが私の持論。CASが『白』と認めて我那覇選手に科した出場停止処分を取り消したのですから、その判断を適用すれば分かりやすいと思います。ところが、『制裁金返還せず』の見出しが、私が読んでいる新聞のうち、読売新聞と日刊スポーツに出てしまいました。読売新聞の解説記事の結論はこうでした。……ただ、こうした対応が一般の目から見て、非常に分かりづらく、責任の所在をかえって不明確にしたように見えるのも確かだ。同感です。私自身、何とかJリーグとしての誠意を示せないものかと考えたのですが、主張を反映させることは、結果的にできませんでした」

孤軍奮闘、三ツ谷のような見識と勇気を持つ理事（このときは参与）がJリーグに他にいなかったことが、かような事態を招いたと言えないだろうか。三ツ谷はJリーグ発足時に川淵チェアマン（当時）から「サッカー界の常識が社会の非常識にならないようにいろいろ意見を言ってほしい」との理由で請われて理事に就任したのであった。三ツ谷は約束を果たしたが、サッカー界の常識は非常識になった。川淵はこれをどう見ているのだろうか。

1000万円は「川崎も管理責任を認めている」（鬼武）という言い方と、ドーピングの啓蒙活動に使うという目的で発表された。これだけを見ればまるで我那覇がグレイであったかのような印象を周囲に与えてしまう。責任の所在の不明確化を目的にした返却拒否であればそれは、成功したであろう。

事実関係を検証した幾人ものチームドクターから我那覇を意図的に有罪に導いたのではないかと推論された青木は表舞台に出て来ず、前年5月に我那覇の処分が決まる前に「出場停止12ヶ月以下が妥当だろう」と量刑にまで言及してマスコミに話した川淵三郎会長は、一転して傍観者のようにこうコメントした。「我那覇の名誉が回復されたことはよかったと思う。ただ、その行為が違法だったのかどうか、何がどう悪かったかは触れられていない。納得しづらい内容になってしまったと思う」（5月28日付共同）、「我那覇側、Jリーグ側で裁定本文の解釈が異なる問題に関して『議論し合えばいいのでは』」（5月29日付スポーツ報知）。

２００９年秋。Ｊリーグのパーティーに出席した友近議員は、会場にいる鬼武のもとに出向いた。我那覇のドーピング事件に触れた国会質問のこともあり、きちんと挨拶をしたいと思ったのである。我那覇の無罪を告げる裁定が正式に出たことで、サッカー界のために喜んでくれると思っていた。ところが、意に反して延々と罵声を浴びせられたという。周囲で見ていた人々の証言では「あれは、もう国会議員とＪリーグチェアマンの関係ではなくて、ただ、お前は何ということをしてくれたんだという先輩が後輩に対する叱責でしたね」

自戒も込めて書くが、もうこの２００７年のドーピングをめぐる事件を「我那覇問題」と記すことに終止符を打つべきである。何となれば、責任をはっきりさせるならば、これは「青木問題」であり、「鬼武問題」であり、「川淵問題」であるからである。

ガナ、ゴール！

裁定結果が出た4日後の5月31日は、ナビスコカップのグループリーグ戦だった。

我那覇は、２００８年シーズン初の先発出場を果たした。対戦相手はコンサドーレ札幌。等々力競技場は北の大地からやってきたサポーターたちも巻き込み、その空間全体が我那覇を祝福し、応援しているかのようだった。

新城によれば、この日も行なわれたちんすこう募金には札幌サポも大挙して協力してくれ、試合前にすでに1200人が募金をしてくれたという。

15時キックオフのこの試合を深井と山本はバックスタンド上段から見守っていた。深井はドクター、弁護団、そして多くのサポートしてくれた人々に向けて試合を実況していた。ツイッターのない時代である。携帯メールをCCで送っていた。

我那覇はこの事件に巻き込まれて以来、公式戦でゴールを決めていなかった。もしかするとそれは、彼を凝視していたすべての人の思いが後押ししたのかもしれない。前半18分だった。

ボールを受け、右サイドを切り込んでいった田坂祐介《たさかゆうすけ》が中央を見た。前線に駆けつけた我那覇の前にマーカーがいた。通常ならば、FWが裏に抜ける動きを念頭に置いて、DFの背後にクロスを放り込むのが定石である。しかし、背番号6は我那覇のプレイスタイルを熟知していた。カーブのかかった強いボールを、あえてボックスの手前に入れた。裏を意識していたために意表を突かれた相手DFを尻目に、我那覇の左足は暴れ馬のようなその球体を柔らかなトラップ一発で手なずけると、刹那、縦に行くフェイクを入れて右に持ち出した。

剛胆にペナルティエリアの外からインステップで蹴り上げるまで、瞬きする間さえなかった。右から滑り込んできたDFの先を抜け、ゴール右スミに見事な先制弾を突き刺した。これぞ島人ストライカーの「美《ちゅ》らゴール」。

等々力は爆発した。我那覇はユニフォームを脱ぐと、背番号9をスタンドの家族とサポーターに晒《さら》して疾走する。これが僕だ。僕はここにいる。

実況していた深井は立ち上がり、またも号泣している山本と一緒にその姿に拍手を送り、「ガナ、ゴール！」と打って発信。すると全国から次々に喜びの声が返ってきた。

我那覇を支えた誰もが願っていた復活ゴールだった。引っ切りなしに祝福のメールが入るので、「じゃあ、今晩は皆で食事して祝いますか」と返すと、いっせいにまたOKの返信が来た。

その晩、龍妃での食事会では、CASで闘った弁護団、後藤前チームドクター、そして電話一本で証人を買って出てくれた大西教授も駆けつけてくれた。

日本相撲協会外部委員の大西は、我那覇の裁判が終わると、大相撲の薬物問題に取り組んでいき、9月には抜き打ち尿検査を実施。露鵬、白露山が大麻で陽性反応が出たことで厳しく対応した。その後も親方や力士も含む全相撲協会員への尿検査を実施するなど、相撲界へのドーピング検査導入に献身的に尽力したが、2010年3月、57歳の若さで急逝した。

深井は、この我那覇がゴールを決めた晩の大西の優しい笑顔を今でも忘れられない。

エピローグ

２００８ＪＦＡドーピング禁止規程

これはおそらくほとんどの当事者——それはすなわち日本でプロ、アマチュアを問わずサッカーをプレイするすべての人々——が知らなかった事実であろう。

２００８年2月1日、「Ｊリーグドーピング禁止規程」が廃止されて、新しく「ＪＦＡドーピング禁止規程」が発効された。この中で青木ドーピングコントロール委員会委員長は、第61条なる規程を作成した。我那覇をドーピング違反で処分したことを正当化するためか、これが国際規準からはずれた特異な規程であった。すなわち、日本サッカー協会に登録する小学生、中学生、女子、さらにはフットサル、ビーチサッカーの全選手たちに診察から48時間以内の診断書およびＴＵＥ提出を義務付けたのである。

「ＪＦＡドーピング禁止規程　第6章　治療目的使用の例外的免責（ＴＵＥ）　第61条［治療目的使用の例外的免責（ＴＵＥ）］」

（3）別の治療方法がない場合には、選手は、事情を説明する診断書を入手するものとする。かかる診断書は、診断から48時間以内にドーピング・コントロール小委員会に送付されるものとする。かかる期間内に試合が開催される場合には、診断書は試合開始前にドーピング・コントロール委員会に到着するか、ドーピングテストの際に提出されるものとする。かかる時間制限を経過した場合には、いかなる診断書も受理されないものとする。

（4）「禁止物質」または「禁止方法」の使用は、ドーピング・コントロール小委員会によって別紙BにいうTUEとして承認された場合に限り正当とみなされる。

2007年5月の誤った我那覇への裁定以降、事実としてどんな弊害がJリーガーたちの医療現場で起こっていたかは、本文中に書いた。それが今度はアマチュアや子どもを含むJFA全登録選手に及ぶのだ。例えばぜんそくの子どもなどは治療でステロイドなどの禁止薬物を点滴する場合があるし、怪我をして手術の際に点滴治療を受ける子どももいる。

DC委員会はこの新規程を通達した際に「子どもでもドーピングになる」という説明を1月20日のチームドクター連絡協議会でドクターたちにしている。その場合、子どもを治療した医師は、未成年者に対するドーピング違反幇助《ほうじょ》の罪によって永久追放になってしまう。

医師の治療がＤＣ委員会からのＴＵＥの回答を待つことで後手に回り、手遅れになる可能性が、今度は登録全選手に対して出てくる。そもそもが、こういう規程をＪリーガーだけでなく、日本サッカー協会に登録した推定約１００万人の選手たち全員にいきなり告知し、啓蒙し、予防することが可能だろうか。例えばサッカーに関心のない小児科の医師は、突然ＤＣ委員会にＴＵＥを提出せよと言われても理解できないであろう。この61条の1項には「いかなる選手も、治療上の理由から医師に受診して治療または投薬を受ける場合には、当該処方が『禁止薬物』または『禁止方法』を含むか否かを尋ねるものとする」とある。怪我や急病で苦しむ小学生にもその確認を義務化しているのである。

あまりに非現実的な新規程であった。ＪＦＡ登録者数推定約１００万人に48時間以内のＴＵＥ提出を義務付けた世界でも類を見ないこの61条は、実はＷＡＤＡ規程にもＦＩＦＡドーピング規程にも存在しない内容であった。なぜ唐突に出てきたのか、1月20日に行なわれたチームドクター連絡協議会の場でドクターたちは青木に質問した。青木の説明ではＦＩＦＡの懲罰規程の文章をそのまま持ってきたということであった。ではそのＦＩＦＡの懲罰規程の原文はといえば、次のようになっている。

FIFA　disciplinary code　Section7. Doping

第64条　治療の正当化

3. If there is no alternative treatment, the player shall obtain a medical certificicate explaining the circumstances. This certificate shall be sent to the relevant body of FIFA within 48 hours of the medical consultation. If a match takes place during this period, the certificate shall reach the relevant body before the match begins or be produced at the doping test. Once this time limit has passed, no medical certificate will be accepted.
4. The prohibited substance or treatment will be considered justifiable only if endorsed by the relevant body of FIFA.

下記は連絡協議会による和訳である。

3．もし替わりの治療法がない場合、選手は事情を説明する診断書を取得するものとする。この診断書はＦＩＦＡの関連する機関に受診の48時間以内に送付するものとする。もしこの期間に試合が行われる場合には、診断書は試合前に関連機関に到着するかドーピング検査で提出するものとする。ひとたびこの時間制限を過ぎた場合には診断書は受理されない。
4．禁止物質や治療法はＦＩＦＡの関連機関によって承認された場合にのみ正当と認められる。

そのままの転用という説明であるが、読んでみると肝心の原文にはＴＵＥという文字は見当たらない。不可思議なのはもう一点。なぜ、ＷＡＤＡ規程にもＦＩＦＡドーピング規程にも存在しない条文がＦＩＦＡの懲罰規程にのみ存在するのか。それは、このＪＦＡ版ではなぜか削除されているＦＩＦＡの原文にある5番目の条文を読めば分かる。

5. These provisions are subject to the FIFA Doping Control Regulations for FIFA Competitions and Out of Competition.
5．これらの条項はＦＩＦＡ競技大会および競技外におけるＦＩＦＡドーピングコントロール規程に従うものとする。

もしかすると意図的に削られたのかもしれぬこの「ＦＩＦＡ競技大会および競技外におけるＦＩＦＡドーピングコントロール規程に従う」という一文に意味が詰まっている。つまり大前提として、ＦＩＦＡ懲罰規程によって審議される選手というのは、ＦＩＦＡ

の主催する国際大会に出場し、ドーピングテストを受けるいわばトップレベルのサッカー選手を指すのである。

それがJFAドーピング禁止規程に置き換えられる際には、その対象が「小学生も含むJFA登録全選手」に変わり、診断書だけでなく48時間以内のTUEの提出が必要となってしまっている。これではまたも間違った解釈で日本の小学生がドーピング違反にされてしまう可能性がある。

ゆゆしき事態である。チームドクター連絡協議会は1月20日の会議で聞いたこの変更に対し、1月28日付で「JFAドーピング禁止規程61条についての要望」という文書をJリーグに提出し、2月からの発効前に修正を要望した。FIFA懲罰規程の原文に合わせてTUEの文言を削除すること。この条文をFIFAが行なっているように懲罰委員会にかかる可能性のある選手への懲罰規程に入れること（こうすれば懲罰委員会にかからない小学生や中学生までが、治療する医師も本人も知らないうちにドーピング違反に問われる可能性はなくなる）などが提案されていた。

しかし、このJFA規程は2月に予定どおり発効されてしまう。いったいこの規程を何人のJFA登録選手が知っていただろうか。病気や手術で点滴治療を受けた小中学校の子どもたち、アマチュアや女子選手はたくさんいたであろうに、そのうち何人からTUEが提出されたのだろうか。何人の小学生が「先生、その薬には禁止薬物は入っていませんか？ この点滴は禁止方法じゃないですか？」と尋ねただろうか。否、ほとんどの選手が告知もされていない状況で、潜在的なドーピング違反者にされてしまったのである。

　連絡協議会からのその後のさらなる働きかけで、さすがに4月には改訂されて、対象はJリーグ選手のみとなり、子どもたちが違反者にされることはなくなったが、Jリーグの選手たちには依然、このWADA規程＝JADA規程にない48時間以内のTUE提出が義務付けられたままであった。日本陸連の医事委員長の山澤文裕が「ガラパゴス」と呟いた日本サッカー界の特異なローカルルールによる異常なドーピングコントロール状態は、JFAがようやくJADAに正式に加盟する2009年1月まで続いたのである。

「我那覇をひとりにはしない」と述べ、仲裁費用の募金活動を展開した選手会会長の藤田俊哉は2008年10月当時、筆者のインタビューに答えて「(JFAドーピング禁止規程を) 早く世界標準に統一してほしいと思いましたね」と言っていた。藤田は続けて「裁定で勝った我那覇に対して、Jリーグは謝罪の意味も込めて仲裁費用の全額を払ってくれるかと思ったんだけどダメでしたね。我那覇は気丈に振る舞っていても、心の痛みはどれだけあったんだろうと思う。結局、代表やチームの先発から外れることになった。その要因には絶対なっていますからね」

員長の任を解かれた。

2008年9月、青木は新しいJFA会長犬飼基昭によって、JFAスポーツ医学委員長の任を解かれた。

結果的に我那覇がこの事件で立ち上がらなければ、JFAのJADA加盟も遅れ、多くのドーピング冤罪事件が頻出したか、あるいは苦しむ患者を前に医師は正当な医療行為ができずに、優秀な選手たちが傷ついていったであろう。一連のサッカー協会における医事変革、ドーピングコントロールの正常化は我那覇が私財を投げ打ってCASで闘い、勝ったことによってもたらされたものであることは言うまでもない。その意味で、我那覇の勇気が日本のサッカーを救ってくれたのである。

サッカーだけではない。CASにおける我那覇の裁定は、他の競技団体からも国際的に大きな注目を浴びていた。2005年の世界陸上ヘルシンキ大会以降、静脈注射の適正使用に関するクライテリア（判断基準）を作る努力をしていたIAAF（国際陸上競技連盟）は我那覇の裁定の結果が想定したとおりのものとなったことを喜び、クライテリア作成に向けた判例になったとIAAF医事委員が熱く語っている。我那覇の無罪を伝えるCASの裁定文は、2008年以降世界中で読まれ、選手たちに適切な検査や治療ができる規程作りに貢献しているのである。

その意味で我那覇は、世界中のすべてのスポーツ選手が適切な医療を受けられるようになってほしいという、自身のもう一つの願いを達成したのである。

彼はワールドカップに出場して大きな成果を挙げたわけではない。しかし、アスリートとして、人間としてそれ以上の功績を残したのである。

チェアマン

本書を書くにあたり、当然ながら川淵、青木、鬼武の三氏にインタビューを申し込んだ。結果、川淵名誉会長、青木氏には断られた。このテーマについては、2008年に月刊誌の取材で申し込んで以来、二度目であった。川淵会長の推薦で就任した国際サッカー連盟医事委員を継続し、現在は横浜市スポーツ医科学センター長に就任している青木氏の拒否理由は「我那覇の闘い（申請当時の仮題）という書籍のインタビューなら、我那覇側の本でしょうから、私は受けません」というものであった。そんな中、唯一、鬼武氏には承諾を頂いた。大阪府サッカー協会会長の英断に感謝を申し上げる。

——もう4年前ですが、ドーピング問題における会長のその時々のご発言を吟味させていただいた上で、当時どうご判断されたのか、聞かせていただきたいと思います。我那覇選手に対して裁定が下されたあと、これに対しておかしいのじゃないかと、チームドクター連絡協議会というのが動きだしました。いろいろな要望書のやり取りがあったあとで、7月22日に大きな会議があり、侃々諤々やられ、最終的に青木（DC委員会）委員長が、もうすべての静脈注射にTUEの提出はしなくてもいいと言われた。言ってみれば、誤った解釈を認めて変えたわけですから、なぜこの段階で我那覇選手の裁定を、新たにやり直さなかったのか。これをお聞きしたいです。

鬼武　正当な医療行為と現場のドクターが判断した場合は、事前にTUEを出しましょうよと。

――いえ、禁止薬物、禁止方法について、どうしてもこれを使わなきゃいけないという場合に出さなくてはいけないというのがTUEですね。

鬼武　もちろんそうですよ。基本的に、静脈注入というのは禁止されているということだね。大前提としてありますね。

――正当な医療行為の静脈注射は問題がなかったんです。

鬼武　うん、だからそれを誰が判断するんだということになると、現地のドクターを中心にして、ドーピングコントロール委員会に出しましょうねというのが、当初の通達なんですよ。

――それが間違っていたわけですよね。

鬼武　間違っているといえば間違っている、間違っていないといえば間違っていないんですよ。

――間違っていない？

鬼武　我那覇選手がにんにく注射と称して打っていたと。これが発端なんですよね。通達のあとにね。

――ところがそれは、サンケイスポーツの間違った報道だったわけですよね。実際の事情聴取では、にんにく注射ではなくて、当時風邪であった治療行為の点滴であったと。ですから、サンケイスポーツを注意してそれでおしまいとすることだったんですが、さらに、まず誤った認識があったわけですよね。

鬼武　いや、そうじゃないですよ。川崎からただちに報告がありましてね。にんにく注射云々でこうだよと。

――それは事情聴取の前だったでしょうか。

鬼武　うん、前だと思いますよ。川崎フロンターレのチームドクターより、標準TUE申請書が提出されたと。治療が終わったあとですね。ドーピングコントロール委員会青木委員長と相談をしたということですね。それで25日に、先ほど私が言いましたような、川崎フロンターレより報道どおりという文書が出てきたということですね。それが、スタートの状況ですな。

――なぜ川崎はそんな事実と違う報告書を出してしまったのでしょう。でも5月1日の事情聴取で事実が違うと分かったわけですね。私は事情聴取の議事録を見て驚いたんですけど、青木先生が、点滴の道具を持っていただけでドーピングですよって言っている。それこそどのチームだって、ワールドカップで点滴を持ってこないチームはないわけで青木先生がそれを知らないはずがない。あれは額面どおりだと、日本代表だけは国際大会で戦えなくなってしまう。

鬼武　現状はちょっと、私は分からない。でも当時は、点滴の器具を持っているだけで入国できなかった事実もあるんですよ。

――それはいつ、どこの国でしょうか。

鬼武　いや、日本じゃないですよ。海外のチームだろうけどもね。それも耳学問、今、覚えていないけど、詳しいことはね。そういうこともあったんですね。

――ドーピングコントロール委員会がそこで一つ、裁定を下そうという形で事情聴取しました。そのあとアンチ・ドーピング特別委員会にかけて、これで我那覇選手が6試合の出場停止処分ということになったんですが、これがまた制度上に誤りがあった。いわゆる検事と裁判官を同じメンバーがやっているという。僕は、ここはJリーグの本林徹裁定委員の大きな過ちではなかったんじゃないかと。本林さんは日弁連の会長をやられた方ですし、権威のある方なんですけども、訴追する人物、つまりお巡りさんがそのまま裁いてしまったら全部有罪になっちゃうじゃないですか。ＷＡＤＡに照合してみても、これはすごく大きな過ちだったと思いますね。

鬼武　今から考えたら、そういうふうにお考えになる可能性もあるが、もう終わったことでもあるし、今さら考えてもこれは意味がないと。したがって、過去、われわれがその当時裁定を下したことは事実であり、後悔はしていないというふうに私は思っています。アンチ・ドーピング特別委員会は協会にあり、ドーピングコントロール委員会がJリーグにあり、ほとんどJリーグが統括していたという事実は免れません。そういうことではいけないということが、少し前から我々としても考えだしていた。この事件が勃発してから、もっときちんとした対応をしなきゃいけないと、そう変えていきました。それ以後ね。

――2007年の11月に友近議員が、国会で発言されましたよね。彼なんか、まさに鬼武さんの直属の後輩じゃないですか。どうですか、ご発言を聞いておられて。

鬼武　後輩でもあるし、すばらしい男ですよ。ただ国会の委員会で発言したのは、選手側に立って一方的に我那覇選手が正しいんだというふうな、だからそれはまずいよと。両方を調べた上で、その発言ならいいけど、十分な対応ができていないなと私は思いましたね。

――友近議員がまた、会長に叱責をされたというふうに伺ったんですけど、それはそういう思いからだったんでしょうか。

鬼武　ちょっと言いましたけどね。十分調べろよと言ってね。

――あと8月の25日、WADAから（回答が）来た直後ぐらいなんですけど、チェアマンがサンフレッチェの寛田先生とレッズの仁賀先生とお話しされていますよね。

鬼武　うん。

――この段階で伺った感じですと、チェアマンは、このときまで（我那覇が）にんにく注射を打たれたというふうにご理解されていたと思うんですけども、このときは議事録はまだお読みになられていなかったんでしょうか。

鬼武　それは記憶にないですけどね。確かに彼（ら）とは会いましたよ。で、その、こういう話題ではなくて、次のステップでどうというふうな話だったと記憶していますけどね。それ以後、お目にかかっていないけども。

――遠藤元副大臣にも先般お話を伺ってきたわけですけど、WADAとJADAの方からこれはドーピングではないという回答が来ていたわけですね。さらには文科省の方から、Jリーグの事務局長が呼ばれて指導を受けたと。で、この段階で、私は鬼武さんはJSAAで仲裁を受けられるんではないかと思っていたんです。しかしそれをCASに持っていかれた。それで、我那覇君が何千万という莫大な予算を一個人として背負わなきゃいけなくなった。加えてJリーグもこれ、大きなダメージを負ってしまったし、国際的にも大きな負の注目を浴びてしまった。なぜチェアマンは、CASへ持っていこうというふうにお考えになられたのか。

鬼武　やるんであればCASだというふうにJリーグは判断していましたし、私自身もそう思っていましたから、その線は崩さなかったですね。まあ、確かにJSAAは5万円で済むし、もっとお互いに安く簡易にできるんじゃないのということを言えないことはない。しかしながら、私は今回はきちっとした対応をした方が我那覇選手にとっても、他のプレイヤーにとっても、Jリーグそのものにとっても、問題を明確にした方がいいという判断はずっとしていましたね。

——これは東京新聞の報道なんですけども、CASへ持っていくとなると、高額な金額ということで我那覇君はきっと諦めるんではないかとJリーグは思っていたのではないかと。これはいかがですか。

鬼武　それはないです。CASなら出てこないよということは、絶対考えていなかったです。

——要するにCASという世界最高権威であるというところで、きちんと裁定を仰がれたわけですけど、その結果、我那覇選手は明らかにシロだと証明された。しかしチェアマンはなぜそのあとに、この裁定について、「CASは踏み込んできてくれていない」というふうに記者会見でご発言されたのか。それをお伺いしたいんですが。

鬼武　それは私も残念に思っています。思っていますけども、しかし言った以上は責任を持ちます。持たなきゃいけないと思います。まず裁定が出たということはね、それは真摯に受け止める必要があると思いますし、謙虚に従うというのが第一です。だから記者会見でもそう申し上げました。我那覇選手にも苦労をかけたと。もう1年という長きにわたりましたからね。ただ残念なことは、ドーピングだったのか、ドーピングでなかったのか、明確にしてほしかったなという思いは強いですし、それは今も気持ちは変わっていません。

――48項ですか。その裁定が。

鬼武　これ、難しいんだな、この翻訳が。だから明確に「ドーピングではなかったよ」というふうに言ってくれれば、逆に良かったのかも分からないと思って、そう申し上げました。

――しかし、第47項には正当な医療行為があったと心証が得られたという文があるんですね。川崎に対する1000万の返還。これも結局戻されなかった。で、Jリーグ参与だった三ツ谷洋子さんが、「旧理事会でこれは、いかに返還しないと解釈されないように説明するかが大事だと話されていた」と。これはつまり、取り繕いの詭弁です。彼女ご自身はそれなら返すべきだとご発言されているんですけど、これもご見解を伺いたい。

鬼武　ちょっと付け加えますが、出場停止の6試合のことについては、事件が勃発したというか、新聞報道以後、いろんなやり取りがあって、自粛に入ったんですよね。だから6試合のうち4試合ぐらいは、自らがクラブと我那覇が話し合ったんだろうと思いますけども、自粛で試合しなかった。だから最終的には、あと2試合だけ残りましたね。で、6試合は記録にも残さないということで終わりました。で、1000万というのは、制裁金としてフロンターレに科しましたけども、それを我々は当初から、もう少しお金を積んで、選手へのドーピングの啓蒙に使おうと、それをJリーグはお金を積んでやろうという計画をしていました。同時に、返してもそっちに（お金は）入っていくなと。じゃあ、堂々とお互いに、フロンターレも1000万、ドーピングコントロールのために費用負担しようや、ということで約束ができたんですよ。

――武田社長との間に。

鬼武　うん。「あ、もういいよ」と。それならそれで、納得。最初は返してくれって言ってきましたが。返すことについて、私もいろいろ考えた。でもやっぱりこのお金というのは、ドーピングコントロール対応として使った方が、お互いにいいはずだという考えでやりましたね。

――単純に考えて、我那覇君個人が3000万円を超えるお金を使ったんです。であるならば、むしろそれをそのままJリーグが川崎に返されて、川崎は我那覇君に、クラブとしても誠実に対応させてもらうということで返すべき筋のお金だったんじゃないかと、私は思うんです。

鬼武　まあね、我那覇選手がどれだけのお金を使ったかというのは、なかなか調べることはできなかった。だから十分な把握はできていないという。それはJリーグが逃げるわけでは決してなくて、フロンターレがきちっと調査をして、フロンターレとJリーグが話をすべきだったろうなと思います。だからクラブが悪いとは、私は言っているわけではない。その時点でこういう事実があって、1000万というのはこういうのに使うんだということにしたということです。選手とJリーグがいろいろな問題点について直接やりとりをするということはないんですよね。

——それは選手も望んでいないと思いますね。

鬼武　だから、これはクラブを通じて、我々はやらなきゃいけない。

——だから本当に我那覇君は、Jリーグと闘いをしたくなかった。

鬼武　ん？

——したくなかった、闘いを。最後の最後まで。それは事情聴取の頃から、真実を話してJリーグに委ねれば自分の潔白はきっと証明されるだろうと思っていたし、もし自分が間違っているのならば、謹んでその罰を受けると。小学生の頃からJリーガーになるのが夢で、ようやく代表まで辿り着いた。その夢を実現した彼が、その夢のJリーグと闘うなんていうことは、よもや思っていなかったし、火の粉さえ降りかからなければ、彼は最後まで争いたくなかったんです。

鬼武　たしかにね、私が我那覇だったらやっぱり、やりきれん気持ちがあったろうと思う。だから最終的には、苦労をかけたと申し上げたんだけども。Jリーグは負けたと判断しています よ。

──２００８年、これは青木医学委員長が提唱されたんですけど、新たにＪＦＡのドーピング禁止規程というのが2月1日に発効されました。（48時間以内の）ＴＵＥ（提出）を登録者全員に義務付けたものです。Ｊリーガーのみならず小学生、中学生を含めた登録者全員にですよ。Ｊリーガーたちには周知されますが、そもそも学校の校医さんたちはそれを知っていたのか。特にぜんそくの子どもの治療なんていうのは、禁止薬物（ステロイド）が入るわけですよ。ＴＵＥ承認を待つまで発作を起こしている子どもに我慢させるのか。出してなければ潜在的なドーピング違反者にされてしまうこの規程は最終的に2ヶ月で変わるけども、これはなぜチェアマンは見逃されていらっしゃったのか。

鬼武　いや、見逃したと言われたらやむをえんけども、そういうことも含めてね、先ほどのお金の問題を使っていこうよということは汲んでいましたよ。やっぱりその都度、その都度、そういうお金を使って対応していかないと、子どもたちがかわいそうだったというのは事実ですよ。

──なぜ青木さんがここまで（ＪＦＡスポーツ医学委員会）委員長におられたんですか。私はそれが不思議なんですよ。こんな問題を起こしておいて、まだ２００８年の9月ぐらいまでやられていましたよね。ほんと公正に、中立に書きたいものですから、青木先生にも取材を申し込んだんですよ。しかし、鬼武チェアマンのように逃げも隠れもせずに出てこられるのではなく、断られましたが（笑）。

鬼武　だからそれは時間の問題だったんじゃないですか。

――時間の問題でしたか（笑）。

鬼武　だからタイミングというのがあったんじゃないですか。時間の問題というのは、変な意味じゃないですよ。タイミングの問題があったんだろうと思いますよ。私の記憶ではそうですよ。

――このCASの裁定後の、会長ご自身に対する処分は、譴責《けんせき》処分という処分だったと。

鬼武　うん。

――これは、当時のJリーグ広報の方に聞いたんです。なぜチェアマンの処分がこんなに軽いものなのかと。で、当時の広報の方が言うには、これはお一人で決めたわけではなく、裁定委員長の、堀田力《ほったつとむ》さんとご相談をされて決めたと。これは事実でよろしいでしょうか。

鬼武　いいです。

――ご自身はどう思われました。この譴責処分について。

鬼武　いや、一番重いのは辞めることでしょう。それから次に、お金を云々かも分からない。重い順からいったらそういうことだろうと思いますけども、一番軽いですね、これ。私が考えても軽いと。でも私は堀田先生を信用していましたし、裁定委員長としてすばらしい人だ。過去もそれはすばらしい実績をお持ちの方だから、

——田中角栄を論告求刑で追い込んだ特捜部検事のね。

鬼武　公平に考えて、判断してくださいというふうにお願いしただけですね。だから……。

——ご自身は軽いと思われたわけですね。

鬼武　いや、軽いと思ったけども。

——だってチェアマン、何千万円ってJリーグにお金を使わせちゃっているわけじゃないですか。CASへ持っていったことで。

鬼武　いやいや、それはそうですよ。

——ねえ。我那覇君以上だと思いますよ。4000万円ぐらい使ったんじゃないですか、Jリーグはこの件で。

鬼武　（笑）いや、全部私の責任だろうと思うけども、いろんなことがあっても、まあ、それはしょうがないですよ。堀田先生にお任せしたんで、「ありがとうございます」という言葉がいいのかどうかというのは別にして、決めてもらったことは決めてもらったことで、素直に受けようと。真摯に受けるということで終わりましたけどね。

——確認しますが、我那覇選手はシロですね。
鬼武　だから私はシロだと言っているんですよ。
——今ではね。
鬼武　うん。だから私は、なぜCASはドーピングなのか、ドーピングじゃないのか、白か黒かはっきりしてくれなかったんだろうなと、こう言っているわけです。私はもう、これ、終わった時点で、まあ、謝ったわけですから、そのときにはっきり、彼（我那覇選手は）はシロだというふうに言い切っていますよ。
——今、個人的に我那覇君に会ってみたいとは思いますか。
鬼武　それは思いますね。裁定が出た直後に私も会いたかったが、時間が合わなかった。

我那覇

我那覇は現在、故郷沖縄にいる。裁定後の軌跡を簡潔に記そう。

2008年のシーズン途中に、ちんすこう募金に熱心に協力してくれた早川社長の清水エスパルスから熱烈なオファーを受けるも、残ってほしいというフロンターレに対する愛情が断ちがたく残留を決意。ところがシーズン後には一転戦力外通告をされてしまい、ヴィッセル神戸に移る。川崎のサポーター主催の送別会には、1500人以上の人が集まって別れを惜しんだ。我那覇夫妻は、J2時代から在籍した川崎のフロントが最後まで一緒に闘ってくれなかったことは残念に思っていたが、サポーターの温かさには感謝の言葉しかなかった。また、今も等々力のフロンターレの試合に行けば、我那覇のレプリカユニフォームを着たサポーターを頻繁に見かける。

神戸で2年を過ごした後、2011年から、カテゴリーで言えば3部リーグにあたるJFLのFC琉球から誘いを受け、この地元のクラブに入団したのである。2011年10月、鬼武氏インタビューの直後に近況を聞いた。

——2011年からFC琉球に移籍しました。環境が変わって、地元沖縄ではありますけども、Jリーグの下のカテゴリーのJFLで1年やってみてどうですか？

我那覇　そうですね。最初からJFLだからって簡単にできるとは思ってなかったです。実際、いい選手も本当に何人もいるし、チームも、松本山雅《やまが》とか町田なんか、すごく良いですね。

——試合（10月26日ソニー仙台戦4－0　PKで得点）を見ていると、以前に比べてかなり下がってボールを受けるシーンが目に付きました。

我那覇　試合はパスが出てこないときもありますが、そんなときはチームスポーツなので、犠牲心を持って僕が体を張って、味方を生かせるようなプレイというのをもっとやっていきたいと思っています。ただときには一人で、強引に行ってもいいのかなと感じることもありますね。

――新しい環境で前を向いて現役を続けている現在、取材も含めて、あまり事件の経緯を知らない人たちから2007年、2008年のことをたびたび聞かれるということもあったかと思うのですが、いかがでしょうか。

我那覇　ええ、もう正直、後ろを振り返りたくないというか。この話については触れたくなかったときもあるんですけど、それでもやっぱり、取材の中で聞いてくる記者さんもいましたし、正直、またかよという感じで受け答えをしていた記憶はありますね。そういうときはもう自然体で、あまり余計な話は出さないようにはしていましたけど。

――私自身も自戒があります。周辺取材を始めた当初は、「我那覇の闘い」というようなイメージを持っていました。しかし、取材の深度が増していくと、ああ、これは闘いじゃないなと。対立構造にはしたくなかったんだと。我慢して我慢して、信じて信じて、でもどうしてもクリアーにならず立ち上がった。この事件自体、我那覇選手個人の問題のみならず、Jリーグを取り巻く医療問題だったんですね。

我那覇　はい。

――仁賀ドクターの手紙のことも、先生の了解をもらって初めて書いたんですが、あそこで一番、心を引かれて立ち上がった理由が、このままいくと、本当にすべてのサッカー選手に正当な治療ができなくなると。

我那覇　そうですね。やはりそれが大きかったです。自分の妻も医療従事者なので、その事実が理解できました。それまでも一応、ドーピングに関しては、ある程度学んでいたんですけど。あの一件以来、いろんな本を読んだりして自分でも勉強しましたね。

――では、ちょうどそういうのも重なって、仁賀ドクターの手紙が来たということですね。

我那覇　そうですね。はい。すごくもやもやしていたものが一気に晴れて、それで自分は間違ったことしてないんだという改めて確信を持てたので、一面識もなかったのですが、本当に仁賀先生のあの手紙は大きかったです。

――やりたかったことは、誰かを批判するとか、責めるとかということじゃないんですね。

我那覇　はい。僕は本当にチームに迷惑をかけるようなことはしたくなかったので、あんまり話さないようにはしていましたね。

――その意図を他者にもメディアにも話さなかった。だから、真摯な思いで声を上げたにもかかわらず、その本意が分かっている人間は深井さんぐらいで、メディアの人間からは我那覇は二転三転してブレているとかという中傷もありました。ものすごく孤独で、つらかったんじゃないかと思うんです。何があのときの我那覇選手の孤独を支えていたのでしょうか。
我那覇　やっぱり自分だけの問題じゃなかったというのと、今、ここで、僕が立ち上がらないと、また同じようなことを繰り返して、再び違う選手が僕みたいな苦労をすると思ったので、深井さんにも相談して、闘おうという気にはなりました。
――大怪我をした緊急手術でもTUEを義務付けられていたので杉浦君（恭平、当時フロンターレ・現FC愛媛）は、承認までに時間がかかり、手術ができずに苦しんでいたという。
我那覇　そうですね。あとで聞いた話ですけど、日本代表が海外遠征に行ったときも、体調を壊した選手とかがいて、それでも治療ができなくて困っていたというのを聞いていました。
――自分が所属している競技団体に対して、たったひとりで異議を申し立てるわけですから、すごく勇気がいる。何が起こるか分からないし、何千万円という経済的な大きなリスクもあります。風邪をひいて点滴を受けたという正当な医療行為だから、ドクターからも弁護士からも絶対に勝つとは言われていましたが、パーセンテージの話じゃなくて、シロかクロの二つじゃないですか。たとえ99％の勝率であっても残りの1％で負けたらそこで失うものは大きい。それでも立ち向かっていけた覚悟は何だったのでしょう。
我那覇　今だから言えますけど、ほんとに最悪の結果になったときの、引退ということも覚悟していました。

――引退を？　サッカーを辞めても、ということですか？

我那覇　はい。誰にも言いませんでしたが、行動を起こすときには、裁判に絶対はありませんから、最悪引退を余儀なくされる事態も考えていました。でも、これから僕の子どもが大きくなって、後ろ指をさされるということも避けたかったし、他の選手のためにも僕の受けた治療がシロかクロかはっきりしたかったという気持ちが強かったです。

――周辺取材を重ねて改めて思っていたのですが、我那覇選手はＣＡＳで確実に勝つと思ったから裁定に向かったわけじゃなかったんですね。

我那覇　はい、勝つ確率が高いからというわけではなく、とにかくサッカー選手として自分が受けた治療の真実が知りたかったという。それがほんと、すべてですね。

――ずうっと孤独だと思ったところが、２００８年1月には、呼応するように選手会が立ち上がってくれました。「我那覇は自分たちのために闘ってくれている。ひとりにしない」という藤田会長の会見の言葉が、ありました。

我那覇　本当に心強かったですね。選手会が僕のことでＪリーグと対立というふうにはなってほしくなかったのですけど、藤田さんがすごく上手く舵取りをされていた。会見の言葉も嬉しかったし、あれでますます迷いがなくなりました。

――フロンターレでは川島永嗣君が、仕切ってくれた。

我那覇　ああ、そうです。永嗣は僕より2歳年下ですけど、いつも気にしてくれていて。何かあったらすぐに相談してほしいと常に言ってくれていたので、力強い存在でしたし、今でも感謝しています。それまでは他の人を巻き込むようなことはしたくないので黙っていようと思っていたのですが、彼が仕切って声を上げてくれたのでチームメイトにも話ができました。ベルギーでも頑張っているし、熱い男ですね。それからちんすこう募金で協力してくれたフロンターレのサポーターや他のチームのサポーターの皆さんにも感謝しています。ものすごく励みになりました。

――フロンターレのサポーターの方は今でも我那覇選手の動向を見守ってくれている人が多いですね。

我那覇　僕は高校を卒業してJ2時代から川崎にいましたから、愛着もあるし、そのサポーターの方々のアクションはありがたかったです。

――人間は自分への評価が下がったり、また本意が周囲に伝わらないとき、ドロップアウトしやすくなってしまいます。CASへの聴聞会までの期間はチームでも先発どころか、ベンチからも外れていたわけですが、トレーニングをずっと続け、なおかつ、聴聞会への準備をしながら、事態の推移を見守っていた。このときの心境というのはどうだったんでしょうか。

我那覇　正直、サッカーに集中できないこともありました。弁護士さんとの打ち合わせとかで、チームの練習が終わったあとで、川崎から都内の方に行ったり、日によっては何往復とかもしていたので、つらい時期ではありましたけど。でも、真実が明らかになるのであればと願っていましたし、また、その聴聞会の日を終えれば、僕はただあとは裁定に従うのみだと思っていたので、気持ちは切れていなかったです。

——後藤先生が今は横浜Fマリノスの育成チームにいらっしゃることは知っていますか。

我那覇　あ、そうですか。知らなかったです。

——あれ以来、まだ連絡を取ってないわけですね。マリノスの育成チームと、アメフトのチームを、チームドクターとして診ておられます。取材したら、後藤さんは、自分はサッカー界を追放みたいな目に遭うところが、我那覇選手が立ち上がってくれたことで、いまだにこの仕事ができる、心から感謝してるから、それを伝えて下さいと言っていました。

我那覇　ほんとですか。最初の裁定で罰せられた直後は後藤先生と話すたびに、「申し訳ない。申し訳ない」って、僕にすごく謝ってこられたので、「僕は先生を信用して、治療を受けたので、その気持ちっていうのは今でも変わらないです」と伝えていました。今、またサッカー界で頑張っていらっしゃるようなら、すごく嬉しいですね。

——南アフリカワールドカップはご覧になっていましたか。

我那覇　見てました。

――日本代表は岡田監督によってゼロトップという、フォワードがいないような戦術を取ってグループリーグ突破という結果を出しましたが、２００６年の我那覇選手を知っている人で、あの事件がなくて、あそこに我那覇がいたらというのを考えていた人の声も聞きました。自分の中ではあの大会を見ていてどうでしたか。

我那覇　いえ、もうそんなことは一切考えずに、まったく別の観点というか。はい、普通のサポーターとして、ニッポンを応援して見ていましたね（笑）。

――人生はこれからも続くわけですけども、次の目標というものは、まずチームとしてJリーグへ上がる、個人としてもやっぱりもう一度、Jに行くということですね。

我那覇　そうですね。もう一度、Jでやりたいし、このチームを上に上げたいという思いが強いです。沖縄の人はJリーグを実際に生で見たことがないという方が多いんです。だから、ホームで迎えるあのJリーグの雰囲気、その喜びとか、感動を味わってほしいなと思いますね。

――FC琉球は残念ながら、Jリーグへの準加盟が延びてしまいましたが。

我那覇　そうですね。まずは僕らがグラウンドで結果を出すことはもちろんですし、そちらの方は見えないところでフロントの方とかが、一生懸命頑張ってくれていると思うので、それを期待しながらやっていきたいです。

――やっぱり沖縄の子でもできるということを見せたいという気持ちは強いですか。

我那覇　ええ、Ｊリーグのスカウトの方たちと話していても、沖縄というのは才能豊かな選手がいっぱいいると。なかなか見てもらう機会が少ないだけであって、僕も実際、それは感じていました。練習環境とかは、そんなに良くないんですけど、今はひたすら上を目指してやっていきたいと思います。僕らが今、頑張ってＪに上がれば、環境とかもどんどん変わってくると。そういった思いでやっています。

あとがき

「この間違った前例が残ると今後の全てのスポーツ選手が適切な点滴医療を受ける際に常にドーピング違反に後で問われるかもしれないという恐怖にさらされます」

一度も会ったことがない人物からもらった手紙のこの一行が人生の覚悟を決めさせた。それは「こんな嫌な思いをもう他の選手にさせてはいけない」という決意。言い換えれば、ただ一行の真実で我が身を全アスリートのために捧げる強さと優しさを持ったサッカー選手の軌跡を書き残したかった。

本書では枚数が足らずに詳細に言及できなかったが、2008年から2009年へのWADA規程の改定について我那覇のCASの裁定が大きく貢献し、サッカー界のみならず同規程に準拠する世界中のアスリートを救ったとも言えるのだ。

脱稿して改めて思う。我那覇はJリーグと闘ったのではない。Jリーグを救ったのである。それも他の人々を巻き添えにしたくないがために敢《あ》えて黙して孤独を抱え込み、たったひとりで何千万円もの私財を投じて。

読み返していただけると分かると思うが、検察が国策逮捕で功名を上げるように、実はとっくにドーピングでないことに気がついていたJリーグドーピングコントロール委員会委員長に我那覇は故意にドーピング違反に仕立てられたのではないか？　取材中に起きたこの疑念は消えなかった。浦和レッズの仁賀定雄ドクターの鋭い着眼には大げさではなく絶句した。有罪と裁いた青木委員長は２００８年夏に日本サッカー協会とＪリーグにおける全ての役職から離れたが、未だにスポーツ医学界の重鎮の職にある。にんにく注射を憎むあまり、無実と知っていて有罪にしたのか、取材を申し込んだのだが、受けてはもらえなかった。

私が聞きたいのは、時系列の事実と発言の確認、そして人を裁く権力を持った医師としての姿勢である。素朴な質問がいくつもある。

「あなたは２００７年ＷＡＤＡ規程から緊急性の要件がなくなっているのを知っていた。なのに事情聴取後には、２００６年の条文を記載してリリースした。それは過失なのか？　有罪にするために意図的だったのか？」「たとえ緊急性があっても本来、我那覇はシロだったのになぜクロにしたのですか？」

取材を申し込んだ編集者によれば青木氏は「ルールを破っているのは我那覇側のドクターや弁護団だ」と主張したそうである。「Ｊリーグも我々も（ＣＡＳの裁定が出た後は）、この件は、一切リリースしていないんです。それは、（ＣＡＳの）ルールだと思っていますから。我那覇選手側の弁護団やドクターは、いろいろコメントを出しているようですが、それは、ルールを破っているというのが、私たちの見方ですから。私たちは、裁定の結果には満足していないのですが、それについては、一切コメントをしないで、ただ裁定の結果に従おうという方針ですから」。そこに罪なき選手を貶《おとし》めたことに対する反省の色は感じられない。

Ｊリーグはこの問題に正面から向き合おうとせずに、その度に詭弁を膨らませ逃げ続けた。全ドクターからの質問状は怪文書。裁定はやり直さない。仲裁は拒む。ＪＳＡＡでは受けない。その理由？　質問状の消印が羽田だから。ＦＩＦＡの回答文書から検討要素が見出せないから。当事者ではないから。ＣＡＳが世界最高の権威だから。私は取材と執筆を続けながら密《ひそ》かにこれを「詭弁のインフレ」と名づけた。最後はＣＡＳはドーピング違反の有無に踏み込まなかったと逃げ、１０００万円の制裁金を川崎に返還しなかった。ハイパーインフレである。

我那覇に「審判も誤審するが、それに従うのもサッカーじゃないか。だから、今回の裁定も間違いかもしれないが、従っておけ」と説得した関係者がいたと聞いた。審判の誤審とドーピング冤罪を同列にすること自体、論外である。そういう人々が露呈させたのが、誰が誰の大学の先輩で後輩だからといった悪しき体育会的な封建制を、法や人権の範疇にまで持ち込んだ全くアンフェアーな精神だった。裁定委員長が元最高検察庁検事の堀田力氏、そんな人材を抱えるＪリーグでありながら、である。堀田氏は私のような素人でも理解したＷＡＤＡ規程をしっかりと読み込んで青木氏の裁定を認めたのだろうか？　あるいは、彼らのような法曹界の重要人物を守るためにJリーグは硬直化したのか。しかし、だからと言って一人の選手を犠牲にして良いわけがない。
パワハラを受けた友近議員が言っていた。「調査したら、Jリーグはガバナンスが全く利いていなかった」。その通りであった。２０１１年12月、Jリーグは公益社団法人化に向けての申請をするという。心から応援したい。が、そのためにもどこかの独裁国家のような「誰が命令したから」ではなく、法令遵守を前提とした自浄作用をしっかりと機能させることである。本事件にまつわる事実をすべて明らかにし、組織としての非を潔く認めるところからそれは始まると考える。本書はその意味で公益社団法人化に向けての応援エールとしても執筆した。Jリーグは未だに恩人・我那覇に感謝どころか、直接謝罪すらしていないのである（鬼武前チェアマンはWADA規程を理解されていなかったが、唯一、最後に取材に応えてくれたところに氏のパーソナルな良心を感じた）。

冤罪事件をチームドクターに話を聞くところから始めるということで自らに科していたことがある。それは取材をしていて少しでも不信感が生じれば執筆を即座に断念するということ。この事件が現在の読売巨人軍で起きているような本当にただの内輪揉めや権力闘争なら、刊行する意味がないと考えていたのである。しかし、調べれば調べるほど、いささかの疑いも抱かずに取材することができた。

「我那覇選手は、サッカー界の問題によってドーピング違反の冤罪を被ってしまいました。しかし、彼を窮地から救い出したのもまた、サッカー界の人たちです。そういう人たちがいるサッカー界には輝ける未来があると思います」（上柳弁護士）

「医師がＤＣ委員長から説明された通りの治療をしたにも関わらず、我那覇に不名誉極まりない一生の罪を負わせてはいけない」と全チームドクターが立ち上がった。友近聡朗議員が国会初質問という大切な機会に古巣に向かって異議を呈してくれた。藤田俊哉選手会長が「全選手に関わる問題」として募金を呼びかけてくれた。川島永嗣が音頭を取り、伊藤宏樹が「ガナは自分たちのために戦ってくれている」と言ってくれた。沖縄から新城正樹が持ち込み、川崎で山崎真が受け止めて、武蔵小杉の住民が無償で協力したちんすこう募金が、多くのＪリーグサポーターに支持された。Ｊリーグ内部でも心ある職員が人間として誠実に動いた。さらには何人もの実行委員が声を挙げ、理事の三ツ谷洋子も多勢に抗った。

　見渡せば、偉い人に媚《こ》びる茶坊主のような職員だけではなかった。権力の番犬になってゴマをする御用ライターだけではなかった。話を聞いた多くの人がこう言った。「私だって別に聖人君子じゃないですよ。でもね、これを見逃したら自分を許せない、そう思って立ち上がりました」

他の選手を巻き込まず、自分ひとりで解決しようと思っていた我那覇の気持ちはようやく報われていった。振り返れば、強大な権力を前に、自分も組織の一員だから、会社員だから、そんな言い訳をせずに正しい行ないをした人とそうでない者の違いは明らかであった。

仁賀ドクターはある記者から「いずれにしてもこの事件はドクターたちにとってもドーピング規程のことを学べる良い機会になったのではないですか？」と言われて、「我々はこんな事件がなくてもドーピング規程を学べるし、何か学んだとしてもそれがこの事件のおかげだとは絶対に言わない」と応えている。それは「戦争から学んだなどといったら戦争が必要になってしまう」と言ったオシムの、悪しき経験主義を排す考えに通じる。

本書が成立するためにはこの仁賀ドクターの存在を書くことが不可欠であったが、仁賀氏には、メディアに名前が出れば自分の行なってきたことの意味が変わってしまうという強い決意があり、マスコミの取材を一切拒否されていた。何度もコンタクトを取り、話し合った結果、翻意させたのはＣＡＳの裁定が出て3年経つ今となっても、未だにその裁定に不服と言い、我那覇と後藤ドクターのことをグレイのように述べる人々がいるという事実であり、二人の名誉を完全に回復させなくてはいけないという思いからであった。最後まで表に出たくないという氏を説得できたのは望外の幸であった。同様に事件が起こってから一貫して実名を晒して対応されていたサンフレッチェの寛田司ドクターにも敬意を捧げる。

現役サッカー選手として前を向き続ける我那覇は「あの一年がなければ」とは絶対に言わない。自分を誤って（あるいは意図的に）罰した人物のことも一切、責めない。何度も書く。我那覇は勝てると思ったから立ち上がったのではない、自分の名誉のためだけに立ち上がったのではない。そして最後の最後まで、争うのは本意ではなかった。

沖縄初のW杯戦士にはなれなかったかもしれないが、彼が全てのアスリートのためにCASへまで裁定を持ち込んだ勇気は、世界のスポーツ史に残すべきものである。

かつて「ナイチャーに負けないで沖縄の子でもできるところを見せつけなさい」と母に言われた少年は、ナイチャーどころか世界中に強い意志を見せつけてくれた。

2007年のドーピング事件を書いているというと、あの事件は川淵会長マターだから、触ってはいけない、サッカー界で仕事ができなくなると助言をくれた関係者が何人かいて苦笑した。それで腰を引くようなら、引退まで覚悟していた我那覇の本を書く資格などないではないか。私のリスクなど我那覇の勇気に比べれば、ちっぽけなものである。最後に集英社インターナショナルの担当、高田功氏にお礼を申し上げる。

我那覇と彼を支えてともに美らゴールを決めた人々のことを思い、こんなゲーテの言葉を記して筆を擱《お》く。

「財産をなくしたら、また働けばよい。名誉を失ったら、挽回《ばんかい》すればよい。しかし、勇気を失えば、生まれてきた価値がない」

２０１１年11月　木村元彦

文庫のためのあとがき

２０１６年にこんな事件があった。

9月26日、Ｊ１リーグ２ｎｄステージ第13節浦和レッズ対サンフレッチェ広島の試合後のドーピング検査で広島の千葉和彦選手から採取された尿検体からＷＡＤＡ（世界アンチドーピング機構）規定により禁止物質（特定物質）とされているメチルヘキサンアミン（S6．Stimulants 興奮薬）が検出されたのである。

違反について日本アンチドーピング規程 10.2.1 項目以下によれば、禁止物質を意図的に摂取したということであれば最大で4年間の出場停止の措置が科される可能性もあった。一方で同規程10．4項にしたがって違反について過失がないことを立証できれば資格停止は取り消される。

このとき千葉にとって幸運であったのはサンフレッチェのチームドクターが本書にも登場する寛田司であったことである。寛田には千葉がフェアプレイの精神を尊び、禁止薬物を不用意に摂取するような人物ではないという確固たる信頼があった。それでもメチルヘキサンアミンが検出された事実を前にして、なぜこの結果が出たのかを解明し、無実であることを証明しなくてはならなかった。寛田は徹底的に千葉をヒアリングした。

何を食べたのか、飲んだのか。千葉は高校卒業後、単身オランダに渡って実績を重ねてアルビレックス新潟に入団、広島には2012年に前年まで新潟のヘッドコーチだった森保一《もりやすはじめ》監督（現日本代表監督）に乞われる形で完全移籍を果たしている。いわば、海外からの逆輸入選手であり、ドーピングについては厳格なオランダでキャリアを始めたことから人並み以上の知識や認識があった。試合前に口にしたものは何も問題がなかった。そもそもこの物質は興奮剤であり、サッカーの競技能力を劇的に高めるものではない。カフェイン同様にWADAの禁止物質から近々外されるのではないかと見立てられてもおり、例え悪質なアスリートがドーピングを犯そうとしても手を出すようなものでなかった。ましてや千葉のような誠実な選手が意図的に飲むはずがない。メチルヘキサンアミンは揮発性が極めて高く、気化して呼吸器から入る可能性がある。寛田は必死に調べていくうちにゼラニウムの中にメチルヘキサンアミンが入っていたという論文を発見した。ゼラニウムはアロマオイルとして使用されており、サテンオイルやシャンプーの中にこれが含まれているのではないかと考えた。寛田は千葉の愛用するボディシャンプーの製造元に問い合わせた。その結果、含有成分に「ゼラニウムが含まれている可能性を否定できない」という回答が来た。

日本アンチ・ドーピング規律パネル（ドーピング検査において陽性の結果が出たときの処分を決めるいわば裁判所のような機関）での審理において寛田は疑義を感じたサテ

ンオイルを提出し、メチルヘキサンアミンの含有の有無を分析するように依頼した。これらから検出されれば千葉が意図的に摂取したのでないことが立証できる。ところが、分析結果は「含まず」という回答であった。いったい、何に含まれていたのか。

成分は何と、サンフレッチェの前身であるマツダサッカー部時代から使用され、パッケージにも「この製品はドーピング規定に違反する成分は一切使用していません」と明記されたサプリメントから出てきた。24年前からチームとして推奨してきたサプリメントを愛用した選手は多く、のべ何百人という選手が何度も検体をしているが、判定結果は毎回シロ（＝陰性）である。実際、千葉は検体時にこのサプリメントを使用していることを堂々と申告していて問題はないとされていた。

過去の結果は結果としてサンフレッチェのトレーナーはＪＡＤＡから禁止物質が検出されたという一報を受けるとすぐに輸入販売業者の社長に連絡を取り、ずっと使用してきたサプリの原材料が変更になっていないかを問い合わせた。販売会社もまたアメリカの製造会社に確認を取った。その回答は「当社の製品類にはメチルヘキサンアミンに由来するいかなる異物混入もしてない」というものだった。この事案は千葉が飲んだロットに偶然紛れ込んだとしか考えられない、本人にすれば防ぎようのないものだった。同年12月22日、千葉に対して下されたＪＡＤＡの裁定は最も軽い「譴責処分」で暫定資格停止処分は即座に解かれた。

我那覇のときと異なるのは、ジャッジする機構がJリーグからしっかりと独立していたことである。JADAも選手をクロにしたいわけではなく、陽性が出た以上、処分は下すが、それは選手としては過失がない状態であったことや実際に競技能力の向上を得たわけではないということも踏まえたものと思われる。禁止物質発覚後もマスコミは勇み足のような決めつける報道はなく、処分の後もアンチ・ドーピング規定により譴責処分は受けたものの本人にはまったく落ち度はなく、責任を問われる性格のものではないことが冷静に報じられた。誰もがドーピングに対する正しい認識を得ていたと言えよう。

海外でプレイする日本代表選手をマネージメントしていたある代理人はこの事件の顚末について私に「真っ当に裁かれた千葉君の件は紛れもなく我那覇君のおかげですよ。我々選手をあずかる者としても我那覇君によろしく伝えて下さい」とささやいてくれた。

親本を出したあとの反響は大きかった。サッカー界の中からも湘南ベルマーレの真壁潔会長は専門誌で愛読書として紹介してくれた。また日本代表キャプテンの長谷部誠選手が、一面識もないにも関わらず、本書の存在をブログで賞賛してくれたことにも感謝したい。彼の立場からすればとても覚悟のいる行為であったことは想像するに難くない。

我那覇が身を挺《てい》して立ち上がったことでドーピング規定が世界標準に立ち直った。仁賀ドクターからの手紙を受け取り、決意を固めたあのときの勇気がなければ、以降も日本のサッカー選手たちはケガをしても正当な医療行為を受けることができないまま、下手をすればアスリート生命を奪われる事態に陥っていた選手もいたかもしれない。その意味では2010年の岡田ジャパンの南アフリカ大会のベスト16もなでしこの2011年のW杯優勝もこの我那覇と彼を支えた人々の闘いがあればこそとも言えよう（『日本サッカーを救った』とサブタイトルに入れたのはそのような理由による）。

2018年12月、我那覇はカマタマーレ讃岐《さぬき》でプレーをしていた。残念ながらJ3に降格してしまったが、この香川のクラブから来季のオファーも届いたという。

ドーピング冤罪事件からすでに11年が過ぎようとしている。冤罪事件に巻き込まれなければ日本代表、海外移籍という道筋が広がっていたはずである。今、彼は何を思うのか。文庫化にあたって久しぶりに会うと、あくまでも前を向いていた。

「当時は辛《つら》くて正直サッカーをやめようと、それくらい考えてましたが、でもありがたいことに今この年までサッカーを続けて来られています。同い年は中村憲剛《けんご》、巻誠一郎、玉田、あとは……大黒でしょうか。たくさんの方の支援があって真実を明らかにできて、正当な医療行為ができるようになったのが、一番だと思います。ただ、僕についてはいまだに医療行為ではなくて『にんにく注射』という人もいて、そのへんはまだ理解してもらえてないのかな、という残念な思いはありますね。でもプロになって20年。40歳まで、あと一、二年はせめて続けたいと思いますし、将来的には沖縄に帰って子供たちにサッカーを教えたいな、と思っています」
　何が一番辛かったかと聞くと、「結果が出るまでは本当に不安でした。ＣＡＳに向けての弁護士さんとの打ち合わせとかで、練習終わって、東京に出てまた帰ってきて次の日の練習場行って……の繰り返しで、自宅から練習場まで行くのも正直本当にイヤで。車の中で一人で泣いたりしていました。あの頃はただ自分のあとに、自分と同じような苦しい思いをする選手を出したくないという思いだけでした」。

　昨今、スポーツ界では多くのパワハラやセクハラが各競技団体から表面化して来た。のみならず日本の政治の世界でも権力の圧力に屈して平気で公文書が書き換えられるというような事件が多発している。司法も官界も「今だけ、カネだけ、自分だけ」という刹那的なエゴが蔓延《まんえん》している。
　どんなに怖いことであっても真実に向き合うとする真摯な気持ちと内部から声を上げることの大切さ、そしてそのことが未来に向けてどれだけ私たちの世界を正常に救ってくれるのか。ひとつの検証にはなっていると思う。このノンフィクションを今一度、多くの人に読んでもらいたい。

２０１８年12月　木村元彦

解説

武田砂鉄

本書を読みながら、「たかが選手が」という暴言を繰り返し思い出した。そう発したのは、読売巨人軍オーナー（当時・以降も同様）の渡邉恒雄《わたなべつねお》だ。2004年、野球界に突如として1リーグ制に移行する流れが生じた際、2リーグ制の維持を求める選手会・古田敦也《ふるたあつや》会長がオーナー陣との対話を求めていることをどう捉えているか、と記者団に問われた渡邉は、いつも以上に不機嫌そうな表情で、「無礼なこと言うな。分をわきまえなきゃいかんよ。たかが選手が。たかがといっても立派な選手もいるけどね。オーナーと対等に話をするなんて協約上の根拠は一つもない」と退けた。選手を蔑《ないがし》ろにした〝たかがオーナー〟の発言は反感を買い、世間は選手側の背中を押した。

私たちは、スタジアムに何を見に行くのだろう、誰を応援しに行くのだろう、どんなプレーに感動するのだろう……いずれにせよ、その場から遠く離れたところで起きる権力者や管理者による策謀に、心動かされることはない。歓喜と失望を存分に味わうために、現場まで足を運び、スポーツを堪能するのである。ところが、組織を動かす強権者のいくらかは、そういった純真な想《おも》いをすっかり捨てた上でスポーツを動かそうとする。ハンドリングする自己の権限に酔いしれるのだ。

　２０２０年、半世紀ぶりに東京でオリンピックが開かれる。福島原発の現状について、「The situation is under control.（状況はコントロール下にある）」とウソをついた安倍首相の招致スピーチを何度だって思い出そう。賄賂や談合など、隠蔽された疑惑の数々を思い出そう。招致決定に先立ち、ＪＯＣ会長の竹田恆和《つねかず》が「東京は安全」と福島から離れていることを強調していた事実を思い出そう。思い出さなければ、どうなるか。大会組織委員長の森喜朗は、「東北３県に対して、世界は大きな協力をしてくれた。おかげでここまで来たんだという感謝を見せようという姿勢から五輪招致は始まった」（日刊スポーツ・２０１８年7月25日）と述べている。それはウソだ。五輪招致は、「感謝を見せようという姿勢」からは始まっていない。東京は安全なんで、と始まったではないか。オリンピックという大きな催事を前に、世の空気を好都合に動かそうとする人たちがいる。見逃してはいけない。

　オリンピック憲章には「オリンピック競技大会は、個人種目または団体種目での選手間の競争であり、国家間の競争ではない」と明確に打ち出されている。政治的パフォーマンスの場として利用してはいけないはずが、リオデジャネイロ五輪の閉会式で、日本の宰相はマリオに扮《ふん》してパフォーマンスをした。帰国後、彼は、金融関係者と対話する場での冒頭発言で「安倍晋三です。マリオではありません。でも、マリオのように、闘い続けています。日本経済を加速させるために、闘っています」（首相官邸ホームページ・2016年9月21日）と述べた。立ち止まって考えるべきではないか。すっかり「アスリートファースト」が形骸化し、スポーツの祭典が「ポリティシャンファースト」に、「オーナーファースト」になっている。アスリートは、ファーストではなく、セカンドかサードだ。この状態に慣れてはいけない。ここから2年ほど、選手の煩悶《はんもん》を安っぽく料理した感動物語がいくらでも溢《あふ》れるに違いない。その一瞬に焦点を定めて何年も鍛錬を積み重ねてきた選手の眼差《まなざ》しを、インスタントに借りるのだろう。その間借りを許さない自分でいたいと思う。スポーツはアスリートのためにある。本書の内容に触れる前から、本書への感想の骨子を述べ終えてしまう。

2007年4月21日、真っ赤に染まった埼玉スタジアムで、前年度から続く浦和レッズのホーム不敗記録を16試合で止める先制弾を放ったのが、川崎フロンターレ・我那覇和樹だった。その結果とは裏腹に、前日から体調を崩していた彼は、試合から2日経《た》ってもなかなか体調が回復しなかった。かといって、その日の午後からの練習を見送ることはしない。熾烈《しれつ》なレギュラー争いが行われている最中に、練習に参加しないとの判断を下せば、たちまちチーム構想に影響してくる可能性がある。体調不良をひた隠しにしながら、自分の存在感を維持し続けなければならなかった。練習後、チームドクターから点滴治療を受けた我那覇、この治療が問題視され、ドーピング違反で6試合出場停止処分を受けることとなる。本書は、この「ドーピング冤罪《えんざい》」をめぐる、我那覇とチームドクターたちの戦いの記録だ。彼を助けたいと集まってくる人々は、大きな組織からのプレッシャーを受け、板挟みになりながら、あたかも「たかが選手」と言わんばかりの圧に潰されそうになった我那覇を信じ抜いた。スポーツ仲裁裁判所（CAS）に提訴した結果、最終的に我那覇の訴えは全面的に認められ、CASはJリーグに対して2万ドルのペナルティを科す裁定を下した。むろん、狙いは金ではない。スポーツとは誰のためにあるものなのか、その命題を守り抜いたのだ。

この事件は、最近の流行《はや》り言葉で言えば「フェイクニュース」に端を発している。当時、「我那覇に秘密兵器　にんにく注射でパワー全開」との見出しを真っ先に打ったサンケイスポーツは、「練習後、疲労回復に効果があるにんにく注射を打って大一番に備えた。『連戦だし、やって損はない。におうからあんまり近づかない方がいいですよ』」と我那覇のコメント込みで伝えた。Jリーグのドーピングコントロール委員会がこの記事を問題視したことをきっかけに、我那覇に出場停止処分が下されることになる。しかし、この記事を書いた記者はクラブに常駐する番記者ではなく、非番のため、代わりに派遣された記者だった。囲み取材で聞いた内容を不十分な認識で書き記していた。

マスコミの誤報であることを訴えた我那覇だが、Jリーグ側がドーピング違反だと判断し、クラブチームの社長も「情状酌量」を嘆願することによって半ば違反を追認してしまう。「サッカー界の最高権力者でありながら幾たびも舌禍事件を起こしている」川淵三郎日本サッカー協会会長が、「私見」としながらも、「我那覇の件はけん責処分とか6試合以下の出場停止処分か、それより重い資格停止（12ヶ月以下）、その程度が常識的なところだろう」と述べる。フェイクニュースと権力者の軽はずみな発言が絡み合い、特定の個人の尊厳をいたぶる光景は、どこかの大国、あるいはこの国の様子とも近似している。選手個人がいくらでもSNSで発信を繰り返せる現在であれば、他の選手から我那覇への擁護も投じられたことだろう。しかし、当時はまだ浸透していなかった。癒着型のスポーツジャーナリズムは、我那覇個人へのバッシングに加担していった。

Jリーグの規程の通りに治療を施した医師が、そのJリーグから処罰を受ける。その不条理に憤った各クラブのチームドクターたちが連帯し、処分取り消しに向けて動き出す。ドクターたちの私怨、あるいは我那覇自身の私怨で動いているわけではない。まっとうな治療である、と認めさせたいだけだ。しかしながらそこには、確かな私怨が見える。まっとうな私怨だ。我那覇を救いたい、そして自らの職務を汚されたくない、やがて選手たちの声が集まり、サポーターも支える。誰一人として「情状酌量」でうやむやにする道を望まなかったのは、我那覇個人の尊厳、そして、スポーツの尊厳を、それぞれが守ろうとしたからである。

後に、我那覇の行為をドーピング違反としたことについて「いやあ、マスコミが騒いじゃったからさ～」と述べたドーピングコントロール委員会・青木治人の弁を知ればわかる。彼らは、自分たちの判断が、いくらだって選手を押しつぶしてしまう怖さを知らない。まさに「たかが選手」、そう思っていたのではないか。本件を国会で取り上げた国会議員に対し、チェアマンサイドに立ち、なかば脅しのような発言で議員を揺さぶったスポーツ紙の番記者がいる。「権力の番犬」がスポーツジャーナリズムの中枢で息をしているという矛盾。我那覇を一人にしてはならない、しかし、我那覇の思いを利用するだけではいけない……慎重に距離をとりながらも、悪《あ》しき前例を覆そうと試みる周囲の声と我那覇の思いが連結されていく。そこには、「ナイチャーに負けないで、沖縄の子でもやれるということを証明しなさい」という母の声も響いていたのだろうか。それぞれの勇気が、日本のサッカーシーンを変えた。いや、食い止めた。

二〇一八年、スポーツ界では、複数のハラスメント事案が発覚した。アメリカンフットボールの日本大と関西学院大の定期戦で、日大選手が反則タックル行為によりケガを負わせた問題では、試合前にコーチが選手に対して「1プレー目で相手のクオーターバックをつぶせ」と指示を出していた。結果的に、内田正人監督と井上奨《つとむ》コーチは処分されたが、当初、「つぶせ」は「最初のプレーから思い切って当たれという意味」に過ぎなかったと、当該の選手のせいにしていたことを忘れてはいけない。閉鎖的で抑圧的な組織の中で、弱冠20歳の選手自身が声をあげなければ、彼は組織に潰されていた。選手生命を絶たれていた。スポーツは人の熱狂を生む。個々の軌跡が消費される。勝手に便乗される。想いを背負わされる。そのくせ、見放されるのは一瞬だ。

ラグビーW杯、そして東京五輪と、自国開催によるスポーツの大きな催事が続く。その場は誰のためにあるのか。組織のためではなく、個人のためにある。当たり前のことだ。でも、この当たり前のことを何度だって確認し続けていれば、個人に寄り添っているとは到底思えない五輪招致から現在までを放置することはなかったのではないか。大きな組織から放たれる美辞麗句を嗅ぎ分けることを怠ってはいけない。スポーツは選手のためにあるという、なかなかつまらない当たり前の定義を、当たり前に守るのは難しいのだ。そこかしこに「たかが選手が」と思っている人たちがいるから、なのだろうか。

おかしいと思ったことに、おかしいと立ち上がった人たちが、結果を覆した。胸が熱くなるシーンがたくさんある。ただ、我那覇やその周りにいた人々は、極めて冷静に、やるべきことを選び抜いた。人の思いが数珠つなぎとなり、誰かを守る。何度でも言う。スポーツは選手のもの。当たり前だ。あまりにつまらない定義だ。だが、ここからしばらく、日本の世論は、空気は、そうではなくなるかもしれない。あらゆる方向から即物的な熱狂が乱造される。そして、熱狂が強制される。結果を残した選手の、個々の鍛錬を横取りするような感涙のドキュメントが続く。私たちは二度と、「たかが選手が」と言わせてはいけない。思わせてはいけない。個を潰そうとした組織に、個で立ち向かった我那覇選手、周囲の人々、そして筆者の姿勢に圧倒される。「個」の群がりが個人を救った。スポーツ界だけではない。大きなうねりに飲み込まれやすくなった現在、個として生きる必然をこの作品から嗅ぎ取る。争うは本意ならねど。しかし、争うことで尊厳を守った。たかが選手、と言わせなかったのだ。

（たけだ・さてつ　ライター）

本書は、二〇一一年十二月、書き下ろし単行本として集英社インターナショナルより刊行されました。

本書に登場する人物の所属・肩書きは、執筆当時のものです。

木村元彦の本

新版　悪者見参

旧ユーゴのサッカーに魅せられた著者が紛争地を歩き、見て、触れたままを綴った貴重な記録。二〇一八年W杯関連の追章を加えた新版として再文庫化。

集英社文庫

集英社文庫

争《あらそ》うは本意《ほんい》ならねど　日本《にほん》サッカーを救《すく》った我那覇和樹《がなはかずき》と彼《かれ》を支《ささ》えた人々《ひとびと》の美《ちゅ》らゴール

2019年1月25日　第1刷　　定価はカバーに表示してあります。

著　者　木村元彦《きむらゆきひこ》

発行者　徳永　真

発行所　株式会社　集英社
東京都千代田区一ツ橋2-5-10　〒101-8050
電話【編集部】03-3230-6095
【読者係】03-3230-6080
【販売部】03-3230-6393（書店専用）

印　刷　凸版印刷株式会社

製　本　凸版印刷株式会社

フォーマットデザイン　アリヤマデザインストア　　マークデザイン　居山浩二

ISBN978-4-08-745835-0 C0195